四川省哲学社会科学重点研究基地多元文化研究中心项目"甘孜藏区民间艺术在幼儿教育中的开发与利用研究"（项目编号：DYWH1706）
四川民族学院应用型示范课程建设项目"学前教育学"（sfkc201726）的阶段性研究成果
四川民族学院资助出版

甘孜州农牧区特色化学前教育研究

捌马阿末 ◎ 著

西南交通大学出版社
·成都·

图书在版编目（CIP）数据

甘孜州农牧区特色化学前教育研究 / 捌马阿末著. —成都：西南交通大学出版社，2019.4
ISBN 978-7-5643-6797-8

Ⅰ. ①甘… Ⅱ. ①捌… Ⅲ. ①乡村教育 – 学前教育 – 研究 – 甘孜 Ⅳ. ①G619.2

中国版本图书馆 CIP 数据核字（2019）第 054999 号

甘孜州农牧区特色化学前教育研究
捌马阿末　著

责 任 编 辑	居碧娟
封 面 设 计	何东琳设计工作室
出 版 发 行	西南交通大学出版社 （四川省成都市金牛区二环路北一段 111 号 西南交通大学创新大厦 21 楼）
发行部电话	028-87600564　028-87600533
邮 政 编 码	610031
网　　　址	http://www.xnjdcbs.com
印　　　刷	四川煤田地质制图印刷厂
成 品 尺 寸	170 mm × 230 mm
印　　　张	11.75
字　　　数	212 千
版　　　次	2019 年 4 月第 1 版
印　　　次	2019 年 4 月第 1 次
书　　　号	ISBN 978-7-5643-6797-8
定　　　价	68.00 元

图书如有印装质量问题　本社负责退换
版权所有　盗版必究　举报电话：028-87600562

前言

甘孜州位于四川省西部，青藏高原东南缘，总面积15.3万平方公里，地面平均海拔3500米，北部高原与南部河谷海拔相差达3000米左右；甘孜州气候主要属于高原山地气候，复杂多变，地区差异显著；甘孜州经济呈地域分布特征，平坝河谷以农业为主，高原草地以畜牧业为主；境内有藏、汉、彝、羌、纳西、回等25个民族；甘孜州历史悠久、文化灿烂，是康巴文化的发祥地之一，有着丰富厚重、种类繁多、独具特色的物质文化和非物质文化。虽然甘孜州学校教育起步较晚，但是在各级政府的大力支持下，特别是近几年，学校教育发展取得了显著的成绩。然而，相对于内地的学前教育发展而言，甘孜州农牧区的学前教育发展仍相对缓慢。

基于甘孜州特殊的地理环境、丰富而独特的文化资源以及农牧区学前教育的发展现状，不论教育模式、教育语言，还是师资培养、课程开发等都应具有独特性。所以，四川省哲学社会科学重点研究基地多元文化研究中心项目"甘孜藏区民间艺术在幼儿教育中的开发与利用研究"（项目编号：DYWH1706）和四川民族学院应用型示范课程建设项目"学前教育学"（sfkc201726）开展了相应的调研活动，在此基础上撰写了本书。本书从甘孜州农牧区学前教育特色化的可行性与必要性、建立平民化实用型学前教育机构、学前民汉双语教育及其师资队伍建设、甘孜州自然资源与学前课程的整合、甘孜州民间文学与学前课程的整合、甘孜州民间艺术与学前课程的整合、甘孜州民间传统体育和游戏与学前课程整合、使儿童具有幸福感的学前教育等八个方面加以阐述。

写《甘孜州农牧区特色化学前教育研究》，没有前人的研究成果和资料积累是无法进行的，撰写过程中参阅、借鉴和采用了不少专家学者的研究成果，在此特向这些作者和专家表示崇高的敬意和诚挚的谢意！调研过程中，多家学前机构和教师提供了宝贵的资料，四川民族学院文学院卫勤老师提供了与大量民间童谣相关的一手资料，在此一并表示衷心的感谢！同时，我还要感谢西南交通大学出版社对本书的出版给予了倾力相助和辛勤劳作。

　　书稿虽成，但文中难免存在一些漏误，恳请专家学者和有识之士不吝赐教。

捌马阿末

2018 年 11 月

目 录

第一章 甘孜州农牧区学前教育特色化的必要性与可行性… / 001
 第一节 甘孜州农牧区学前教育特色化的必要性… / 001
 第二节 甘孜州农牧区学前教育特色化的可行性… / 008

第二章 建立平民化实用型学前教育机构… / 016
 第一节 牧民定居点的"儿童之家"… / 017
 第二节 游牧区的"流动式"学前教育机构… / 025
 第三节 农区村寨的"乡村幼稚园"… / 030

第三章 学前民汉双语教育及其师资队伍建设… / 036
 第一节 实施学前民汉双语教育的必要性和可行性… / 036
 第二节 两种形式的学前民汉双语教育模式… / 041
 第三节 农牧区学前师资队伍建设… / 048
 第四节 公费师范生教育… / 052

第四章 甘孜州自然资源、自然环境与学前课程的整合… / 062
 第一节 甘孜州学前课程特色化的必要性与可行性… / 062
 第二节 甘孜州自然资源与学前课程的整合… / 067
 第三节 甘孜州自然环境与学前课程的整合… / 073

第五章 甘孜州民间文学与学前课程的整合… / 078
 第一节 学前儿童语言发展特点及语言教育目标… / 078
 第二节 甘孜州民间故事与学前课程的整合… / 081
 第三节 甘孜州民间童谣与学前课程的整合… / 098
 第四节 甘孜州民间谚语与学前课程的整合… / 108

第六章　甘孜州民间艺术与学前课程的整合… / 115
　　第一节　民间艺术与学前课程整合的可行性… / 115
　　第二节　民间艺术与学前课程整合的价值… / 122
　　第三节　民间艺术与学前课程整合的策略… / 128

第七章　甘孜州民间传统体育和游戏与学前课程的整合… / 138
　　第一节　甘孜州可供选择和整合的民间传统体育和游戏… / 138
　　第二节　民间传统体育与游戏的教育价值… / 143
　　第三节　民间传统体育与游戏在学前课程中的融入策略… / 149

第八章　使儿童具有幸福感的学前教育… / 156
　　第一节　培养农牧区学前儿童幸福感的价值… / 156
　　第二节　甘孜州农牧区学前儿童的幸福感现状… / 165
　　第三节　基于理解儿童的农牧区学前教育… / 174

参考文献… / 180

第一章
甘孜州农牧区学前教育特色化的必要性与可行性

第一节 甘孜州农牧区学前教育特色化的必要性

因研究视角的差异，学者们对特色化教育的认识有一定的差异。本书所说的特色化教育指的是基于一定区域，对其社会、文化、环境认同并与之相融合、相适应的教育。基于这一认识，甘孜州农牧区学前教育为什么要特色化？甘孜州农牧区学前教育何以能特色化？本章内容将会告诉我们这些答案。

一、甘孜州基本概况

就地理位置而言，甘孜藏族自治州位于四川省西部、青藏高原东南缘，东与雅安市和阿坝藏族羌族自治州紧邻，南接凉山彝族自治州和云南迪庆藏族自治州，西融金沙江与西藏昌都相邻，北与青海玉树和果洛藏族自治州接壤，总面积15.3万平方公里，是我国第二大藏区，处于内地通往西藏的交通枢纽，"稳藏必先安康"的要地。州内多高山峻岭和深沟峡谷，大雪山和沙鲁里山纵贯全境，地貌具有地势高亢、北高南低、中部突起等特征，地面平均海拔3500米，北部高原与南部河谷海拔相差达3000米左右。气候主要属于高原山地气候，复杂多变，地区差异显著，年均气温相差达17 ℃以上。该州经济呈地域分布特征，平坝河谷以农业为主，高原草地以畜牧业为主。

就人口分布而言，截至2018年10月底，全州辖18个县（市），325个乡镇，2733个行政村，61个社区居委会。境内有藏、汉、彝、羌、纳西、回等25个民族，全州常住人口119.6万人。其中少数民族人口104.41万人，占87.3%。藏族人口为94.79万人，占79.26%。城镇常住人口37.87

万人，占 31.66%；乡村人口 81.73 万人，占 68.34%。[①]

就历史文化而言，甘孜州历史悠久、文化灿烂，是康巴文化的发祥地之一，有着丰富厚重、种类繁多、独具特色的物质文化和非物质文化。

就教育状况而言，甘孜州由于历史、地理等原因，学校教育起步较晚。但是，各级政府采取了有力措施发展教育事业，特别是近几年，甘孜州教育工作取得了较大的成绩。截至 2015 年 3 月，全州各级各类学校共 968 所，其中：幼儿园 356 所，小学 555 所，中学 52 所（包括：普通中学 49 所、职业中学 3 所），特殊教育学校 1 所，中等专业学校 3 所，普通高等学校 1 所。全州在校生 156 178 人，其中：小学在校生 97 314 人，特殊教育学校在校学生 88 人，普通中学在校生 42 097 人，职业中学在校生 1300 人，中等专业学校在校生 6265 人；普通高等学校在校本科、专科学生 8576 人，预科生 538 人。[②]从学前教育来说，与《幼儿园教育指导纲要（试行）》出台前相比，学前教育事业取得了前所未有的成绩，特别是学前教育办学点、在园幼儿数、师资数量等方面有了大幅度的提高，学前教育已经形成一定的规模。2010 年全州共有学前教育办学点（包括幼儿园和学前班）331 个，在园幼儿 14 882 人，学前教师 386 人。到 2016 年底全州学前教育办学点增加到 589 个，在园幼儿增加到 27 526 人，学前教师增加到 1508 人。[③]相对于 2010 年，学前教育办学点增长了 77.95%，在园幼儿数增长了 84.96%，学前教师增长了 290.67%。

二、甘孜州学前教育特色化的必要性

（一）甘孜州农牧区学前教育现状要求其特色化

虽然，近几年甘孜州学前教育发展取得了显著的成绩。然而，在肯定历史成就的同时，我们不能回避甘孜州学前教育事业整体发展水平还比较低的现状，其中还存在一些亟待解决的问题。

第一个问题是农牧区学前教育经费投入严重不足。甘孜州农牧区学前教育经费总体水平远低于全国平均水平和区域平均水平。具体来说，其一，甘孜州农牧区学前教育经费总体水平远低于全国平均水平。甘孜州学前教育经费主要依靠中央财政和省财政，州、县没有学前教育专项经费。从 2011 到 2013 年，根据《中央财政支持学前教育发展资金管理办法》和《四川省财政

---

① 数据来自甘孜州统计局。
② 数据来自甘孜州教育局。
③ 数据来自甘孜州教育局。

厅、教育厅关于加强财政投入支持学前教育发展的通知》，对依托农村小学（含教学点）现有富余校舍资源增设附属幼儿园的中央财政按每班（班额不小于20人）5万元的标准给予一次性补偿，四川省财政按每班1万元的标准一次性补偿，原则上不足的部分由州财政和县财政承担。但甘孜州因经济发展滞后，州财政和县财政承担的部分非常少，导致自2014年开始扩建、新建、改建的项目非常少，相应的经费投入也很少。从2013年秋季开始，根据《关于在民族地区幼儿园全面实行保教费减免资助的通知》，每人每月减免保教费60元（一年按10个月计算，共600元）。届时，民族地区不再执行《四川省财政厅、教育厅关于加强财政投入支持学前教育发展的通知》中规定的教育资助政策。目前，大多数农牧区学前教育经费只有这一项"幼儿资助类"经费。虽然这些惠民政策的实施一定程度上促进了农牧区学前教育的发展，减轻了在园幼儿家庭的经济负担，但甘孜州农牧区学前教育经费总体水平远低于全国平均水平。其二，农牧区和城镇学前教育经费投入相差甚远。一方面，农牧区小学附属幼儿园（含学前班）的设备和城镇幼儿园的设备相差甚远。城镇幼儿园基本按照国家幼儿园标准建设，而农牧区小学附属幼儿园虽建筑物基本符合幼儿园标准，但园内的设备与标准幼儿园相差甚远，有的幼儿园缺乏基本的常用玩具，学前班的设备与小学教育基本无两样。另一方面，农牧区幼儿园（含学前班）和城镇幼儿园在补助保教费方面也有很大差异。目前，甘孜州农牧区公办幼儿园按每生600元/年的标准补助保教费，而公办城镇幼儿园按每生1000元/年的标准补助保教费，相差40%。[①]

办教育需要人力、物力、财力。一般来说，经济发达地区学前教育发展很好，经济发展较快地区学前教育机构也有明显的发展，经济欠发达地区学前教育发展相对缓慢。而且经济发达地区对学前教育目标、内容和手段要求较高，学前教育的质量也高。儿童早期因学前期包括保育和教育，简称"保教"是获益较多的阶段，良好的学前教育对个体各种能力的发展有着长期的积极效应，可以提高其未来的生产能力和经济增长能力，提高整个民族的素质。甘孜州因经济发展滞后，学前教育起步晚、发展缓慢，特别是农牧区不仅学前教育质量不高，而且普及率也很低，导致初等教育、中等教育、高等教育的质量也不高，民族经济发展缓慢。反过来，因民族成员教育程度所限，民族经济发展缓慢，导致民族学前教育发展更加缓慢，从而形成恶性循环。

第二个问题是农牧区学前教育办学形式缺乏区域适应性。甘孜州为了发展农牧区学前教育，要求农牧区小学附设幼儿园（学前班），办学模式有"6+1、

---

① 数据来自甘孜州教育局。

6+3、3+1、3+3"等模式（"6+1"模式是小学6年加学前1年；"6+3"模式是小学6年加学前3年；"3+1"模式是小学三年加学前1年；"3+3"模式是小学3年加学前3年。）。

目前的状况是：第一，"6+3"模式主要集中在交通较发达的行政村，依托片区寄宿制中心小学附设普惠性幼儿园。笔者对部分已建好的附属幼儿园进行调查，发现入园率并不高，主要原因是离中心小学较远的学前儿童几乎未入园。然而，这些片区因资源整合，很多村小合并到中心小学，很多村寨已无村小，进而也无学前班。这种办学模式造成了一方面很多学前儿童无法接受机构学前教育，另一方面出现普惠性幼儿园入园率低的现象。第二，"6+1"模式和"3+1"模式主要集中在部分边远农村和牧民定居区，依托村小和完小附设的学前班。然而，经对部分已附设有学前班的小学调查发现，入小学的年龄为7周岁，入学前班的年龄为6周岁，导致这些区域内大多数6岁前的儿童还是无法接受机构学前教育。第三，游牧区几乎既无小学，也无学前班和其他形式的学前教育机构，因此，游牧区学前儿童几乎无法接受机构学前教育。综上所述，虽然各级政府重视学前教育发展，加大了投入，办学点数量大幅度增加了，全州范围内的入园率也迅速增长了，但是边远农牧区学前机构的入园率依然很低，相对于投入来说，成效很低。

采用某种特定的教育模式必须要考虑受教育者的身心特点，相关的教育政策法规、区域内教育发展现状、经济发展水平、人们的生产生活方式、文化特点、地理环境等。如果所采用的教育模式与以上这些因素不相适应，那么教育成效就不大。甘孜州目前的经济发展水平和学前教育发展现状决定了不是每个村寨和牧民定居点都能建立标准化的幼儿园；游牧区的生产生活方式也决定了那里不可能建立标准化的幼儿园；农牧区的地理环境、交通条件和农牧民的生产生活方式决定了他们不可能每天到离家十几千米或几十千米的中心小学接送孩子；学前儿童的身心特点决定了他们不适合过寄宿制生活。因此，甘孜州目前的学前教育模式并不利于提高农牧区学前教育成效。

第三个问题是学前师资专业化程度低。各级政府一直以来非常重视藏区学前师资队伍建设，采取了一系列措施解决藏区学前师资数量不足和质量不高的问题。经过多年的努力，教师数量不足的问题基本解决，但学前师资的专业水平仍令人担忧。特别是近几年，学前教育普及政策的实施使学前教育规模扩大，学前儿童的入园率迅速增长，急需大批学前师资，但短期内又无法培养出大批合格的学前教育专业教师，只有采取小学教师转型以及降低学前师资入职门槛来解决燃眉之急。目前，甘孜州很大一部分学前教师是由小学教师转型而来的，还有很大一部分教师来自近几年毕业的中职生以及

"9+3"毕业生。这些教师基本没有学前教育专业知识和技能。调查中发现，不知道蒙台梭利、陈鹤琴、张雪门等是谁的教师大量存在，未曾真正学习和理解这些教育家的教育思想、教育理念、教育方法的教师仍大量存在，不知道《幼儿园教育指导纲要（试行）》《3~6岁儿童学习指南》《幼儿教师专业标准》是什么文件的教师大量存在，未曾真正学习和理解这些文件精神的教师仍大量存在，更不用说最新的学前教育理念和合格的学前教育专业技能，可以说他们离《幼儿教师专业标准》中的要求甚远。另外，参加培训的机会基本属于有学前教育专业背景的骨干教师，而急需提高专业知识技能的教师却无法接受各种培训。

学前教师是学前儿童发展中的重要人物，扮演着学前课程建构者、教育资源整合者、教育活动指导者、儿童行为观察者、儿童生活照顾者等多种角色。[①]学前教师的专业理念、专业知识、专业能力直接影响着学前教育的质量。一个专业化的学前教师对儿童的发展有着深刻的理解和体悟，着眼于儿童长期的发展利益，在全面科学的观察和评价儿童的基础之上开发课程和开展活动，使儿童健康地成长。反之，一个非专业化的学前教师因缺乏必要的专业素养，无法真正理解和体悟儿童的发展，只能以在最短的时间内解决事情为标准来从事教育活动，不仅不利于儿童幸福快乐地成长，反而容易使儿童身心畸形发展。

第四个问题是学前课程缺乏适宜性。当前甘孜州学前教育的现状是：表面上看，学前儿童的学习内容丰富了、教玩具多样化了、在园时间增多了，但是课程内容与学前儿童的生活脱节。比如，科学领域教育中只讲"一个正方形相当于两个三角形，那么两个正方形相当于几个三角形"之类的内容，贴近牧区生活的"一头牛可以换几头羊"之类的内容并未提到。农区没有一望无际的平原，只有图形不规则的田地，但教育中并未讲到如何去测量这些不规则图形的面积，更没有带学前儿童到田地里去实践。很多幼儿园的主题活动中都有关于圣诞节、中秋节和元旦节的内容，却没有藏历新年和其他民间节庆的内容。开展语言领域和艺术领域活动时，孩子唱的是外国的童谣或汉文化的童谣或流行歌曲，听的是外国故事或汉文化中的故事，却不知道贴近当地生产生活的民间故事，听不到当地的民歌民谣。游戏本来应该是学前儿童对生活经验的再现和加工，然而孩子们在幼儿园玩的是现代化的机械玩具，甚至玩"撕名牌"游戏，还有为了体验母亲怀孕时的辛苦而在腰间绑沙袋的游戏，贴近当地生产生活的民间游戏却无人问津……

---

① 虞永平，王春燕. 学前教育学[M]. 北京：高等教育出版社，2014：71.

教育起源于人类社会生活的需要。①只有关注生活的教育才是完整的、真实的人的教育，否则教育就成了无源之水，无本之木。这种远离儿童现实生活的教育教学活动因不符合学前儿童的需要，引不起学前儿童的兴趣，无法使学前儿童主动参与，导致学前儿童的学习表面化、形式化。孩子在这种活动中所付出的代价是不值得的，极不利于生命质量的提高。

第五个问题是教育目的功利化。甘孜州学前教育的现状与艾略特描述的教育如出一辙，儿童接受教育的目的不是为了智慧，而是为了获得更多的金钱或更大的支配权或更高的社会地位或至少获得一份相当体面的工作。②

教育目的功利化的原因如下：

其一，迎合上级部门的需要。近年来学前教育得到了越来越多的关注，也出现了众多有关学前教育的理论、模式、方法。比如发展适宜性教育实践、瑞吉欧学前教育模式、多元智能理论等进入了我国学前教育工作者的视野，很多学者和一线的学前教育工作者在借鉴的基础上摸索出了一系列相对具有区域适应性的学前教育模式，开发出了一系列适宜的学前课程。在这样的大背景之下，甘孜州部分学前教育机构开始创办"特色"幼儿园，可是在强调特色时，忽略了是否适合学前儿童。很多幼儿园是依靠师范大学（学院）的专家、学者来打造"特色"，开发"独一无二"的课程。然而很多学者根本不了解当地的实际情况，甚至有的学者从未进行过实地考察。这样打造出的"特色"、开发出的课程只能应付"上级"的检查或只适合参加相应的创新性竞赛，却无法满足学前儿童的发展需要。

其二，迎合家长的需要。调查中发现，甘孜州农牧区部分家长想尽一切办法让孩子到县城接受教育，其目的只为中考、高考获得相对较高的分数。很多家长不具备前者的条件，因此为孩子的教育问题感到焦虑。农牧区的很多学前教育工作者为了迎合家长的想法，违背教育者的本心，在孩子从入园开始就进行知识技能教育，甚至有的学前班直接用小学一年级的课本教学。民族地区的很多学前班不用双语，全用汉语开展活动，美其名曰"学前儿童语言发展快，提早适应有利无害"。这种教育的结果是牧民不想放牧，农民不想务农，山里的孩子都想走出大山。然而，因为孩子在家庭和社区中所习得的民族语言和文化与机构教育中的教育模式、课程内容、教育语言不相适应，导致孩子在教育活动一开始就面对"文化中断"③的困境。孩子们丢了母语，

---

① 胡德海. 教育学原理[M]. 北京：人民教育出版社，2013：149.
② 转引自金生鈜. 理解与教育[M]. 北京：教育科学出版社，1997：25.
③ 李红婷. 理想与现实的断裂——浅议民族教育的应然功能与实然功能[J]. 当代教育论坛，2008（11）：24.

汉语也不精；丢了民族文化，又不能很好地与汉族文化相融。正因为如此，农牧区孩子在学业上根本无法与从小在汉文化中成长的孩子竞争。因此，很多农牧区的孩子通过中考、高考的筛选，只能回原来的社区务农或放牧。当这些孩子回到农牧区，他们又遇到了新的问题：他们从小所受的教育使他们不能适应目前所面临的环境，牧民不会放牧，农民不会务农，致使他们的幸福感直线下降，读书无用论进一步强化。

要解决以上这些问题，完全照搬国外或发达地区或其他少数民族地区的教育制度、教学模式、课程建设方案是很难取得成效的。只有借鉴国外的先进理念和国内发达地区和其他少数民族地区的有效经验，在此基础上结合甘孜州的地理环境、经济发展水平、文化状态、教育发展现状等，制定具有区域适应性的教育制度，建立适合的办学形式，开发适合区域内学前儿童需要的课程，培养适合的学前师资，采用适合的教育手段等，才能有效解决这些问题，真正实现学前教育特色化。

（二）学前儿童的身心特点要求其特色化

心理学研究发现，学前期是个体社会化的起始阶段和关键时期。6岁前是人的行为习惯、情感、态度、性格等基本形成的时期，是个体养成良好社会行为和人格品质的重要时期。这一时期个体的发展状况会持续地影响并决定其日后社会性、人格的发展方向、性质和水平。个体在学前期形成的良好社会性、人格品质有助于其积极地适应环境、顺利地适应社会生活，从而有助于他们的健康成长、成才。国外著名的发展适宜性教育和瑞吉欧学前教育以及我国的学前儿童社会性发展与教育研究结果都表明，学前期适宜的社会性教育能有力地促进儿童社会交往能力、爱心、责任心、自信心、自控力等社会性、人格品质的发展。[1]

生理心理学研究表明，学前期是个体认知发展最迅速、最重要的时期，在人一生认识能力的发展中具有十分重要的奠基性作用。因为学前期是个体大脑发展的关键期，这一时期，最容易发展的能力有多种。如2~3岁是口头语言发展的关键期；5~6岁是掌握词汇能力的关键期；5~5岁半是掌握数概念的关键期；4~6岁是对图像的视觉辨认、形状知觉形成的关键期。以上这些研究结果说明，学前期儿童发展变化迅速，具有巨大的学习潜力，但这些发展特点只能说明个体在这一时期具有很大的发展可能性。要把这种发展可能性变为现实性则需要成人提供适合儿童发展的刺激，尤其是适宜的教育影

---

[1] 虞永平，王春燕. 学前教育学[M]. 北京：高等教育出版社，2012：5-6.

响。那何谓适宜教育呢？符合学前儿童的认知特点、符合学前儿童的生活经验、符合学前儿童的生理特点的教育是适宜教育。如口头语言发展的关键期和掌握词汇能力的关键期决定了学前期对孩子进行双语教育才能使其成为真正的双语使用者；对图像的视觉辨认、形状知觉形成的关键期决定了在学前期融入本区域内的民间工艺就会有力地促进儿童的绘画能力；学前儿童的认知能力和生活经验决定了学前教育回归生活才是合理的。

总之，不管从个体的人格发展来看，还是从个体的认知发展来看，学前教育本土化是极为重要且必要的。

第二节 甘孜州农牧区学前教育特色化的可行性

一、相关政策法规为甘孜州农牧区学前教育特色化提供保障

确立相关法规、制定相关政策是教育特色化的必要保障。我国政府历来重视民族教育发展，根据少数民族的特点和民族地区的实际，制定了大量的民族教育政策，以保障少数民族平等的受教育。这些政策法规如下：

其一，面向全国的相关教育法规和制度：《中华人民共和国教育法》《国家中长期教育改革和发展规划纲要（2010—2020年）》《国务院关于当前发展学前教育的若干意见》《财政部、教育部关于加大财政投入支持学前教育发展的通知》等。如《中华人民共和国教育法》第十条规定："国家根据各少数民族的特点和需要，帮助各少数民族地区发展教育事业。国家扶持边远贫困地区发展教育事业。"第十二条规定："国家通用语言文字为学校及其他教育机构的基本教育教学语言文字"，"民族自治地方以少数民族学生为主的学校及其他教育机构，从实际出发，使用国家通用语言文字和本民族或者当地民族通用的语言文字实施双语教育"《国家中长期教育改革和发展规划纲要（2010—2020年）》第九章指出，"重视和支持民族教育事业"，"切实解决少数民族和民族地区教育事业发展面临的特殊困难和突出问题"，"尊重和保障少数民族使用本民族语言文字接受教育的权利。全面加强学前双语教育。国家对双语教学的师资培养、培训、教学研究、教材开发和出版给予支持"。《国务院关于当前发展学前教育的若干意见》中规定："中央财政设立专项经费，支持中西部农村地区、少数民族地区和边疆地区发展学前教育和学前双语教育。地方政府要加大投入，重点支持边远贫困地区和少数民族地区发展学前教育。

规范学前教育经费的使用和管理。"《财政部、教育部关于加大财政投入支持学前教育发展的通知》中规定:"各地要从实际出发,科学规划、合理布局、循序渐进、勤俭节约,探索适合当地实际的学前教育发展模式,根据客观需要合理规划建设改造规模。"

其二,面向全国各少数民族的有关法规和政策制度:1984年5月31日,第六届全国人民代表大会第二次会议通过,2001年2月28日第九届全国人民代表大会常务委员会第二十次会议修订《中华人民共和国民族区域自治法》;1992年10月20日,国家教委、国家民委印发了《关于加强民族教育工作的若干意见》;1992年11月2日,国家民委颁布《关于加强民族散杂居地区少数民族教育工作的意见》;1992年11月3日,国家教委办公厅颁布《关于加强民族地区教育行政管理干部培训工作的意见》;1993年7月9日,国家民委颁布《关于加强所属民族学院改革和发展步伐的若干意见》;2000年颁布《中共中央办公厅、国务院办公厅关于推动东西部地区学校对口支援工作的通知》;2002年教育部组织起草《少数民族教育条例》;2002年7月7日发布《国务院关于深化改革加快发展民族教育的决定》;2002年10月24日发布《教育部关于在有关省区试行中国少数民族汉语水平等级考试的通知》;2005年4月25日发布《教育部、国家民委关于进一步做好民族地区寄宿制中小学管理工作若干问题的意见》等。这些法规和政策制度中都体现了民族教育特色化的思想。民族教育是我国整个教育事业的重要组成部分,也是民族工作的重要内容。民族地区的各类学校造就了众多新型的少数民族知识分子,他们中的绝大多数人已成为民族地区乃至全国社会主义现代化建设的骨干,为民族地区乃至全国的经济发展,为社会进步、增强民族团结、巩固边防和维护祖国统一作出了重大贡献。但是,由于历史、社会和自然条件等多方面的原因,当前我国大多数少数民族和民族地区教育事业发展的总体水平与内地相比仍然较为落后。因此,国家从民族地区的实际出发,制定了一系列相关的规章制度,以帮助民族教育的整体水平不断提高,从而实现平等、团结、互助的社会主义民族关系,使各民族共同繁荣,保持国家的长治久安。

其三,面向四川省民族地区的相关规章制度:四川省财政厅、四川省教育厅《关于加大财政投入支持学前教育发展的通知》;四川省财政厅、四川省教育厅《关于在民族地区幼儿园全面实行保教费减免政策的通知》《四川省中长期教育改革和发展规划纲要(2010—2020年)》《四川省学前教育三年行动计划(2011—2013年)》《四川省第二期学前教育三年行动计划(2014—2016年)》《四川省第三期学前教育行动计划(2017—2020年)》《四川省民族地区教育发展十年行动计划（2011—2020 年）》等。四川省财政厅、四川省教育厅《关于在民族地区幼儿园全面实行保教费减免政策的通知》中规定：从 2013 年秋季学期起，民族地区幼儿园全面实行保教费减免资助政策。《四川省中长期教育改革和发展规划纲要（2010—2020 年）》第八章明确规定："加快发展民族教育"，"加强对民族教育工作的领导，全面贯彻党的民族政策，将民族教育作为全省教育发展的重点领域"，"优先发展民族地区教育，优先解决面临的特殊困难和突出问题"，"到 2020 年，民族地区教育整体实现跨越发展，事业发展主要指标与国民受教育程度基本同步达到全省平均水平。普及学前一年双语教育，基本普及学前两年教育，有条件的地方普及学前三年教育"。《四川省第三期学前教育行动计划（2017—2020 年）》规定："加快民族地区学前教育发展。继续支持民族地区公办双语幼儿园及配套设施建设，改善公办双语幼儿园（班）办园条件。将'十三五'藏区规划的农牧区双语幼儿园项目，统筹纳入第三期行动计划。根据民族地区实际，因地制宜，实施民族自治地区'一村一幼'计划，采取'一村一幼、一村多幼、多村一幼'形式，建设村级幼教点（幼儿园）。"《四川省民族地区教育发展十年行动计划（2011—2020 年）》规定："学前教育是民族地区教育跨越式发展的基础。重视和支持学前一年双语教育，加强国家通用语言文字教学。坚持政府主导，形成县城幼儿园、乡镇幼儿园、小学学前班、双语教育为特色的县、乡、村三级学前教育办学体系。大力发展公办幼儿园，扶持民办幼儿园。新建公办幼儿园基础建设可纳入中央和省实施的教育工程项目统一规划。合理规划校点，充分利用中小学布局调整富余的校舍和教师举办幼儿园（班）。建立完善幼儿园管理办法，规范收费标准，实行成本合理分担机制。落实幼儿教师地位和待遇，加强幼儿教师队伍建设。"

以上这些教育法规和政策中的相关规定为教育特色化提供了法律和政策保障，使教育特色化有法可依、有章可循，依法以章实施。

二、甘孜州丰富而独特的自然资源和人文资源为学前教育特色化提供了教育资源

甘孜州地处青藏高原和四川盆地过渡地带，地形地貌复杂，是世界上自然生态最完整的地区之一，是我国重要的天然物种基因库。金沙江、雅砻江、大渡河纵贯全境，流域面积 14.61 万平方公里，占长江流域面积的 8.5%，而且山河相间，相对高差达 6400 余米，成为世界上最集中、最壮美的峡谷区域。境内 200 多条冰川，栖身于云雾缭绕的山谷，诠释着高原冰帽的傲骨冰霜之

美。其中，海螺沟冰川以距大城市最近、同纬度海拔最低、最易进入而独绝于世。数不胜数的高原湖泊静卧于群峰怀抱，如新龙县境内的措卡湖，炉霍县境内的卡萨湖，康定市境内的莲花湖、木格措、七色海，稻城县境内的兴伊湖、牛奶海、珍珠海、青蛙海，九龙县境内的伍须海和猎塔湖，乡城县境内的巴姆七湖，石渠县境内的阿都措湖，雅江县境内的吉仁湖，德格县境内的新路海。这些含烟凝碧的美丽湖泊，镶嵌在群峰簇拥、雪山相连的山谷之中，就像沉积在高山中的一颗颗闪闪发光的珍珠，美得不可亵渎。甘孜州是国内罕见的天然温泉分布最为密集的地区，主要有康定二道桥、榆林河、折多塘、泸定海螺沟、湾东河、丹巴党岭、甘孜甘音郭、巴塘茶洛、理塘毛垭、曲开隆洼、道孚插曲隆巴、乡城热斗、稻城茹布查卡等温泉。甘孜州境内有 1.3 亿亩的天然草场，是川西北牧区的重要组成部分，高山草甸达 14 164 万亩，湿地达 88.8 万公顷。如道孚县境内的八米草原、龙灯草原、白日山牧场和玉科草原，炉霍县境内的宗塔草原，康定市境内的塔公草原，理塘县境内的毛垭草原，石渠县境内的扎溪卡草原，德格县境内的阿须草原，乡城县境内的迪俄通草原等都美若仙境，风光如画。甘孜州的森林面积 7655 万亩，覆盖率达 32.1%，占四川省的 20%，是西南林区的重要组成部分。

甘孜州境内的动植物资源也非常丰富。有大熊猫、小熊猫、金丝猴、白唇鹿等 30 多种国家珍稀动物；有麝香、鹿茸、熊胆等上乘的动物药材；有虫草、天麻、贝母等名贵植物药材；有松茸、白菌、獐子菌等多种稀有野菌；另外，甘孜州是国内蝴蝶分布最为集中的地区之一，目前，四川已发现 702 种蝴蝶，仅甘孜州境内的蝴蝶种类就多大 400 多种。

总之，因地理环境、气候特点等原因，目前甘孜州生态景观和生物资源相对保存完整，呈现多样性，有着"雪山之乡""草原之乡""天然温泉之乡""峡谷之乡""湖泊之乡""河流之乡""蝴蝶王国"等美名。

甘孜州历史悠久，文化灿烂，是世界上罕见的多民族、多语言、多种宗教信仰和风俗习惯并存的地区，是中国古代历史上民族频繁迁徙的"民族走廊"地带。在漫长的历史长河中，这里演化出了多姿多彩的康巴文化。这里是格萨尔王的故里、茶马古道的中心、康定情歌的诞生地，又是藏传佛教派系保留最全、藏族文化典籍、文献保存最完整、藏医药理论研究与制药发展最早的地区……

甘孜州是歌舞的海洋。因为甘孜州歌舞种类繁多，而且可谓是无时不歌、无事不歌，人人能歌善舞。以民歌为例，两性相爱有情歌，劳动之时有劳动歌、伐薪、放牧有山歌，新友相聚有酒歌，婚嫁有婚礼歌，劝人勤于耕作有月会歌，还有新房落成歌。以民间舞蹈为例，主要有卓（锅庄）、谐（弦子）、热巴、学羌、夏卓（踢踏舞）等；以祭祀舞和寺庙舞为例，有额驱、弊息、角君、且索、冲耶、神舞、跳神、格萨尔舞、尕、扎耶等。另外，甘孜州的民间乐器种类也很多，有大鼓、小鼓、扁圆鼓、长柄鼓、大钹、小钹、莽筒、唢呐、盘铃、鹰骨笛、弦胡、扎涅（四弦琴）、小钗、长角号、胫骨号、螺号、铜锣、巴郎鼓等，一般都在节日或娱乐时使用，一部分在宗教仪式上使用，因为藏传佛教在甘孜州文化中起着特别重要的作用，一部分民间器乐音乐和乐器同寺庙音乐及祭祀乐器有关。

甘孜州的绘画和雕塑也有悠久的历史。以绘画为例来说，甘孜州大小寺庙殿堂都悬挂有大量精湛艳丽的唐卡（藏语意为卷轴画），僧俗人家经堂或上房也挂有唐卡；大小寺庙佛殿、经堂四壁及天花板、庙门都绘有题材各异、金碧辉煌的壁画；还有变形的四色火焰、金刚杵、墙、莲构成的坛城画。雕塑包括陶塑、泥塑、金属雕铸、石刻、木雕、酥油花等。

甘孜州的建筑根据高原特殊的地理环境、气候条件以及各区域内生产特点和自身的审美观念，形成了独具特色的建筑艺术风格和体系，具体体现在装饰华丽且结构复杂的寺院建筑、适应各地生产生活方式与自然条件的民居建筑、形式多样且就地取材的桥梁建筑、气势非凡且匠心独运的官寨建筑、外表中西结合且兼具防御和民居功用的碉楼、结构简单且易于搬迁的帐篷等。以民居建筑为例，因各地的气候、地形、地质、社会经济形态、生产力水平、宗教信仰、文化习俗等的影响，这里产生了极具民族特色和地区色彩的建筑。从使用材料来看，农区的民居建筑大体可以分为石木、木、土木、石木土混合四种。石木结构的民居建筑以丹巴、雅江、折西等地最具特色；土木结构的民居建筑以乡城、巴塘、甘孜等地最为突出；木结构的民居建筑数道孚别具一格；石木土混合的民居建筑以新龙、炉霍、德格特别突出。从造型上来看，各地的民居建筑可谓风格不一，特别是稻城的石藏房、巴塘的红藏房、乡城的白藏房、丹巴的碉房和道孚木房极具特色。因牧民过着逐水草而息的生活，故牧区多使用结构简单、支架容易、拆装灵活、易于搬迁的帐篷。

甘孜州的服饰具有悠久的历史、独特的结构样式和艺术特点，充分体现了当地的民族风格、民族习俗和文化特点。因服饰与当地的气候、地形、物产、历史、文化、宗教和人们的审美观念息息相关，而甘孜州各地的自然条件、生产方式、风俗习惯又有较大差异，故形成了多姿多彩的服饰。以藏袍、藏衣为例，农区的藏袍、藏衣随季节变化而有所不同。春季藏袍以氆氇为主要原料；夏季以毛哔叽、藏片、青布等较薄型面料为主；冬季以棉袍和羔儿皮镶各种面料为主。牧区服饰多以羊皮袍为主，主要为察巴（无面羊裘）和查热（羊皮板上加面子）。男式牧装几乎在襟、底边镶上约宽15厘米的黑色平绒或灯芯绒、毛尼、黑布等。女式牧装在皮袍外边镶红、绿、蓝花纹。另外，除了农牧区的服装有较大差异外，不同地域也有很大的区别。以丹巴县嘉绒藏族藏装为例，女式藏袍多为蓝色黑色，袍面大襟，袖口和脚边花纹多以五彩丝线织成，长至齐膝。围裙分两种，一种为前后两片，边上均绣花纹；一种是百褶裙，多系花缎制成。再以巴塘女藏袍为例，一般为白、绿、红色有领的大小襟衬衣，外罩无袖长领架，大襟边镶有金丝缎花纹边，腰系彩带，外系有褶裙，多为褐色氆氇。除了藏袍、藏衣多样以外，州内藏帽的式样也较多。农区男女爱戴褐色氆氇作底缠有金丝银线花纹的金毡帽。牧区人爱戴塔形白毡帽，帽顶和帽沿缝有黑布条，帽顶系一拳头大小红色毛绒花团。兽皮帽农牧区男女都爱戴，将狐皮、羊羔皮、雪猪皮、狼皮等软化后，缝绸缎或细布，做成圆形，于寒冷时节佩戴。甘孜州传统的藏鞋主要有两种，一种是软帮薄底，鞋帮齐膝；另一种是硬帮厚底，鞋帮齐膝。目前，除了穿盛装时要搭配传统藏鞋以外，平常很少有人再穿传统藏鞋了。另外，藏族男女都喜爱装饰，讲究佩戴，运用珠宝、金银、象牙、玉器、玛瑙、珊瑚等打扮自己。甘孜州藏族佩饰不仅丰富多彩，而且男女佩饰都各自成套。从头部到颈、胸、腰、脚都佩戴有金、银、铜、珠宝、玉器等制作的各种各样的装饰品。从头顶上的"巴珠"、发辫上的银币、耳朵上的大环、脖子上的项链，到手腕上的镯子、手指上的戒指，再到背上、腰际上的挂饰，还有雕嵌精细的腰刀、腰扣、火镰子等，可谓五光十色、琳琅满目。这些配饰以鲜明的民族特色反映了藏族人民的审美观念和生活习俗。[①]

甘孜州文学资源丰富，小说、散文、诗歌、民歌、民间故事、谚语遍布全州。以民间故事为例，故事内容主要有五个方面：其一，佛经故事和佛教人物故事；其二，历史人物故事和爱情故事；其三，藏族起源和动物故事；其四，山川风物传说和神话故事；其五，机智人物故事和格萨尔王传说。民间故事中比较著名的有《猕猴变人的格式》《木雅青稞的来历》《五色海的故事》《文成公主的故事》《盐和茶的故事》《格萨尔王传》《阿口登巴的故事》《山歌的故事》等。[②]

以上这些丰富的生态景观、生物资源、文化艺术为开发地方课程和园本课程提供了丰富的教育资源。开发地方课程和园本课程是教育特色化的重要方式，如以文化传承为例，文化是人类创造的一切结果，既有其优秀成分，也有其糟粕，而教育的目的是使个体生命质量得到提高。对人类的寿命有帮助，使人类与其他生物和谐相处，即是人类文明。因此，教育的内容应该选择使人文明的成分，这应该是各类教育的共同特点，而学校教育相对于家庭教育和社会教育而言，有系统性和高效率的优势。学校教育的传播内容是在

---

① 杨辉麟．西藏的民俗[M]．西宁：青海人民出版社，2008：34-35．
② 甘孜藏族自治州文化艺术志编委会．甘孜藏族自治州文化艺术志[N]．甘孜藏族自治州文化局，2007：245．

对人类文化进行选择的基础上使其系统化、层次化的成分，把学习内容编制成学生容易内化的知识框架。同样，民族文化的传承也要通过类似的途径：一是家庭中的"父传子"的形式；二是社会教育中的师傅传徒弟的形式；三是通过各种传统节日以及近几年比较普遍的"文化节""艺术节"的形式；四是通过学校教育。这四种形式中，前两种形式宜培养个别精英，但普及面窄，而且易出现传承人危机；第三种形式虽然影响范围广，但深入困难。如果把民族文化作为学校的课程内容，就能弥补前三者的不足。因此，在充分挖掘、收集、选择民族文化的基础上开发地方课程和园本课程，使其融入学前课程中，是传承民族文化的有效途径，而开发地方课程和园本课程是教育特色化的重要方式。同样，这些丰富而独特的地理环境、生物资源、文化艺术要求教育模式、师资、课程内容等具有独特性，以适应区域特征。

三、我国学前教育发展历史和现实特点为甘孜州农牧区学前教育特色化提供了实践依据

我国机构学前教育真正始于民国时期，这一时期，在众多学前教育工作者和研究者不懈努力下，我国学前教育发展取得重要成绩。在这众多的教育工作者和研究者中，陈鹤琴、陶行知、晏阳初、张雪门和张宗麟等对学前教育本土化作出了重大的贡献，他们的学前教育思想和实践为我国民族地区学前教育特色化奠定了理论与实践基础。

说到学期教育特色化，第一个想到的就是我国著名的学前教育专家、"幼教之父"陈鹤琴。他早年赴美留学致力于教育学的学习和研究，这为他以后的学前教育思想打下了坚实的基础。1919年回国任教后，他发现我国幼儿教育被外国教会垄断包办，基本处于全盘西化的状态，他感到，要改变这样的现状必须走适合中国国情的本土化学前教育道路。从此，他开始探索中国本土化的学前教育道路，而且通过长期的探索，终于逐步形成了适合中国国情的本土化的学前教育思想体系，包括学前教育目的论、课程论、方法论、环境教育、师资培养等方面。陈鹤琴的这些学前教育思想经过我国学前教育实践检验证明是科学的学前教育思想，这些思想对我国学前教育事业的发展具有重要的指导和借鉴意义。

人民教育家陶行知也为中国学前教育本土化作出了重要的贡献。陶行知根据当时中国幼稚园所害的三种病：外国病、花钱病、富贵病，提出创办乡村幼稚园，决心要把外国的幼稚园转化成中国的幼稚园，把费钱的幼稚园转化成省钱的幼稚园，把富贵的幼稚园转化成平民的幼稚园。他的做法包括：

其一，充分运用眼前的音乐、诗歌、故事、玩具及自然界陶冶儿童，从而建设中国的幼稚园。其二，打破外国偶像、训练本乡师资教导本乡儿童，运用本村小学手工科及本村工匠仿制玩具，从而建设省钱的幼稚园。其三，在以上两者之上应关注平民的需要，从而建设平民的幼稚园。

张宗麟是当时学前课程变革和适应的研究者、开发者、实践者之一。他看到幼儿教育被外国传教士所把持，就追随陈鹤琴进行幼稚园中国化、民族化、本土化的研究，协助陶行知培养了一批有志于乡村教育的师资。张宗麟在充分调查的基础上，以陶行知、陈鹤琴的教育思想为指导，以农村的资源和农村幼儿的实际为出发点，构建了适宜于农村幼儿的课程内容，并提出培养能适应农村幼儿教育的教师。

中华人民共和国成立后，学前教育理论和实践都在不断发展。中华人民共和国成立初期，在吸取老解放区的学前教育经验和借鉴苏联学前教育理论基础上，颁布了《幼儿园暂行规程》。此时的学前教育理论受苏联学前教育影响较大，但是从20世纪80年代开始，学前教育理论摆脱了苏联的教育思想，从我国的教育实际出发，在吸取国外先进教育理念的情况下，在全国数百个课程研究方案及其成果的推动下，建构了我国学前教育理论基本框架。到了21世纪初，在基础教育课程改革的推动下，全国开发出了多种多样的地方课程和园本课程，各地研究并实践具有区域适应性的学前教育模式。

近年来，我国的学前教育事业得到了迅速的发展，特别是2010年开始学前教育事业得到了突飞猛进的发展。因为《国家中长期教育改革和发展规划纲要（2010—2010年）》明确提出：到2020年，普及学前一年教育，基本普及学前两年教育，有条件的地区普及学前三年教育，学前一年、学前两年、学前三年的毛入学率分别达到95%、80%、70%。基于此，各级政府加大了对学前教育的投入，园所数量、在园幼儿数、入园率、教师数量都大幅度提高。与此同时，通过改善办学条件、加大园本课程的开发、完善办学形式、提高教师素质等方式，使办学模式、学前师资、学前课程具有区域适应性，从而达到提高学前教育质量的目的。

也许有人会问，开发的课程实施了吗？这些教育模式真的可以执行吗？会不会开发出的课程和研究出的教育模式只是属于纸质材料或某项课题的结题材料呢？答案是肯定的。之所以学前教育能开发出各具特色的课程、多样化的教育模式，培养出适宜于区域特点的学前师资，是因为学前教育没有升学压力，不需要全国统一的考试，也就不需要使用全国统一的教材和开展全国统一的活动。

综上所述，不论是从我国学前教育发展过程来看，还是从学前教育的独特性来看，学前教育特色化都是可行的。

第二章
建立平民化实用型学前教育机构

如前所述，甘孜州为了发展农牧区学前教育，要求农牧区小学附设幼儿园（学前班），办学模式有6+1、6+3、3+1、3+3等模式（6+1模式是小学6年加学前1年；6+3模式是小学6年加学前3年；3+1模式是小学三年加学前1年；3+3模式是小学3年加学前3年。）。目前的状况是：其一，6+3模式主要集中在交通较发达的行政村，可依托片区寄宿制中心小学附设普惠性幼儿园。对部分已建好的附属幼儿园进行调查，发现入园率并不高，主要原因是离中心小学较远的学前儿童几乎未入园。然而，这些片区内因资源整合，很多村小合并到中心小学，很多村寨已无村小，进而也无学前班。这种办学模式导致一方面很多学前儿童无缘接受机构学前教育，另一方面普惠性幼儿园入园率低的现象。其二，6+1模式和3+1模式主要集中在部分边远农村和牧民定居区，依托村小和完小附设的学前班。然而，对部分已附设有学前班的小学调查发现，入小学的年龄为7周岁，入学前班的年龄为6周岁，导致这些区域内大多数6岁前儿童还是无缘接受机构学前教育。其三，游牧区几乎既无小学，也无学前班和其他形式的学前教育机构，因此，游牧区学前儿童几乎无缘接受机构学前教育。综上所述，虽然各级政府重视学前教育发展，加大了投入，办学点数量大幅度增加了，全州范围内的入园率也迅速增长了，但是边远农牧区学前儿童的入园率却很低，相较于投入，成效很小。

采用某种特定的教育模式必须要考虑受教育者的身心特点，相关的教育政策法规，区域内教育发展现状、经济发展水平、人们的生产生活方式、文化特点、地理环境等。如果所采用的教育模式与以上这些因素不相适应，那么教育成效就无法提高。甘孜州目前的经济发展水平和学前教育发展现状决定了不可能每个村寨和牧民定居点都建立标准化的幼儿园；游牧区的生产生活方式也决定了不可能建立标准化的幼儿园；农牧区的地理环境、交通条件和农牧民的生产生活方式决定了他们不可能每天到离家十几千米或几十千米的中心小学接送孩子；学前儿童的身心特点决定了他们不适合寄宿制生活。

因此，甘孜州目前的学前教育模式并不利于提高农牧区学前教育成效。

从甘孜州农牧区目前的经济发展水平、农牧民的生产生活方式和农牧区学前教育发展现状来看，确定平民化办学理念、建立多样化的实用型学前教育机构是合理可行的。其一，在牧民定居点办"儿童之家"式学前教育机构。其二，在游牧区办"流动式"非正规学前教育机构。其三，在农区村寨办"乡村幼稚园"式学前教育机构。

第一节 牧民定居点的"儿童之家"

一、儿童之家

第一所"儿童之家"是由意大利第一位女医学博士、享誉世界的杰出幼儿教育家玛利亚·蒙台梭利于 1907 年在罗马的圣洛伦佐贫民区创办的幼教机构。当初把这所幼教机构命名为"儿童之家"有其深刻的意义。对于一般人而言，家是温馨的港湾，只有至亲才能进入的空间。然而罗马圣洛伦佐贫民区的现状却大相径庭，此地居民所面对的家可谓面目全非，人类行为中最隐私的生活行为都被曝光示众，丝毫没有一点儿独立的空间。这里没有隐私，没有谦逊，没有亲切感，甚至没有阳光，没有空气，没有水。面对这样恶劣的生存环境，她想为这里的孩子创立具有伟大意义的"家"，即家里的房间里摆放着美好的东西，孩子们是家里的小主人，可以自己来支配全部。于是蒙台梭利创立了第一所"儿童之家"。为了达到预期的效果，制定了相关的规章制度，采取了科学的教育方法，开展了适宜的教育内容。

"儿童之家"的规章制度是：罗马住宅改善协会在某居民楼建立"儿童之家"，凡是居住在改居民楼中的学前儿童均可入学。儿童之家的主要目的在于为那些外出工作，孩子无人看管的父母提供免费服务。"儿童之家"重点关注儿童的学前教育、身体健康、心理发展情况等，根据孩子的年龄采取合适的教育方法。"儿童之家"聘请女教员、医生和保育员各一名。"儿童之家"的计划与时间表通常由女教员来安排。凡是本居民楼内 3～7 岁的儿童均可入"儿童之家"。凡是愿意享受"儿童之家"这种优惠待遇的家长，无须另外缴费，但他们必须履行以下义务：其一，家长必须保证孩子卫生干净，在规定时间把孩子送到"儿童之家"。其二，家长要尊重"儿童之家"的女教员及其所有的工作人员。在儿童教育方面，母亲每周至少和女教员沟通一次，向女教员反映孩子在家中的表现，同时母亲还应听取女教员的建议和意见。凡是出现以下情况的孩子将被开除：其一，卫生差，没有梳洗干净或穿着脏衣服就被送到"儿童之家"的孩子。其二，那些屡教不改，经常犯错误的孩子。其三，家长不尊重"儿童之家"里的工作人员，不配合工作人员的工作。①

"儿童之家"的教育内容主要包括以下几个方面：其一，实际生活练习。练习的基本内容为：清洁、秩序、体姿、会话。孩子到"儿童之家"后首先进行清洁检查，包括孩子的手、指甲、脖子、耳朵、牙齿、头发、衣服、鞋子。"儿童之家"要求孩子经常洗澡，教孩子们如何洗澡、洗手、清洁指甲、洗脚、刷牙、漱口、掏耳朵、洗眼睛等。个人卫生检查后，老师让孩子们带上围裙清洁教室。接着就是礼仪练习，如见面和分手时的礼仪，拿东西时要轻拿轻放，与人说话语气保持平静，学会保持安静等。其二，体格训练。"儿童之家"中的体格训练内容和方式与普通学校不同，他们主要采用自由体操、教育体操和呼吸体操方式。自由体操又分为口令下的体操和自由游戏。口令下的体操主要采用齐步走的方式，主要目的在于练习孩子的平衡能力，如果能哼短曲，则还有利于增强肺部功能。自由游戏就是孩子们经常玩的游戏，如滚铁环、丢沙包、放风筝、抛球、捉迷藏等。教育体操包括两个部分，一个部分为耕地、栽种植物和饲养小动物，这种练习不仅有利于孩子们学习生产生活常识，也有利于协调能力的发展。另一个部分为脱衣服、穿衣服、解扣子等增强手指协调性的、为儿童以后的实际生活做准备的练习。在"儿童之家"有10种这样的练习框架，即木质框架，每个框架上绷上两块布或皮革，缝上或空出一排排扣眼和纽扣，或者挂钩和钩眼或带子和带眼或拉链等。呼吸体操主要包括正确使用嘴唇、舌头和牙齿练习；发音练习；呼吸运动与肌肉训练相协调的练习。其三，自然教育。通过让孩子们亲近自然、观察自然、培养农作物和动物，引导孩子们观察生命现象、提高预见能力、建立人生品格、培养对大自然的情感和沿着人类发展的自然道路前进。其四，手工劳动教育。"儿童之家"的手工劳动教育主要为学习制陶工艺，让孩子们仿制各种各样的生活用品。其四，感觉训练。感觉训练是"儿童之家"非常重要的教育项目。为了训练他们孩子们的触角、热觉、重量感觉、听觉、视觉等，"儿童之家"准备了丰富的教学材料。如为了训练触觉，让孩子们触摸不同质地的材料。为了训练他们对温度的感觉，在金属碗里装冷水、温水、热水，让孩子触摸碗外面，然后把手分别放在不同的碗里。为了训练重量感觉，让孩子拿不同材料制成的木块。为了训练嗅觉，让孩子们闻不同气味的鲜花。为

---

① [意]玛丽亚·蒙台梭利. 蒙台梭利教育法[M]. 丽红，译. 北京：京华出版社，2007：50-51.

了训练味觉，让孩子们用舌头接触酸、甜、苦、辣的溶液。为了训练视觉，给孩子们提供直径不同、高度不同、直径和高度都不同的三套木块以及不同颜色的物体。为了训练听力，给孩子们提供挂有能发不同音符的13个铃铛的木架。其五，阅读与写字。"儿童之家"的阅读和写字教学中，老师为孩子们提供砂纸做的字母，先让孩子们触摸，然后让孩子们选出老师读的字母，接着让孩子们模仿写，最后孩子们自己能拼读了。以上五点为"儿童之家"的主要教育内容。

"儿童之家"的教育方法："儿童之家"采用了一系列对儿童的身心发展有利的教育方式方法，相对于当时的普通教育主要有以下几个特色：其一，从人类学视角考虑，对儿童的身体发育进行定期的观察和测量。主要观察和测量儿童的体重、身高、胸围、头部、肌肉发育情况、肤色、头发、血液的颜色等。通过观察这些项目，随时了解儿童的身体健康状况，免去了因未及时防御或治疗而得疾病的麻烦。其二，注重环境创设。如在花园里为孩子们提供一个大的游戏空间，作为学校环境的重要组成部分；撤掉普通学校所使用的课桌、板凳，制作宽大结实的八条腿的桌子，这种桌子不仅结实而且轻巧，两个4岁以上的孩子都可以搬着它走，每间教室还配了许多舒适、美观、轻便的木质扶手椅；每间教室都有非常矮小的脸盆架，即使3岁的孩子都可以使用，架子侧面有一些小格子，用来放肥皂盒、指甲盒和毛巾，旁边放一个水容器，以便倒脏水；每间教室配备了一排矮长的橱柜以存放教玩具，孩子们可以随意玩玩具和管理玩具；教室内挂有很多小黑板，挂得很矮，即使最小的孩子也能使用，黑板边放粉笔盒和擦黑板的白布；黑板上方挂一些经过精心挑选的很吸引人的画，如每间教室挂有拉斐尔的《椅中圣母》的复制品，作为"儿童之家"的象征。其三，通过自由来获得纪律。也许"通过自由来获得纪律"听起来有些不可思议，很多人认为纪律和自由是相对的，然而"儿童之家"的确是通过自由来获得纪律。这里所说的自由和一般人所理解的纪律是有差异的，普通人理解的纪律就是孩子"坐着不动"，这里所说的纪律则是孩子是自己的主人，只要适合场合的行为都是应许的、鼓励的，但孩子的行为必须以集体利益为限，所以，教师要观察孩子的行为是否属于激怒他人的行为，是否属于粗鲁、不礼貌的行为，并加以引导，久而久之孩子们形成习惯,因而能够在需要遵守生活中的某些规则的时候规范自己的行为。一个通过自由来约束自己的人，不会渴望获得外在的奖赏，所以，"儿童之家"中废除了奖励和惩罚。其四，"儿童之家"给孩子授课的特点就是简洁、明了、客观，在上课时，其基本的指导方法是观察法，观察孩子对这个事物是否感兴趣、这一兴趣能持续多长时间等。教师的首要任务就是激发生命，然后让它自由地发展。其五，通过一日活动来实现对实际生活的训练。具体内容为：上午9:00—10:00的生活实践训练项目为相互帮助脱衣服、穿围裙，巡视房间里的东西是否有灰尘并摆放整齐。10:00—11:00主要为实物课和感官训练。11:00—11:30主要开展简单体操活动。11:30—12:00为午餐和餐前祷告。12:00—13:00为自由游戏时间。13:00—14:00为指导性游戏时间以及较大孩子轮流打扫教室、擦灰、整理。14:00—15:00为手工制作时间。15:00—16:00为集体体操、唱歌、查看和照料动植物时间。从一日活动安排可以看出，把孩子在"儿童之家"的学习活动与生活实践相结合可以培养孩子的生活适应能力，这是教育回归生活的一种行之有效的方法。其六，强调通过感官训练来发展孩子的智力。感官训练不仅有利于孩子们成为观察者，提高其生活适应能力，而且有利于发展智力。"儿童之家"通过实体感觉训练、味觉训练、嗅觉训练、视觉训练、分辨声音训练、听觉敏感度训练等来促进孩子智力的发展以及其对生活的适应能力。其七，阅读和书写教学方法。分三个阶段进行，第一个阶段为肌肉技能训练，为孩子们提供小木桌、金属嵌块、轮廓图、彩色铅笔。孩子们利用这些材料来描图复制出几何图形。第二个阶段为视觉-肌肉图像以及运动肌肉记忆练习。给孩子们提供粘有单个砂纸字母的卡片，较大卡片上包括一组组相同的字母。首先教师给孩子们呈现粘有元音字母的卡片，发出字母的发音，给孩子们演示如何描画，让孩子们用食指触摸砂纸字母进行描画。其次，教师读出字母，让孩子们认出与字母相应的图形。然后，把字母放在桌子上，教师把辅音和元音拼出即可，久而久之，孩子们就能自己拼出单词了。第三个阶段就是组词练习。孩子们自己能将各种字母随意组词，这一过程孩子们是自主进行的，每当组出新词时特别满足，所以更是乐此不疲地组词。以上几种教育方法对学前儿童的发展非常有效。①

二、牧民定居点创办"儿童之家"式学前教育机构的条件

其一，甘孜州目前的经济发展水平和学前教育发展水平决定了不可能在每个牧民定居点创办标准的幼儿园。甘孜州占地面积15.3万平方公里，全州辖18个县（市），325个乡镇，2733个行政村，61个社区居委会。除了泸定县以外，其他各县都有牧区，也建有不同数量的牧民定居点。以色达县为例，

---

① [意]玛丽亚·蒙台梭利. 蒙台梭利教育法[M]. 丽红, 译. 北京：京华出版社，2007：53-196.

全县辖 4 个片区、17 个乡镇、134 个行政村，土地总面积 9115.82 平方千米，17 个乡中有 12 个为纯牧区，5 个为半农半牧区。色达县由于地理环境和历史原因，经济发展落后，属于国家级贫困县，办教育基本依靠国家财政和省财政。截至 2017 年年底，全县共有中学 1 所，小学 16 所，预设幼儿园 17 所。所以，就色达县目前的经济发展水平和已有的学前教育发展水平而言，不可能在每个牧民定居点创办符合国家标准的幼儿园。再拿石渠县来说，全县辖 23 个乡镇、105 个行政村、164 个自然村，土地总面积 25 191 平方千米。石渠县与色达县相似，由于地理环境和历史原因，经济发展落后，也属于国家级贫困县，教育经费也基本依靠国家财政和省财政。截至 2017 年年底，全县共有中学 1 所、中心小学 24 所、预设幼儿园 24 所。

其二，牧民定居点牧民的生产生活方决定了年幼儿童的教育存在问题。虽然，牧民定居点的建设使很多牧民不再需要带着全家老小过游牧生活，但牧民的生活主要依靠放牧和上山挖草药。所以，虽然牧民定居点的老人和孩子不需要过逐水草而居的游牧生活，但成年牧民照样还是要外出放牧和上山挖草药。甘孜州地处青藏高原，天然草地绝大部分分布在海拔 3500 米以上的高寒地区，其中以海拔 4000 米以上为主要分布区。由于分布地带海拔高、气温低、日照强烈，多大风，牧草植株生长矮小，地上部分生长量小于地下部分，很多地区的生长期仅仅只有 120 天左右。牧草产量为平均每公顷产鲜草 7665 公斤，其中可利用鲜草为每公顷 4500 公斤，利用率只有 58.71%。为了适应环境，牧民用形象、生动的语言总结了放牧经验，如"冬低、夏高、秋半腰"，"春放滩，冬放湾，秋放边，夏天上高山"，"下抢花，百病一把抓"，"秋抢仔，羊膘实"，"先高后低，先远后近，先阴后阳"，"平地上午朝西放，下午朝东放"，"勤搬慢赶，先远后近，早出晚归，两头不见太阳"，"平地一条鞭，山地满天星"等。从以上所述的牧场的气候环境和牧民总结的经验可以发现，牧场上的自然环境恶劣，牧民要根据时节和气候变化不断搬迁。另外，虽然甘孜州牧区有珍贵的药材，如虫草、贝母、雪莲花、大黄、羌活、红景天、野当归、雪山一枝蒿等，但这些草药基本都长在海拔 3000 米以上的草地上。因气候环境恶劣，建有牧民定居点的牧民一般不会带年幼的孩子外出放牧或上山挖草药。但当成年人外出放牧或上山挖草药时，谁来照看年幼的孩子呢？一般而言，家有老人的，由老人在定居点看管年幼的孩子；如果家里没老人，要么让年长的孩子辍学在家带年幼的孩子，要么母亲在家带孩子。然而，孩子进小学前母亲在家照顾孩子，这对家庭收入是非常不利的。老人看管孩子和年长孩子看管年幼孩子却有诸多不利。拿老人看管孩子来说，有利的一面主要表现在减轻了年轻父母的负担，弥补了年轻父母育儿经验不足的一面。然而，对孩子一生的发展来说，老人隔代教育还是弊大于利，主要体现在以下几个方面：一是很多老人过分溺爱孩子，不仅过分包办，不让孩子自己做力所能及的事，而且满足孩子的一切要求，导致孩子形成以自我为中心的性格特征。二是很多老人对孩子的身心素质并没有科学的认识，怕孩子饿着，就让孩子不停地吃，甚至追着孩子喂饭；怕孩子冷着，就给孩子穿过厚的衣服；怕孩子摔着，就不让孩子跑，导致孩子身体素质差、自理能力差、探索精神不足。三是很多老人不注重孩子的卫生习惯，经常以"我们小时候都这样过来的"为理由，容易使孩子患病，如包虫病、牙病等。完全靠年长的孩子辍学在家看管年幼的孩子，不利因素更多：一是年长的孩子无法完成学业，对其自身的发展非常不利。二是年长孩子没有带孩子的经验，最多能保证年幼孩子的安全和温饱，有时这点都无法保证。基于以上原因，如果牧民定居点有专门的场所，由专业人员照看、教育孩子是一项非常有意义的事业。

其三，牧民定居点的活动室和周边的牧场可作为现成的教育场所。甘孜州各个牧民定居点基本都建有活动室，供定居点牧民开展组织生活以及娱乐活动。这些活动室基本都建在地势平缓的地方，活动室外建有有围墙的操场，便于开展集体活动，而且活动室周边有平缓的草地。据调查，这些活动室及其室外的场地除了逢年过节以外，其余时间基本处于闲置状态。所以，可以把活动室、活动室外的操场和周边的草地作为学前儿童活动的场所。

其四，国家有关学前教育相关政策提供保障。采取某种教育模式必须要符合相关的法律法规和政策要求，相关的法律法规和政策能为教育改革提供必要的保障。目前，我国已经确定多项学前教育相关的政策，这些政策中的很多内容为在牧民定居点创办"儿童之家"式学前教育提供了依据和支持。比如，《国家中长期教育改革和发展规划纲要（2010—2020年）》第三章明确规定："重点发展农村学前教育。努力提高农村学前教育普及程度。着力保证留守儿童入园。采取多种形式扩大农村学前教育资源，改扩建、新建幼儿园，充分利用中小学布局调整富余的校舍和教师举办幼儿园（班）。发挥乡镇中心幼儿园对村幼儿园的示范指导作用。支持贫困地区发展学前教育。"《关于加大财政投入支持学前教育发展的通知》（财教〔2011〕405号）规定："各地要从实际出发，科学规划、合理布局、循序渐进、勤俭节约，探索适合当地实际的学前教育发展模式，根据客观需求合理规划建设改造规模，不搞'一刀切'，做到速度与质量、规模与内涵相统一，积极稳妥地推进学前教育发展；坚决防止不顾条件，大干快上、搞豪华建设，造成资源闲置浪费和产生新的债务。各地要对城市和农村不同类型幼儿园提出分类支持政策，把加快发展农村学前教育工作作为工作重点。"《关于在民族地区幼儿园全面实行保教费减免资助政策的通知》(川财教〔2013〕76号)规定:从2013年秋季学期起,将我省民族地区60个县的在园幼儿保教费减免资助面由10%扩大到100%,每人每月减免保教费60元(一年按10个月计算,共600元)。2017年开始,四川省实施了"一村一幼"政策来促进民族地区学期教育的发展。具体措施为:在民族自治区51个县(市)以村委单位设立幼儿教学点,针对3~6岁幼儿开展双语教育为主要内容的学前教育。省、州、县共同承担办班经费,省财政按照平均每村配备2个辅导员,每个辅导员2000元/月的劳务报酬标准给予补助,其余由州财政和县财政承担。要求遵循因地制宜、实事求是的原则,按照"大村独立举办、小村联合举办"的思路,采取"一村一幼""一村多幼""多村一幼"等形式,科学规划和建设村级幼教点(园),确保幼儿就近安全入园。村级幼教点的园舍建设可采取改造闲置校舍、利用村委会活动室和民俗活动场所、改造租借民房等方式,统筹解决。按照国家和省相关标准,配备适合幼儿特点的桌椅、盥洗卫生间、玩教具、图书和乐器。编写或选用辅导用书,引导儿童开展双语会话训练,培育双语素养等。

总之,基于甘孜州目前的经济发展水平、牧民定居点目前的学前教育发展现状、牧民定居点牧民的生产生活方式、牧民定居点已建立的活动室以及国家的相关政策,在牧民定居定创办"儿童之家"式的学前教育机构是可行且适宜的。

三、牧民定居点"儿童之家"的特点

其一,活动场所位于定居点的活动室以及临近的草地、牧场。活动室的房间分别设置为活动室(放适合学前儿的桌椅、玩具柜、玩具,并开展室内活动)、盥洗间(放适合学前儿童的盥洗设施)、厨房,活动室边上的操场和牧场作为室外活动场所,这样的活动场所广阔而自由,有利于开展适合牧区儿童的活动。

其二,采用全托式,以便父母外出劳作,学龄儿童接受义务教育。根据牧区的气候特点和牧民的劳作时间,春夏秋冬在"儿童之家"的时间可灵活安排,如春秋为9:00—16:00,夏季为8:00—17:00,冬季为10:00—15:00。

其三,活动内容和活动方式要多样化。具体体现在以下几个方面:① 到"儿童之家"后首先进行卫生检查。牧区很多区域内,因水源被污染以及很多牧民不注重卫生,导致很多牧民(包括成年人、学龄期儿童和学前儿童)患

包虫病。卫生检查的内容应包括头、牙、手、脸、指甲、衣服、裤子、鞋子是否干净，如果不干净、不整洁，要对家长提出要求，并指导孩子如何刷牙、洗脸、洗手。对刚入"儿童之家"的学前儿童，要采用集体教学和个别指导相结合的方式，教他们如何刷牙、洗脸、洗手。对学前儿童的家长，要通过家长会或专门的方式说明讲究卫生的重要性以及指导他们如何给孩子剪指甲、洗头、穿衣等，从而让家长和学前儿童明白讲究卫生的重要性并形成良好的习惯。② 开展双语对话活动。牧区孩子在家和社区基本用民族语言交流，到"儿童之家"后，完全用汉语交流既不现实也不利于孩子对民族文化的传承，但完全用民族语言教育和开展活动，则不利于孩子们进入小学后对汉语的学习。而且学前期是双语教育的最佳时期，这一时期开展双语教育有助于孩子们成为真正的双语人才。因此，检查完卫生后，教师要和孩子用双语交流，主要是日常用语。可以先让教师用民族语言说日常用语，然后翻译成汉语，让学前儿童复述。当孩子掌握了一定的词汇量之后，教师用汉语说物体名称，学前儿童翻译成民族语言，或教师用民族语言表述，学前儿童用汉语表述。第二年，要求学前儿童用简单的汉语表述前一天发生的有趣的或印象深刻的事件。另外，也要通过集体教学和个别指导的形式对学前儿童开展双语教育活动。③ 开展实际生活训练。主要包括整理活动室内的桌椅、玩具，帮助教师实收餐具，让孩子们自己饲养小动物，带孩子们到牧场上进行骑马训练等。④ 游戏活动。游戏活动的内容很多，既可以在室内开展猜谜、下棋、手指游戏等，也可以到操场或牧场上拔河、滚铁环、放风筝、掷石、挑房、玩泥巴等，既有利于其智力发展，也有利于身体机能和协调性的发展，还有利于孩子良好情绪的培养。⑤ 阅读、书写、常识教学。阅读和书写教学可以仿照蒙台梭利有关阅读和书写的教学方法，特别是藏文教学特别适合这种教学方式。常识教学可采用图片教学（主要对象为牧区很难见到的内容），开展科学实验活动（主要在于让学前儿童了解神秘的自然现象），带学前儿童到牧场上亲近自然，直接与动植物接触从而获得直接经验，以便理解教师所讲的内容。⑥ 艺术活动。唱歌、跳舞、泥塑、雕刻与牧民的生活息息相关。所以，要开展艺术活动，并把当地的民间艺术融入其中。开展相应的民间文化活动是学前教育回归生活的有效途径，这一活动不仅有利于孩子艺术素养的培养，也有利于传统文化的传承。

其四，教师主要来源于本地的民汉语兼通的、有爱心的高中生或具有学前教育专业知识技能的中职学生。依据四川省实行的"一村一幼"政策招聘本地的民汉语兼通的高中毕业生或具有一定学前教育专业知识技能的中职生，对其进行短期的专业培训是可行的方案。原因有几点：① 因学前教育专业毕业的本科生和专科生基本不愿到牧区工作，而且这些毕业生基本不属于本地人，很难适应牧区的生活，只有土生土长的孩子才能适应本地的生活。② 四川省实施的"一村一幼"政策的劳动报酬只能满足未上大学的高中毕业生和中职毕业未找到正式工作的学生的要求。③ 可以依托四川省开展的"一村一幼"辅导员培训来实现对这些教师的培训，从而降低成本。

第二节　游牧区的"流动式"学前教育机构

一、流动式幼儿园

"流动式"幼儿园是20世纪90年代由内蒙古自治区在锡林郭勒草原上率先办起的极具地区和民族特色的非正规化的幼儿教育模式，被牧民称为"草原幼儿的摇篮"。

"流动式"幼儿园的特点：其一，流动性。内蒙古草原地广人稀，方圆几十里甚至几百里才有十几户到几十户人家。所以，这里的幼儿园没有固定的场所，而是采用大篷车送教的模式。送教教师把大篷车停靠在夏季牧场平坦而干燥的草地上，支起帐篷或太阳伞作为活动地点。周边十几公里内的牧民骑着马或骑着摩托车把学前儿童送到活动地点。一个活动点每次的活动时间一般是2~3天，然后到另一个牧场开展送教活动。流动性是流动式幼儿园最突出的特点。其二，季节性。内蒙古草原上大多区域内春冬季节风大、干燥、寒冷，特别是冬季经常大雪纷飞，所以冬春季节不适宜到游牧区开展送教活动。但夏天的草原气候宜人、风景优美，所以，大篷车送教下乡的时间一般为每年的5—9月，每月每个活动点开展2~3次活动。其三，灵活性。灵活性体现在几个方面：① 活动时间具有灵活性，流动幼儿园并没有固定的活动时间，根据每个地方的实际情况可灵活安排活动时间，一次一个活动点可以只安排1日，也可安排3日，依具体情况而定。② 活动地点具有灵活性，流动幼儿园的活动地点根据在某个牧场周围的集聚度和当时的气候变化灵活安排。③ 活动内容具有灵活性，流动幼儿园不像正规幼儿园按照学年目标、学期目标、项目目标来确定课程内容，而是根据每个活动点每次所面对的学前儿童的实际情况灵活安排。④ 活动方式的灵活性，流动幼儿园并没有明文规定必须采用什么样的教育方式，而是采用因地制宜、因时制宜、因人制宜的活动方式，可能是室内的集体教学，可能是室外的集体活动，可能是不同年龄段（3~4岁组、5~6岁组、7岁组）小组活动，可能是个别指导，可能是实际操作形式，可能是游戏形式等等。其四，民族性。我国的游牧民族保持着很多传统的生产生活方式。随着时代的发展，交通工具、通信工具、服饰、生活用具有了较大的变化，但牧民继承了逐水草而居的生活方式和传统的饮食起居、传统节日、宗教信仰、民间艺术等。教育的目的在于使个体能更好地适应生活且具有幸福感，所以，面对游牧区的孩子，教育内容既要有时代性，同时又要具有民族性，从而使个体既能适应区域内的生产生活，也能走出区域，走向全国，乃至世界。其五，混龄性。因方圆几十里甚至上百里的区域内只有十几户或几十户人家，所以送到活动点参加学前教育活动的学前儿童人数不多。可以把这些孩子分成小班、中班、大班、大大班，然后开展不同的教育活动。一方面，每个班的人数非常少，不利于孩子之间的交流和合作；另一方面，活动成本非常高，基本无法实现。所以可把3~7岁儿童聚在一起开展教育活动。

二、甘孜州游牧区办"流动式"学前教育机构的客观条件

其一，甘孜州经济发展水平和游牧区学前教育发展现状决定了不可能在游牧区建立标准的幼儿园。甘孜州经济发展水平低，2016年全州地区生产总值为229.8亿元，其中，第一产业增加值59.27亿元，第二产业增加值82.71亿元，第三产业增加值87.82亿元。目前甘孜州18个县（市）都属于贫困县，其中甘孜县、德格县、石渠县、色达县、理塘县为国家级贫困县，这五个县的各个乡镇基本属于纯牧区或半农半牧区，这说明甘孜州牧区的经济发展水平更低。自2008年四川省实施牧民定居工程以来，很大程度上解决了牧民逐水草而居的生活，但甘孜州牧区气候特点和草场特点决定了不可能所有的牧民都过上定居生活，还有很多区域内的牧民依然过着逐水草而居的生活。从学前教育的发展状况来看，自《国家中长期教育改革和发展规划纲要（2010—2020年）》实施以来，各级政府加大了藏区学前教育发展，近几年新建、扩建的学前教育机构比过去百年所建的学前教育机构还要多。然而，因教育发展基础薄弱，地方经济发展水平低，到目前为止，农牧区并未实现学前一年的普及，特别是游牧区的学前儿童，基本未入学前教育机构。而且从目前的经济发展水平和学前教育发展现状来看，预计几年，甚至十几年都无法在游牧区建立标准幼儿园。

其二，游牧民的生产生活方式决定了游牧区的学前教育机构应具流动性。如前所述，甘孜州很多地区的牧民仍保持着逐水草而居的生产生活方式，很

多区域内人口密度小，居住非常分散，大多以一家一户或几家几户为单位，甚至方圆几百里只有几户人家或十几户人家，而且这些地区交通不便，集中起来非常困难。以石渠县起坞乡、蒙沙乡、虾扎乡为例，起坞乡总面积为1 396.26平方公里，全乡海拔多在4 400米左右，年均气温－6 ℃，全乡只有400多户人家、2500多人。蒙沙乡总面积为1 433.66平方公里，全乡海拔多在4300米左右，年均气温－6 ℃，全乡只有500多户人家、2 300多人。虾扎乡总面积为834.54平方公里，全乡海拔多在4300米左右，年均气温－6 ℃，全乡只有550多户人家、2 600多人。从不同季节选择的牧区草场来看，冬春季节（一般指10月20日到次年的6月20日）多选择背风向阳海拔较低的河谷边沿阳坡地带，这些草地的产草量较高，但面积比较狭窄，所以要不断搬迁。夏秋季节是草地的黄金时期，牧草营养丰富，此时高山无雪，气候温和，正是各类牲畜抓膘配种的季节。而且7、8、9月的放牧区域还有差异。7月放牧圆穗蓼草场，此时圆穗蓼正值灌浆和成熟期，营养特别丰富，牲畜极易上膘，圆穗蓼常分布于海拔3600～4800米的高山草甸中。8月则放牧于羊茅草场，羊茅草场被牧民称为酥油草场，放牧羊茅草场可以增添酥油产量。紧接着就放牧于高原毛茛草场，据说可以使酥油颜色变得鲜黄，提高酥油的质量，毛茛草一般生长于海拔3000～4500米的山坡或沟边沼泽湿地。所以，三个月时间也要迁移三次。总之，依据这样的客观条件，在这些地区依靠政府办几所幼儿园无法从根本上解决问题。所以比较可行的办法是办"流动性"非正规幼儿园。

其三，甘孜州游牧区的气候特点决定了适合采用"流动式"学前教育。甘孜州的大多数牧场属寒温带气候和亚寒带气候，春冬季节干燥寒冷，冬季的平均气温在－10 ℃以下，大多数时间白雪茫茫。海拔在4200米的牧场平均每年的无霜期只有20多天，多则50多天，少则只有8～9天。即使是河谷地带，平均每年的无霜期也只有100多天，多则160多天，少则只有50多天。夏秋牧场气候宜人，月气温一般在几摄氏度到十几摄氏度，一般不超过20 ℃。而且夏季牧场的景色优美，可以用蓝天白云、山花烂漫、山色青翠、流水潺潺来形容。基于这样的气候，一般只有在夏秋季节才能开展相应的学前教育活动。

其四，国家乡相关政策为游牧区采用"流动式"学前教育提供保障。如前所述的《国家中长期教育改革和发展规划纲要（2010—2020年）》《关于加大财政投入支持学前教育发展的通知》（财教〔2011〕405号）、《关于在民族地区幼儿园全面实行保教费减免资助政策的通知》（川财教〔2013〕76号）、《四川省中长期教育改革和发展规划纲要（2010—2020年）》《四川省学前教育三年行动计划（2011—2013 年）》《四川省第二期学前教育三年行动计划（2014—2016 年）》《四川省第三期学前教育行动计划（2017—2020 年）》《四川省民族地区教育发展十年行动计划（2011—2020 年）》等都明确规定从实际出发、因地制宜地开展学前教育工作。特别是四川省"一村一幼"计划中明确规定："个别居住特别分散、人口特别少的村，采取举办流动幼教点、季节班、配备专职巡回辅导员等方式予以解决。"

总之，基于甘孜州目前的经济发展水平、游牧区学前教育发展水平、游牧民的生产生活方式、游牧区的气候特征以及国家的相关政策，在游牧区采用"流动式"学前教育是可行且适宜的措施。

三、甘孜州游牧区"流动式"学前教育机构的特点

其一，"流动式"学前教育机构的模式不需要固定的园舍和正规化的教育，活动场所和活动时间具有很强的灵活性，原因有几点：① 游牧民最突出的生产生活特点是逐水草而居，一年要搬几次家。从目前甘孜州的经济发展状态来看，不可能在每个牧场上建一所标准化的幼儿园，然后让老师在不同的季节跟着牧民搬到不同的幼儿园开展教育活动。② 学前教育是非常专业的活动，未掌握学前教育专业知识和技能的工作人员不适宜开展学前教育活动。如果只是找几个看管孩子的人，还不如让孩子无拘无束地玩耍，无拘无束的放养状态相对于科学的学前教育而言有诸多不合理之处，但相对于只是把学前儿童关在房间里进行所谓的知识教学则利大于弊，至少孩子是自由快乐成长的。然而，就目前的学前师资而言，既有学前教育专业知识技能又能适应游牧区冬春季节气候的教师非常少。所以，由专业教师来办"马背幼儿园"基本不可能。③ 每年的 6—8 月这一时间，高原上气候宜人，而且暑期支教的老师较多。因此，选择这段时间开展教育活动是具有可行性的。④ 因为各区域牧民居住的集中度不一样，牧场的条件也各不相同，所以活动地点有的是定点的，有的是不定点的。可以选择人口相对密集的地方，作为相对固定的活动地点，也可以因时因地选择活动地点，甚至还可以在夏季牧场中找一块风景优美、干爽的地方支起帐篷或太阳伞作为活动地点。

其二，"流动式"幼儿园的教师来自三个渠道：① 县上派来的幼儿教师。每个县每年暑假从中心幼儿园选派身体素质好、业务素质高的幼儿教师到游牧区送教下乡。为了提高幼儿教师送教下乡的积极性，一方面提高送教下乡期间的报酬待遇，另一方面把暑期送教下乡活动作为教师选优、晋升的条件之一。② 支教教师。支教教师的来源比较多，有的是大学生暑期社会实践者，

有的是内地有志于服务边远地区教育的志愿者,有的是为了研究民族地区文化、教育的研究者,还有的是为了体验生活为目的的。这些执教教师的文化素养普遍较高,但并不是所有人都是从事学前教育工作的,也不是所有人员都适合牧区生活,所以要对其进行筛选,保证身体素质和专业素质都符合要求的人员来开展教育活动。③ 从当地有一定文化知识的牧民妇女中选聘。因为县上选派的幼儿教师和支教教师是短期的,而且无法保证连续性,可能这个暑假是这些教师,下个暑假可能是另外的老师,导致教育活动很难保证连续性。所以,在牧民中选择几个具有一定文化知识的妇女,对其进行短期的培训,可以使教育活动具有一定的连续性。前两类教师的主要任务有三个:第一个任务是给孩子们开展一些有意义健康成长的活动;第二个任务是通过集体讲座形式或个别谈话形式,给牧民宣传学前教育的重要性和科学的育儿经验以及简单实用的家庭教育方式。第三个任务就是对第三类教师的遴选和培训工作。在牧民中选择几个具有一定文化知识的妇女,对其进行短期的培训。一方面,让这些妇女加入活动当中,了解其活动内容和活动方式,当支教教师和县上选派的教师离开牧场后可以继续开展一些相应的活动。另一方面,通过向这些妇女传递基本的育儿经验和简单的家庭教育常识,然后由这些人去影响其他牧民。选用以上三类教师有两个功能:① 可以有效地利用资源;② 解决师资不足却又无法在短期内培养大批学前教师的问题。

其三,"流动式"幼儿园的活动内容和活动方式灵活性较大,根据《幼儿园教育指导纲要》的保教目标和牧区的生产生活自行选定。《幼儿园教育指导纲要(试行)》从健康、语言、社会、科学、艺术等五个领域分别提出了学前阶段具体的目标。但是总则中明确提出要坚持因地制宜、实事求是的原则,从具体情况出发,对不同地区、不同类型、不同条件的幼儿园,分别提出不同的要求。而且强调幼儿园应与家庭、社区密切合作,综合利用各种教育资源,共同为幼儿的发展创造良好的条件,为幼儿提供健康、丰富的生活、活动环境,使孩子们在快乐的童年生活中获得有益于身心发展的经验。甘孜州牧区的生产生活相对于农区有较大的差异,与内地的农区和城市相比,差异更大。所以,基于对游牧区开展学前教育活动的条件、活动时间、区域内儿童已有的生活经验以及使其能适应区域内的生产生活的考虑,教育内容和教育方式都应该有其特殊性。从内容上来说应主要包括:卫生习惯、语言活动(讲故事、汉语口语交流等)、常识(包括牧区的气候、动植物相关的简单知识等)、艺术活动(包括儿童歌舞、手工、绘画,并且把当地的民间歌舞、民间工艺等融入其中)、游戏和体育活动(包括猜谜、下棋、摔跤、骑马、踢球、赛跑等)。从活动方式来看,主要通过以下几种方式:① 室内的集体教学。

这种集体教学主要针对卫生习惯、常识、讲故事等活动内容。面向全体学前儿童，先讲解注重卫生的重要性以及不讲卫生的弊病，通过图片演示因不讲卫生而患有包虫病、牙病患者的图片。向学前儿童说明要注意哪些卫生习惯，并演示如何刷牙、洗脸、洗头、洗手等。通过图片、用现代化教学手段演示或者用科学小实验演示并讲解雨、霜、雪、冰、雾、云等是如何形成的。面向全体儿童讲解本民族和其他民族的儿童故事。② 室外的集体活动。室外集体活动主要指各种体育游戏、艺术活动和对气候与动植物的观察。因牧民过的是逐水草而居的生活，很长时间都在马背上，而且牧区的气候条件恶劣，所以，对牧区儿童来说，所有素质中健壮的身体应放在第一位，因此，针对游牧区儿童，必须有足够的时间开展有利于学前儿童强身健体的活动，如摔跤、骑马、踢球、赛跑、老鹰捉小鸡等各种体育游戏。另外，为了加深孩子对室内集体教学内容特别是常识教育的理解，要让孩子们尽量接触自然，接触实物。室外的集体歌舞活动是牧区孩子喜闻乐见的活动，所以，艺术教育主要在室外开展。③ 个别辅导。个别辅导是室内集体教学和室外集体活动的辅助形式，主要针对口语交流和卫生习惯而言。每天都要和每位孩子进行交流，检查每个孩子的卫生情况，以发现每个孩子的进步和特长，以便因材施教。

第三节 农区村寨的"乡村幼稚园"

一、乡村幼稚园

乡村幼稚园是由我国伟大的人民教育家陶行知先生在 20 世纪 20、30 年代创办的适合我国国情的乡村学前教育机构。中国第一所乡村幼稚园建于 1927 年，坐落于南京市，即南京燕子矶幼儿园。

陶行知先生创办乡村幼稚园的原因是他发现农村是最需要幼稚园的地方，特别是农忙时节，因无人看管年幼的孩子，要么年长的孩子辍学在家带弟弟妹妹，要么母亲把孩子带到田间地头，放在竹筐里或任其自由玩耍。这样对年幼孩子的发展非常不好，甚至还有安全隐患。基于此，陶行知坚定了创办乡村幼稚园的决心。1926 年，他用给母亲 60 大寿的祝寿钱和亲友们的贺礼共 700 元，创办了第一所乡村幼稚园，后来和晓庄学校的师生们一起又创办了晓庄幼稚园、和平门幼稚园、迈皋桥幼稚园、新安幼稚园等。

陶行知乡村幼稚园的办园理念是中国的、省钱的、平民的。这一理念是针对当时国内幼儿园的三大弊病即外国病、花钱病和富贵病提出的。当时国内幼稚园所用的教玩具和课程内容基本都是国外的，弹国外的钢琴，唱外国歌，讲外国故事，玩外国玩具，连吃的都是外国的点心。因吃的、用的、教的都是外国的，所以花钱特别多。因为花钱多，所以学费高，因而只有富贵人家的孩子才能入幼稚园。基于这样的现状，陶行知提出要建设中国的、省钱的、平民的幼稚园。一是要求教育内容要特色化，用我们中国自己的音乐、诗歌、故事、玩具和农村的自然环境来陶冶儿童。二是训练本乡的师资来教导本乡的儿童。教师来自本乡，一方面与本乡儿童气味相投，容易亲近，她们也能受乡村之苦，享乡村之乐；另一方面，这些教师的薪酬不高，能省钱，还可以为这些妇女提供一份职业。三是请本村的工匠来仿制教玩具，这样制作出的教玩具既卫生又实用，而且还省钱。

二、甘孜州农区村寨办"乡村幼稚园"式学前教育机构的客观条件

其一，甘孜州农村是目前最需要、最喜欢学前机构的地方。相对于牧民，甘孜州的农民更加忙碌。笔者对甘孜州丹巴县梭坡乡蒲角顶的送达村、泽供村、呷拉村和泽周村进行调查发现，一年365天村民基本处于忙碌状态。以泽州村为例，平均每人有2~3亩耕地，主要种植小麦、荞麦、玉米、土豆、圆根等农作物，因耕地属于山地，除了脱粒以外，其他全靠人工劳作；几乎每家都养殖有一两头奶牛、四五头猪和十几只、几十只乃至上百只羊；每家都种有花椒，少则几十棵，多则几百棵。大年十五之后，成年男性基本都外出做工，耕种、摘花椒、饲养牲畜、照看孩子基本都由女性完成。每年的9—10月主要收割玉米、圆根、荞麦、土豆（这几种主要用于冬天喂牲畜）。收割结束后，开始背肥料耕种小麦。11月到次年的1月本来是农闲时节，然而因无法用电和煤气来取暖、做饭、做猪食，所以又要必须上山砍柴以及为来年的施肥做准备。次年的2月开始忙着给小麦施肥、浇水。3月开始忙着种玉米和土豆。4月忙着在玉米地和土豆地里施肥、浇水。5月忙着上山割草垫猪圈、牛圈。6月忙着收小麦，种荞麦、圆根。7月忙着给河坝与半山腰村民摘花椒（以便8月有人还工）。8月忙着摘花椒。而且夏秋季节每天都要割猪草、牛草，每天早晨都要出门赶猪、牛、羊，每天下午又要出工看猪、牛、羊。真可谓一年四季都是早出晚归，农忙时节更是如此。如果家里有学前儿

童又无老人看管，则是忙上加忙。笔者对村里妇女进行访谈发现，她们特别渴望村里有学前教育机构，甚至有人认为学前教育机构比中小学更重要，因为，中小学生可以帮父母一臂之力，而学前儿童则不然。孩子有人照管，可以为农民提供便利。所以，从这个角度来说，农村村寨是最需要、最喜欢学前机构的地方。

其二，甘孜州目前的经济发展水平和学前教育发展现状决定了农村村寨适合创办贫民化的学前教育机构。虽然国家非常重视农村学前教育的发展，但目前为止，很多农区 3~5 岁学前儿童很难入学前机构。同样以甘孜州丹巴县梭坡乡蒲角顶为例，除了送达村的 3~6 岁学前儿童可以到乡中心小学附属幼儿园入园以外，其他三个村的 3~5 岁学前儿童几乎都无法进学前机构接受教育。虽然泽供村、呷拉村和泽周村的交界处有一所完小，附设有幼教点，但只收当年 8 月 31 日前满 6 岁的孩子（因为 7 岁入小学，学前班只接受 6 周岁的孩子。）大多 3~5 周岁的学前儿童还是无法入学。甘孜州大多数村寨内学前儿童接受机构教育的现状与丹巴县梭坡乡蒲角顶的泽供村、呷拉村和泽周村的现状相似。甘孜州有 325 个乡（镇）、2679 个行政村，有 555 所小学（包括县城小学、各乡各片区中心小学、完小等），而且基本上每个中心小学都附设有普惠性中心幼儿园，但基本上一个乡镇才一个中心小学，甚至一个片区才一个中心小学，而且中心小学基本都建在公路沿线的行政村。甘孜州地域广阔，一个乡镇的总面积为几十平方千米至上千平方千米，有的村寨离中心幼儿园有几十甚至上百千米。康定、泸定、丹巴各乡镇的占地面积为几十平方千米到几百平方千米。如康定市三合乡总面积 248 平方千米，辖昌坝、昌须、庄房沟、边坝、新五大寺、赤绒、土家寨、火地、二郎、老五大寺、江坝、河坝、庄子等 13 个村。丹巴县巴底乡总面积 491.9 平方千米，辖木尔罗、沈足一、沈足二、大坪、来依、水卡子、色足、协日、小坪、木尔约、木纳山、邛山一、尔波、邛山二、沈洛、齐鲁、牧业、阿拉伯、培尔、俄鲁、伯松唐、木兰等 22 个村。关外各乡镇的总面积基本上都是上百到上千平方千米。比如色达县的泥朵乡总面积 507.88 平方千米、然充乡 830.34 平方千米、塔子乡 674.7 平方千米、年龙乡 727.01 平方千米、霍西乡 872.08 平方千米。石渠县的蒙沙乡总面积 1433.66 平方千米、起坞乡总面积 1396.26 平方千米、阿日扎乡总面积 2133.58 平方千米、俄多马乡总面积 1503.53 平方千米、真达乡总面积 715.15 平方千米，正科乡总面积 629.66 平方千米。虽然，农区乡镇的幅员没有牧区乡镇辽阔，但大多数乡镇都有上百平方千米。而农民工作繁忙，不可能每天到离家几十公里外的幼儿园接送孩子，故只有中心小学周围 10 公里以内村寨的学前儿童能基本入学前机构。如前所述，目前甘孜州 18 个县市都属贫困县，所以，就甘孜州目前的经济发展水平而言，不可能在每个村寨建立标准化的幼儿园。

其三，国家相关政策为农村村寨创办"乡村幼稚园"式学前教育机构提供保障。如前所述，自实施《国家中长期教育改革和发展规划纲要（2010—2010 年）》以来，从中央到省州都制定和实施了一系列发展学前教育的政策，并特别关注藏区农牧区学前教育发展问题，相关政策都提到根据实际情况，因地制宜地办适合地方实际的学前教育。特别是四川省实施的"一村一幼"计划中明确提出了村级幼教点（幼儿园）的建设方案。提出办学形式要根据村寨的占地面积、人口数量和其他实际情况来确定，可以是"一村一幼"，也可以是"一村多幼"，也可以是"多村一幼"，目的在于确保学前儿童就近安全入园。这为"乡村幼稚园"的办园模式提供了政策保障。园舍建设方面提出村级幼教点的园舍建设可采取改造闲置校舍、利用村委会活动室和民俗活动场所、改造租借民房等方式，统筹解决。这为解决"乡村幼稚园"的园舍建设问题提供了思路和政策依据。师资建设方面提出加强"一村一幼"辅导员的招聘和培训工作，省财政按每个行政村 2 个辅导员，每一辅导员 2000 元/月的标准发放，其余部分由州、县财政承担。并提出必须按先培训后上岗的原则，于 2018 年暑期开始由四川民族学院、成都师范学院、西华师范大学等多所高校来承担对上千名的一村一幼辅导员进行岗前培训的工作。这一政策措施为"乡村幼稚园"教师的培养和培训问题提供了出路。

三、甘孜州农区村寨"乡村幼稚园"的特点

"乡村幼稚园"的最大特点在于省钱、实用。通过以下几种措施来实现这两个特点。

其一，利用本村的活动室或学校布局调整余留的校舍作为活动室。为了使事有议处、学有坐处、乐有去处，甘孜州加强了村级活动室的建设。为了解决资金问题，采用上级拨付、县财政配套、乡镇支持、村民投工和共建共创单位捐资等方式筹款。目前，一座座美观、实用、别致的村级活动室基本覆盖全州各行政村和牧民定居点。从村级活动室的使用情况来看，主要用于开展全村大会、支部大会、党员学习活动、逢年过节的娱乐活动。因农牧民的生产生活方式，支部大会、党员学习基本在晚上开展，村民大会一年只有几次，娱乐活动主要在春节和本区域内的传统节日举行，有的村寨在国庆、端午、五一、中秋时也开展一些小型的娱乐活动。但总的来说，使用频率并不高。对部分行政村的调查发现，除去春节期间，其他在白天使用的时间总

体不会超过 20 天，这说明大多数时间村级活动室处于闲置状态。所以，对于"乡村幼稚园"来说，这可是现成的园舍，一年当中除了避开几次村民大会以外，其他时间都可以使用，因为村民的娱乐活动大多是以民间歌舞和民间体育活动的形式开展的，这对孩子们来说是一项极好的民间文化学习活动。随着计划生育的实施，20 世纪 90 年代末开始，很多村寨的学龄期儿童人数急剧下降，导致很多村小出现一方面教学设施不达标、师资不足，特别是音、体、美、现代教育技术教师紧缺，另一方面教师人数超标（按国家师生比要求而言）、对教学设备（特别是对现代化教学设备）利用不够的资源浪费现状。为了整合农村教育资源，甘孜州采取了建立片区寄宿制中心小学，将片区内很多村小合并至中心小学的措施。目前很多村寨都有资源整合后余留的校舍。其实，很多村小所处地域地势平坦，环境优美，校舍安全，离村庄很近。所以，"乡村幼稚园"可以利用这些校舍对其稍加改建或对校舍，进行符合学前儿童的环境创设后，将其作为活动场所。总之，利用这两种场所，可以既经济又快速地解决园舍问题。

其二，因地制宜地解决教玩具问题。具体可采用以下三种途径：① 在大自然中采撷丰富多样的教玩具和向大自然索取室内外游戏设施。大自然可谓最好的老师、最好的教育场所。教师可以带孩子们到田间地头观察花草树木、虫鸟飞蝶和耕种活动，了解动植物的生长过程和农民的劳作过程，还可以让孩子们模仿成人做力所能及的事。教师可以带孩子们到小溪边、树林里嬉戏，让孩子们在无拘无束的玩耍中陶冶情操。教师引导孩子们在大自然中采撷各种教玩具和环创所需的材料，比如不同颜色、不同形状的树叶和树枝，不同形状、不同颜色的石子，不同颜色、不同形状的谷类，不用颜色、不同形状的野果和花草，还有黏土、沙子、麦秆等，把园舍创设成独具特色的"家园"。② 根据教育活动需要，教师和孩子们利用从田间地头、溪沟边、树林里采摘回来的材料共同制作教玩具，比如收集秋天的果实、秋天的树叶、春天的花草，制作民族服饰、丰盛的藏餐等。③ 请本村的工匠仿制教玩具。开展有些教育活动所需的教玩具，既无法在本村的自然环境中采撷，也无法让教师和学前儿童制作，所以只能用成品。但是，很多安全的教玩具价格比较贵，便宜的又无法保证安全，所以，请本村的木匠来仿制木质玩具，这样既可以降低成本，也可以保证安全。

其三，开展丰富而适合本村学前儿童的教育活动。具体可包括以下的内容：① 游戏活动。游戏是孩子们最喜欢的活动，但并不是所有的游戏都适合农村学前儿童。因此，从游戏活动类型来说，多开展孩子们耳熟能详的游戏活动，比如玩弹珠、打石头、赛跑、下藏棋、拔河、猜谜语、跳房、斗鸡、骑马、抓石子、跳绳、藏猫、老鹰捉小鸡、"多多"等，这些活动既有益智功能，又有健身功能，还有利于眼、手、脚的协调。② 常识教育。主要在于让孩子们了解春夏秋冬四季，感知雨、雪、云、雾、霜、冰、风、雷电，认识田间地头、树林里、溪沟边、草地上常见的各种花草树木、农作物、农具和家畜等。③ 语言和算数教育。主要包括双语对话、讲故事、简单的读写算活动。农区大多数村寨所使用的方言与书面藏语有较大的差异，所以，多用标准汉语开展教育活动，用孩子的母语作为辅助语，每天要让孩子用标准汉语与教师对话，鼓励孩子们之间也用标准汉语交流。故事的内容既包括其他民族的经典故事，也包括藏族的优秀民间故事，并注重对民间神话、传说、童话等的加工，使其适合学前儿童的身心特点。学前期不应有过度的读写算活动，但可以让5~6岁学前儿童认读拼音和简单词语，认识0~9的数字、数100以内的数和10以内的加减算法。④ 艺术活动。主要以儿歌、儿童舞蹈、手工、绘画活动形式开展，但各种活动中要融入区域内的民间歌舞、民间工艺等，因为民间歌舞、民间工艺是对当地生产生活的反映，是孩子们耳熟能详的内容。开展这类活动不仅孩子们乐于接受，便于陶冶情感，也有利于民族文化的传承。

其四，依托"一村一幼"计划，对一村中高中毕业或中职毕业、有同情心、有爱心、能歌善舞、能说普通话且语言表达能力较强的一两名女性进行短期的培训后，将其作为"乡村幼稚园"的老师。原因有几个：① 符合国家的政策，实施有依据，可具操作性。② 可降低成本，四川省实施的"一村一幼"计划既能解决教师的基本待遇，又能解决培训费用和培训计划。③ 培养周期短，不需要经过3年或4年的学前教育专业学习，而是经过几个月或一个月的短期培训即可上岗。④ 她们来自本村，能适应本村的生产生活，熟悉本村的气候条件、生态环境、农业生产和传统文化，既能用标准汉语，又能用本村的方言，与本村学前儿童投合。⑤ 能为本村的学前儿童和学龄期儿童做榜样。

第三章
学前民汉双语教育及其师资队伍建设

民汉双语教育是指在民族地区的学校教育中同时用民族语言和汉语开展教育活动，将其培养成为民汉兼通者。在中小学教育中主要有两种模式：一类模式和二类模式。一类模式就是汉语文作为一门主科开设，其他学科都用民族语言授课。二类模式是指少数民族语文作为一门主科开设，其他学科都用汉语授课。纵观中国教育史，在民族地区实施民汉双语教育具有较长的历史。从甘孜州来看，学校教育中实施民汉双语教育的时间可以追溯到清末民初，而且甘孜州百年的民汉双语教育经验表明，在甘孜州，特别是在甘孜州农牧区学校教育中实施民汉双语教育不仅可行，而且无论对甘孜州社会发展而言，还是对民族成员个体的发展而言都具有重要的价值。阅读已有的有关民汉双语教育的相关文献发现，有关中小学民汉双语教育的研究成果非常丰富，但有关学前民汉双语教育的研究则较少，特别是有关藏区学前民汉双语教育的研究特别少，而民族地区实施民汉双语教育是民族教育特色化的重要途径之一。基于此，本章主要讨论甘孜州农牧区学前民汉双语教育的重要性、可行性、模式以及师资队伍建设。

第一节　实施学前民汉双语教育的必要性和可行性

就教育的功能而言，教育既促进社会的发展，又促进个体的发展。同样，民族地区的学前民汉双语教育既有利于民族地区各项事业的和谐发展，又有利于民族成员整体素质的提高。就民族地区实施民汉双语教育的保障措施而言，目前已有多项相关的法规和政策。所以说，在甘孜州农牧区实施学前民汉双语教育既必要又可行，具体表现在以下几个方面。

一、有利于甘孜州民族教育的良序发展

甘孜州农牧区同一区域内的民族成员都会用自己的民族语言交流，主要的原因是：第一，很多民族成员只懂民族语言，特别是很少接受学校教育者和基本未走出过本区域者，他们无法用汉语与其他人交流；第二，虽然有少部分人可以用汉语交流，但使用时需要在头脑中用民族语言转换意义，而且词汇量有限，相对于民族语言准确度低，因此，除非与不懂本区域语言的人交流，其他情况下都会用民族语言沟通、交流。第三，用民族语言交流是一种民族认同感的标志。很多走出本区域者（如在内地读书者、在其他区域工作者等）回到本区域，都会用民族语言交流，甚至在其他区域相遇也会用民族语言交流，以表亲切。因此，如果失去了民族语言就很难适应区域环境，而且容易导致缺乏归属感。然而，汉语是中华民族各成员的共同语言，如果不懂汉语，少数民族成员就无法与其他民族、其他区域的成员相互交流，也就很难走出本区域。可是，随着经济全球化的发展，各个国家、各个民族、各个区域之间的交往越来越频繁，要想更好地生存和发展，就必须与本区域外的人交流沟通。基于此，民族地区必须要实施民汉双语教育，民汉双语教育也就成为民族教育的重要组成部分，民汉双语教育的质量成为评估民族教育发展水平的重要指标。

从整个国民教育来说，学前教育是终身教育的开端，是基础教育的基础。对民族地区的教育而言，学前民汉双语教育成为民族地区民汉双语教育的奠基工程，不仅影响着基础教育的发展，而且影响着整个民族教育的可持续发展。笔者在对甘孜州部分农牧区调查后发现，很多地区义务教育阶段不仅质量不高，而且巩固率也不高。导致这一问题的原因是多方面的，但学前教育阶段未接受高质量的民汉双语教育是主要原因。因为很多二类模式小学的教师不懂本区域语言，很多学生因无法理解教师的教学语言而学业成绩不佳，甚至很多学生为了过语言关，小学一年级读了3次，再加上藏区农牧区孩子入学相较城区和内地农区较晚，有的孩子8岁才入学，到了小学四五年级已经是十五六岁了，孩子和父母对进一步升学都不抱希望，而且有劳动力都能进行生产劳动了，因此，部分孩子到了小学四五年级就辍学在家。如果这些孩子进入小学之前基本能过语言关，能和教师交流，那么，孩子们上学的积极性就会增强，学业成绩也会大幅度提高，辍学率也会大幅度降低。所以说，实施学前民汉双语教育有利于甘孜州整个民族教育的良序发展。

二、有利于甘孜州各项事业的和谐发展

众所周知，社会是个大系统，这个大系统是由政治、经济、文化、人口、

教育等几个子系统构成的，而且这些子系统之间相互联系、相互制约。从教育的视角来说，一定社会、一定地区的教育影响其政治、经济、文化、人口等，同样，教育也要受到政治、经济、文化、人口等的制约。

从教育与经济的关系来说，一定社会、一定地区的经济发展水平制约着教育事业发展的规模、速度、结构、人才培养的规格、教育的手段和方法等。但经济的发展需要相应的人才，而人才的培养需要教育，教育是劳动力再生产和科学技术再生产的重要手段。因为人刚生下来的时候是一个生物实体，要把生物实体变成社会实体就需要教育。科学技术的发展创新也是如此，没有教育，很难有效地学习前人积累的知识经验，更谈不上发展创新。从甘孜州来说，民族经济的可持续发展不仅要以懂民族语言、能理解民族文化的民族成员作为主要的劳动力，同时还要引进先进科技。而要引进先进科技，则至少会用国家的通用语言和通用文字，甚至还要懂一门外语。因此，从这一角度来说，民汉双语教育是民族经济可持续发展的重要前提。

从教育与政治制度的关系来说，一方面，政治制度决定着学校教育的性质以及教育权和受教育权；另一方面，教育能培养政治制度所需要的人才、能促进政治民主，而且形成一定的舆论为政治制度服务。民汉双语教育本身就体现了国家的政治制度，其目的之一就是把民族成员培养成为既具国家认同感又具民族自豪感的人。另外，纵观人类史可以发现，很多民族问题主要是因为相互缺乏沟通和理解导致的。民汉双语教育有利于培养民汉语兼通、能理解不同民族文化的人才。他们能客观地分析和对待本民族文化和其他民族的文化。他们一方面发扬本民族的优秀文化，向其他民族宣扬本民族的优秀文化；另一方面也能发现本民族文化中的不足，吸收其他民族的优秀文化使其不断地完善。从而使各民族之间相互理解和沟通，进而促进民族团结和社会和谐发展。

从教育与文化的关系来说，一方面，一个民族的文化会影响其教育的理念、价值观、质量观、师生关系等；另一方面，教育具有承传、改造、创造文化的功能。就民族地区的双语教育而言，学生同时接受两种文化、学习两种语言，这有利于开拓学生的视野，使其在教育者的指导下吸取两种文化中的精华，并加以融合，从而丰富和发展本民族文化。甘孜州的各种服饰、音乐、建筑、新词汇等的特征都体现出了各民族相互交融的特点。如果民族成员未接受过双语教育，就无法学习其他民族的文化，也就谈不上不同文化的融合，就容易导致民族成员形成狭隘的民族主义观，成为井底之蛙，民族文化的发展也就无从谈起。因此，从这一视角来说，民汉双语教育有利于民族文化的发展。

从教育与人口的关系来说，一方面，人口的数量、质量、结构影响教育的规模、质量和结构等；另一方面，教育是提高人口质量、使人口结构合理化的重要手段。就甘孜州的人口分布而言，全州辖18个县（市）325个乡镇，2733个行政村，61个社区居委会。截至2018年10月，全州常住人口119.6万人。其中少数民族人口104.41万人，占87.3%。藏族人口为94.79万人，占79.26%。城镇常住人口37.87万人，占31.66%；乡村人口81.73万人，占68.34%（该数据来自甘孜州统计局）。从以上的数据可以发现，目前甘孜州少数民族人口占了87.3%，其中藏族人口占了79.26%。农村人口占了68.34%，而且由于甘孜州地处高原地带，很多农牧区海拔高，地域偏僻，交通不便，农牧区外来人员较少，基本都为本地的少数民族。如前所述，某区域内人口的数量影响本区域内教育的规模，人口的结构影响教育的结构。因此，以上这样一种人口分布比例充分表明，甘孜州农牧区要进行民汉双语教育，潜在受众规模很大。所以，农牧区成了甘孜州民汉双语教育开展的主战场，也成了民汉双语教育的重点和难点地区。

三、有利于甘孜州民族儿童语言能力和认知能力的发展

早期的双语教育研究者更多关注双语教育的社会发展功能以及何种双语教育模式有利于提高双语学习者的效率。近年来的双语教育研究者不仅关注双语教育的社会发展功能和双语教育模式，而且还从多种研究视角研究双语教育的个体发展功能和双语教育的最佳年龄段。

目前，已有研究表明，学前双语教育不仅有利于个体语言能力的发展，而且有利于其认知能力的发展。5岁前学习双语并有较多机会使用双语的个体与5岁后学习双语的个体相比，前者的左脑顶叶皮质层明显增厚。5岁前学习双语的人与10~15岁学习双语的人相比，前者的大脑的可塑性远强于后者。周兢、张莉、闵兰斌、陈思等以维吾尔族学前儿童为研究对象，研究学前儿童对民汉双语的理解性和表达性语义。研究结果表明，虽然，因区域不同、双语教育模式不同、园所不同，儿童对民汉两种语言的理解性和表达性语义存在一定的差异，但总的来说，民汉双语教育促进了民族儿童的汉语和母语的共同发展，并非像有些关注民汉双语教育的社会人士担心的那样，认为早期双语教育会阻碍母语的学习[①]。还有研究者表明，学前期是语言发展

---

① 周兢，张莉，闵兰斌，陈思. 新疆学前双语教育中两种语义习得研究[J]. 新疆师范大学学报：哲学社会科学版，2014（6）：105.

的关键期，如果这一时期得不到开发，此项能力就会逐渐消失，如果此时把第二语言和母语同时输入，个体就会成为真正的双语使用者。所以说，学前期是双语教育的最佳年龄段。

四、实施学前民汉双语教育的法律保障

我国多种法规从不同的角度规定了民汉双语教育，为民汉双语教育的实施提供了法律和政策保障，以便使民汉双语教育工作顺利进行。

《中华人民共和国宪法》第一章第四条规定："各民族都有使用和发展自己的语言文字的自由。"而发展语言、文字的最佳途径是教育。

《中华人民共和国教育法》第一章第十二条规定："汉语言文字为学校及其他教育机构的基本教育教学语言文字"，"民族自治地方以少数民族学生为主的学校及其他教育机构，从实际出发，使用国家通用语言文字和本民族或者当地民族通用的语言文字实施双语教育"。

《中华人民共和国民族区域自治法》第三十七条规定："招收少数民族为主的学校（班级）和其他教育机构，有条件的应当采用少数民族文字的课本，并用少数民族语言讲课；根据情况从小学低年级或高年级起开设汉语文课程，推广全国通用的普通话和规范汉字。"

《国家教委、国家民委在关于加强民族教育工作若干问题的意见》中明确规定："在使用民族语言文字教学的地区，要因地制宜地搞好双语教学，大力推广普通话。民族学校的教学语言文字政策的具体实施，主要由各省（区）遵照《宪法》《民族区域自治法》的有关规定和有利于民族的长远发展、有利于提高民族教育质量、有利于各民族的科学文化交流的原则，根据多数群众的意愿和当地的语言环境决定。"

《国家中长期教育改革和发展规划纲要（2010—2020年）》第九章第二十七条规定："大力推进双语教学。全面开设汉语文课程，全面推广国家通用语言文字。尊重和保障少数民族使用本民族语言文字接受教育的权利。全面加强学前双语教育。国家对双语教学的师资培养培训、教学研究、教材开发和出版给予支持。"

随着时代的发展和教育改革的不断深入，有关双语教育的政策法规也在不断调整，但基本内涵是一致的。这种一致性保证了民族教育办学方向、办学模式的稳定性，从而提高了民族教育的质量，促进了民族教育的长远发展。

第二节 两种形式的学前民汉双语教育模式

一、教育模式与双语教育模式

虽然，教育模式是教育领域中广泛运用的术语之一，但因不同学者的研究视角和关注点不同，所以关于教育模式有多种解释。不同学者在不同语境甚至同一语境中使用这一术语时所表达的内涵可能有一定的差异。笔者对教育模式进行多种解释分析之后发现它们有共同之处。这一共同之处在于，研究者们认为万事万物都有其自身的运行程序和方法，教育也是如此。教育的这一运行程序和方法在不同的时空下所呈现的就是不同的教育模式。基于此，教育模式可以概括为充分尊重教育规律的前提下，为了提高教育质量和效率而产生的一种相对稳定的教育理念、教育策略、教育方式、教育方法为一体的实践模式。相对于教育理念，教育模式更具操作性；相对于教育方式和方法，教育模式更具概括性和稳定性。

和教育模式一样，在我国，双语教育模式也是教育领域中广泛运用的术语，但人们对双语教育的理解是不一样的。在内地，所谓的双语指的是汉语和外语（主要为英语）。在民族地区特别是民族地区的农牧区，所谓的双语指的是民族成员的民族语言和汉语。因为民汉双语教育是我国民族教育的重要组成部分，所以不仅党和政府特别关注民汉双语教育，从政策法规、财政投入等方面给予保障，民族教育研究者和工作者也非常关注民汉双语教育，在实践中不断摸索出了相应的民汉双语教育模式。目前，民族地区的小学、中学阶段主要采用的是一类模式和二类模式两种双语教育模式，而且在各少数民族地区普遍实施。近年来，随着学前教育事业的迅速发展，有研究者开始关注学前期的双语教育模式，在借鉴国外教育经验基础上提出了完全浸入式双语教育模式和部分浸入式双语教育模式，但实施范围不广。甘孜州大多农牧区由于经济发展水平低、交通不便、气候条件恶劣等原因，整个学校教育起步较晚，机构学前教育起步更晚。目前，虽然很多地方有了学前教育机构，但很少有人关注学前期的双语教育如何开展。基于此，本节主要讨论甘孜州农牧区学前民汉双语教育的模式。

如前所述，采用什么样的双语教育模式要考虑多种因素，不能过于简单化。但目前民族地区的民汉双语教育恰恰有些简单化，出现了某个县、某个州，甚至某个自治区都采用统一的双语教育模式，或都用一类模式，或都用二类模式，导致双语教育成效不高。甘孜州虽然命名为甘孜藏族自治州，从民族结构来说，以藏族为主，但州内还有汉族、彝族、羌族、满族、回族、苗族等24个民族。就各区域而言，各区域内的自然环境、生产生活方式、民族文化、语言都有较大的差异。即使同为藏族，不同地区的语言也有很大的差异。所以，采用同一种双语教育模式是不合理的，不同区域内应采用不同的双语教育模式。

二、部分浸入式双语教育和完全浸入式双语教育

学前教育和学龄期教育因教育对象年龄特征的不同而具有很大的差异，因此，目前在甘孜州中小学所采用的一类模式双语教育和二类模式双语都不适合学前教育。那甘孜州农牧区学前教育机构中究竟采用什么样的双语教育模式才适合呢？目前，国内外很多研究证明，根据学前儿童所处的实际语言环境采用部分浸入式双语教育或完全浸入式双语教育具有较高的效率。

浸入式双语教育最先是由加拿大的魁北克地区实施的。在加拿大魁北克地区，人们的母语为英语，但魁北克地区有很多法国移民。这一地区的家长发现孩子因不会法语而影响了后期的发展，所以在家长的支持下，开展了第二语言法语的浸入式教育。他们在早期教育阶段开展的是完全浸入式双语教育，即教师在幼儿园完全用法语开展活动，让幼儿完全"浸泡"在法语环境中。对开展浸入式双语教育和只学习母语的学生从母语发展水平、智力发展水平、学科知识掌握程度三个方面进行比较之后发现，接受浸入式双语教育的学生在以上三个方面的发展水平都未受到影响，而且第二语言发展发展水平远高于后者。目前，全世界很多国家都在学习加拿大的浸入式双语教育，我国很多学者提倡我国民族地区的民汉双语教育模式也采用加拿大的浸入式双语教育模式，这在新疆和内蒙古等地的部分学前机构教育中已经开展，也取得了显著的成绩。但也有学者提出，加拿大开展早期完全浸入式双语教育的条件和我国民族地区的实际情况有一定的差异，不能原封不动地用在民族地区的学前民汉双语教育中。因为加拿大和我国少数民族地区的文化有差异，加拿大魁北克地区是移民区，生产生活中同时使用英语和法语的情况很多，开展早期完全浸入式双语教育是得到家长的支持的，甚至可以说这一要求是由家长提出的。所以，我国民族地区开展浸入式双语教育需要考虑几个因素：第一，家长的意愿；第二，各区域内使用语言情况；第三，区域内学前师资现状。

笔者对甘孜州部分农牧区进行调查后得出，在甘孜州农牧区学前机构中，

可根据区域内的实际情况采用完全浸入式双语教育和部分进入双语教育两种模式。完全浸入式双语教育就是教师在学前机构中用汉语开展活动，让学前儿童"浸泡"在汉语中，但学前儿童之间可以用民族语言交流。如果教师能使用学前儿童的民族语言，则可以做辅助语言。部分浸入式双语教育即在学前教育机构中半天完全用学前儿童的民族语言开展活动，另外半天完全用汉语开展活动，使其同时接受两种语言和两种文化。

三、方言区和多民族杂居区短期内应采用完全浸入式双语教育

笔者认为，甘孜州各市县的方言区和多民族杂居区的农牧区学前教育机构短期内采用完全浸入式双语教育模式比较适宜。原因有以下几点：第一，甘孜州不仅全州范围内的民族结构、文化、自然环境、方言具有较大的差异，即使缩小到市县也同样存在这样的特点。很多市县乡镇与乡镇之间，甚至村寨与村寨之间的方言都有很大的差异，离开了本乡本村，只能依靠汉语交流。随着经济发展和交通日益便利，不同区域内的人们相互之间的交往越来越频繁，家长也意识到孩子长大了至少要走出本村本乡，所以方言区的家长非常支持孩子学习汉语。第二，虽然甘孜州很多地方的方言属于藏语中的一种，但与通用藏语和书面藏语有很大的差异。如果采用部分浸入式双语教育模式，让学前儿童半天"浸泡"在方言中，另外半天"浸泡"在汉语中，那么教师必须是本乡本村的人。从甘孜州目前的学前师资情况来看，短期内很难为每个方言区的学前机构设置既能用区域内方言，又具备学前教育专业素养的教师。如果用通用藏语开展半天的活动，汉语开展半天的活动，学期儿童相当于同时学习三种语言，这势必增加学前儿童的学习压力。第三，国内外已有的研究已经证明，开展完全浸入式学前双语教育并不会影响民族成员民族语言发展水平、学科知识掌握程度和智力发展水平。因为这种教育模式并不会阻碍学前机构中学前儿童之间用民族语言交流，更不会阻碍学前儿童在家庭和社区中用民族语言教育，因此，对民族文化的传承和民族语言的发展不会有太大的影响。第四，对甘孜州方言区中小学教育的调查表明，中小学基本采用普通模式，即与内地的中小学教育基本一致，有少部分学校开展二类模式双语教育，即藏语作为一门主科开设，其他学科都用汉语授课。所以，对于方言区儿童来说，进小学前能用汉语交流是一个非常重要的准备。而国内外已有的研究已经证明，采用完全浸入式双语教育对培养学前儿童第二语言有显著的优势。因此，在方言区开展完全浸入式学前双语教育有利于方言区儿童在进入小学前过汉语关，从而提高学龄期儿童的学习效率。下面以康定

市、丹巴县、泸定县、九龙县为例分别阐述。

康定市位于四川省西部、甘孜州东部，是四川盆地西缘山地和青藏高原的过渡地带，地形复杂多样。全市辖2个街道办（榆林街道办、炉城街道办）、5个镇（塔公镇、姑咱镇、金汤镇、沙德镇、新都桥镇）、14个乡（贡嘎山乡、雅拉乡、孔玉乡、朋布西乡、时济乡、甲根坝乡、鱼通乡、普沙绒乡、麦崩乡、呷巴乡、瓦泽乡、捧塔乡、三合乡、吉居乡）。全市有藏族、汉族、回族、彝族、满族等16个民族，藏族是市境内人口最多、分布最广的民族，但各个区域内的方言有较大的差异。沙德、塔公等地的藏民说木雅语。木雅语属于羌语支，是木雅语的系部方言，但这些地区的藏民大多会用康方言。大渡河沿岸的鱼通、麦崩、吉居、三合、捧塔等地的藏民说鱼通话。鱼通语是贵琼语，贵琼语属于藏缅语族羌语支，没有文字，仅仅在这些地区流行，这些地区之外则基本无人能听懂，而且村与村之间也有较大的差异。①目前，这些地区30岁以下的藏民基本都用汉语交流。炉城、榆林、孔玉、姑咱的藏族与汉族和其他民族杂居，是汉藏文化的交汇地带。目前，这些地区汉语是中心语言。因此，基于康定市多民族结构以及各区域内的日常生活，笔者认为除折西以外的农牧区学前教育机构中短期内应采用完全浸入式双语教育。

丹巴县位于四川省西部、甘孜州东部，属岷山、邛崃山区，是四川高山峡谷的一部分。全县辖格宗、梭坡、水子、东谷、聂呷、巴旺、巴底、革什扎、边尔、丹东、岳扎、中路、半扇门、太平桥等14个乡和章谷镇。丹巴县世居民族为藏族，后来迁入汉族、羌族、回族、蒙古族、满族等。藏族大多居住于半山、半高山、高山草地牧场。丹巴藏族由于所处地域和所说方言不同，分四个方言区。其中巴底乡、太平桥乡、半扇门上半乡的藏民所用的语言属于嘉绒语。嘉绒语是至今仍保留古藏语拼音成分的藏语方言，因为巴底乡说嘉绒语的人最多，所以嘉绒语又称为"巴底话"。格宗乡、梭坡乡、水子乡、中路乡、岳扎乡的拉丁、四脚等24村的藏民所用的语言与康巴方言接近，属于康方言中的土语，被称为康巴语，但每个村寨的口语又有小的差异，所以，又称为"24村康巴方言土语群"。丹东的莫斯卡、边耳、巴底、太平桥宅垄大牛场等边远牧区的牧民所用的语言属于安多语，又称牧场话。巴旺、革什扎农区、东谷、牦牛、东马、井备等地的藏民所用的语言为尔龚语，它是藏缅语族中一个独特的语言。②总之，丹巴藏族的语言既复杂又不统一，

---

① 四川省康定县志编纂委员会.康定县志[M].成都：四川辞书出版社，1995：432-436.
② 四川省丹巴县志编纂委员会.丹巴县志[M].成都：四川民族出版社，1996：172-175.

同一方言区内还存在小区域的语言差异，形成"一条沟一口话"。丹巴县境内的汉族主要分布于岳扎、半扇门、太平桥乡的部分河坝、半山区和章谷镇附近以及沿东谷河、大渡河上游流域的部分村寨。丹巴境内的羌族主要分布在太平桥三岔沟的长胜店、丹扎、纳布村等，但境内的羌族民众基本都用汉语交流。基于丹巴县的多民族杂居现象以及藏语方言的多样性和丹巴县目前农牧区学前师资状况，短期内农牧区学前教育机构中更适合开展完全浸入式民汉双语教育。

九龙县位于四川省西部、甘孜州东南角，北连康定，东、南与石棉、冕宁接壤，西、南毗邻木里，是藏、汉、彝三个民族聚居区的接合部。全县辖4个区，共18个乡，分别为呷尔区（呷尔镇、乃渠乡、汤古乡、三岩龙乡、八窝龙乡、上团乡、斜卡乡）、大河边区（烟袋乡、魁多乡、子耳乡、乌拉溪乡）、三垭区（三垭乡、俄尔乡、朵洛乡、小金乡、踏卡乡）、湾坝区（湾坝乡、洪坝乡）。从民族结构来看，藏族为境内的世居民族，清代以来，汉族、彝族大量迁入。逐步达到3个民族各占三分之一左右。九龙藏族由于居住地区的差异，形成了各自不同的方言。分布于九龙河中游的呷尔镇、乃渠乡、踏卡河流域的斜卡、塔卡、朵洛乡等的藏民使用的是"恶热巴语""恶热巴语"是藏语方言之一，源流无从查考。聚居于三垭地区各乡，分散于子耳乡、烟袋乡、八窝龙乡的藏民使用的是"耳苏语"，他们自称是从拉萨迁入的。聚居于汤古乡的藏民使用的是木雅语，因为汤古乡紧邻康定市木雅地区。分布于雅砻江以东的三岩龙、魁多以及八窝龙乡的部分村组的藏民使用的是"普米语"，因为这几个地区邻近木里县。分布于离理塘县比较近的上团乡的藏民所使用的是"勒通语"，是理塘藏语。[①]目前，彝族主要分布于县境内的东部与南部，九龙县彝民所用语言主要为藏缅语族彝语支的北部方言中的圣乍土语，但各区域内又有一定的差异。基于九龙县多民族杂居现象以及藏语方言的多样性和九龙县目前农牧区学前师资状况，短期内农牧区学前教育机构中更适合开展完全浸入式民汉双语教育。

泸定县位于青藏高原东南边缘，是川西高原向四川盆地的过渡地带，全县辖4镇（磨西镇、兴隆镇、冷碛镇、泸桥镇）、8乡（新兴乡、得妥乡、德威乡、加郡乡、杵坭乡、田坝乡、烹坝乡、岚安乡）。全县有16个民族聚居，以汉族为主。[②]少数民族中，藏族人口位居第一，主要分布在岚安、泸桥、

---

① 四川省九龙县志编纂委员会.九龙县志[M].成都：四川人民出版社，1997：92.
② 泸定县县志编纂委员会.泸定县志[M].北京：中国文史出版社，2010：37.

烹坝3个乡镇。除了近几年从关外移居到泸桥镇的藏民以外，其他乡镇的藏民基本都有汉语交流。彝族人口位居第二，主要分布在得妥乡、新兴乡和磨西镇，目前大多彝民也用汉语交流。基于泸定县的多民族杂居现象和少数民族语言的使用现状，农牧区学前教育机构中更适合开展完全浸入式民汉双语教育。

四、藏语基本统一区采用部分浸入式双语教育

笔者认为，甘孜州各市县藏语基本统一的农牧区学前教育机构中采用部分浸入式双语教育模式比较适合。原因有以下几点：第一，从甘孜州藏语基本统一区域的农牧区学前机构的师资需求来看，最受欢迎的是既有学前教育专业知识技能，又能用民汉双语开展教育活动的教师。然而，甘孜州目前的师资现状却无法达到这一点。第二，甘孜州农牧区目前的两类师资比较适合开展部分浸入式民汉双语教育。一类是近两年毕业于职业技术学校的学前教育专业学生，他们有一定的学前教育专业知识技能，但基本无法用藏语开展活动；另一类是由小学教师转型而来的藏语教师。两类教师合作，半天由前者用汉语开展学前教育活动，让学前儿童浸泡在汉语环境中；半天由后者用藏语开展与本地生产生活相关的教育活动，让学前儿童浸泡在民族语言环境中。通过部分浸入式双语教育，可以使学前儿童同时接受民汉双语，同时了解两种文化。第三，藏语基本统一的农牧区藏民基本用藏语交流，学前儿童学习和使用汉语的机会较少。如果学前儿童完全只接受汉语教育，一方面难以接受，另一方面也很难适应区域内的生活。如果学前儿童完全只接受民族语言教育，进入小学前很难过汉语关，这不利于提高小学阶段双语教育的质量。对这些区域内藏民进行调查发现，他们一方面希望孩子们不能丢了民族语言，另一方面希望孩子们学好汉语，能走出本区域。第四，这些区域内的藏语使用范围较广，而且与书面藏语基本一致。相对于方言区而言，教师用书面语开展活动，学前儿童能接受也乐于接受。基于此，部分浸入式双语教育比较适合这些区域。下面以石渠县、巴塘县、色达县为例具体分析。

石渠县地处四川省甘孜州西北边陲，青藏高原东南部川青藏三省区交界处。全县辖3镇（尼嘎镇、洛须镇和色须镇）、20乡（真达乡、奔达乡、正科乡、麻呷乡、俄多马乡、德荣马乡、长沙贡马乡、呷衣乡、格孟乡、蒙宜乡、新荣乡、宜牛乡、虾扎乡、起坞乡、阿日扎乡、长须贡马乡、长沙干马乡、长须干马乡、温波乡、瓦须乡。）除了县政府所在地尼嘎镇以及洛须镇、

色须镇、真达乡、奔达乡、正科乡、麻呷乡属于半农半牧区以外，其他乡都属于纯牧业区。县境内的民族主要以藏族为主体，大约占了全县人口的97%，方言为藏语三大方言中的安多方言，全县通用。①基于石渠县境内的民族结构和语言使用现状，笔者认为石渠县的农牧区学前教育机构中适合采用部分浸入式双语教育。

色达位于甘孜州东北部，地处青藏高原东南缘、川西丘状高原地区。全县辖2个镇（色柯镇和翁达镇、），15乡（杨各乡、旭日乡、亚龙乡、洛若乡、霍西乡、大则乡、泥朵乡、年龙乡、甲学乡、大章乡、然充乡、塔子乡、歌乐沱乡、塔子乡、康勒乡）。除了旭日乡、杨各乡、翁达镇、甲学乡、歌乐沱乡属于半农半牧区，其他乡镇属于纯牧业区。色达县境内的民族以藏族为主，各区域内的方言虽有一定的差异（色达话、色尔坝话、歌乐沱话），但都懂安多方言，全县通用。②基于色达县境内的民族结构和语言使用现状，笔者认为色达县的农牧区学前教育机构中适合采用部分浸入式双语教育。

巴塘县位于四川西部青藏高原南缘、金沙江中游东岸的川、滇、藏三省（区）的接合部。从民族结构来看，县境内有藏族、汉族、纳西族、回族等8个民族，其中藏族人口最多，大约占了全县人口的93%。县境内的纳西族主要是明朝时迁入的，后来一部分纳西族人逃回丽江，一部纳西族人与藏族融合。目前，只有接近丽江的白松乡纳西族保持了纳西族的文化、生活、习俗。③县境内的汉族主要是清朝时迁入的，后与藏族通婚。目前，县境内特别是县城内的藏族一半以上都是藏汉结合的后裔。除了藏、汉、纳西族以外，其他民族成员很少。巴塘藏族的语言属于藏区三大方言中的康方言，基本全县通用。基于巴塘县境内的民族结构和语言使用现状，笔者认为巴塘县的农牧区学前教育机构中适合采用部分浸入式双语教育。

总之，根据甘孜州农牧区目前的学前师资现状、不同区域内的民族结构和方言、家长对双语教育的需求，在不同区域采用不同的民汉双语教育模式是短期内解决学前民汉双语教育的重要手段。然而，从长远来说，培养、培训出既能用本地方言开展教育活动，又能用标准汉语开展教育活动，而且还具备学前教育专业素养的学前师资是万全之策。

---

① 石渠县志编纂委员会. 石渠县志[M]. 成都：四川人民出版社，2000：441.
② 四川省色达县志编纂委员会. 色达县志[M]. 成都：四川科学技术出版社，2009：651.
③ 四川省巴塘县志编纂委员会. 巴塘县志[M]. 成都：四川民族出版社，1993.

第三节　农牧区学前师资队伍建设

一、学前民汉双语教师是甘孜州学前民汉双语教育发展的关键因素

强教先强师，因为教师是开展教育教学活动的具体执行者，是承接教育理念和教育实效的中间人，是教育目标最终实现与否的中介。而农牧区学前儿童的特点又决定了学前教育工作者要具备相应的素养。第一，学前儿童的年龄特征决定了教师在学前教育机构中扮演着生活照顾者、行为观察者、课程建构者、活动指导者、资源整合者等多种角色，[①]这就意味学前教育教师要具备多种角色应有的素养。第二，农牧区学前儿童的语言结构对教师的教育语言提出了相应的要求。即教师必须是民汉兼通的人才，或教师队伍中既有精通汉语的人才，又有精通民族语言的人才，这样才能保证双语教育的有效性。第三，农牧区学前儿童的已有经验和生活环境决定了教师不仅应具备学前教育专业素养，还要能适应区域内的生活并理解区域文化，并且能使其学前教育生活化。所以说，学前民汉双语教师的整体素质是实施和推进学前双语教育活动的关键因素，是农牧区学前民汉双语教育快速发展的加速器。

二、甘孜州农牧区学前民汉双语教师队伍现状

（一）甘孜州学前教育事业取得的成绩

甘孜州由于历史和地理原因，学校教育起步较晚。中华人民共和国成立后，在党和政府的大力支持下，甘孜州学校教育发展得到了迅速发展，特别是改革开放以来，学校教育得到了迅猛发展。截至 2015 年 3 月，全州各级各类学校共 968 所，其中，幼儿园 356 所，小学 555 所，中学 52 所（其中，普通中学 49 所、职业中学 3 所），特殊教育学校 1 所，中等专业学校 3 所，普通高等学校 1 所。全州在校生 156 178 人，其中，小学在校生 97 314 人，特殊教育学校在校学生 88 人，普通中学在校生 42 097 人，职业中学在校生 1 300 人，中等专业学校在校生 6 265 人，普通高等学校在校本科、专科学生 8576 人，预科生 538 人。[②]但是农牧区学前机构教育发展非常缓慢。10 年前，内

[①] 虞永平，王春燕. 学前教育学[M]. 北京：高等教育出版社，2012：71.
[②] 数据来自甘孜州教育局。

地各乡镇和各大中小城市在呼吁入园难、入好幼儿园难时，甘孜州农牧区基本无幼儿园。到了2010年，《国家中长期教育改革和发展规划纲要（2010—2020年）》出台后，在各级政府的大力支持下，甘孜州农牧区学前教育得到了迅速的发展。到2016年年底，全州学前教育办学点（包括幼儿园和学前班）由2010年的331个增加到589个，增长了77.95%，在园幼儿（包括6岁前儿童和6~7岁的学前班儿童）由14 882人增加到27 526人，增长了84.96%，学前教师由386人增加到1508人，增长了290.67%。①而且大多数改建新建学前教育机构位于农牧区，目的在于发展农牧区双语学前教育机构。总之，与《国家中长期教育改革和发展规划纲要（2010—2020年）》出台前相比，学前教育事业取得了前所未有的成绩，特别是学前教育办学点、在园幼儿数、师资数量等方面有了大幅度的提高，学前教育已经形成一定的规模。

（二）甘孜州农牧区学前民汉双语教师队伍现状

肯定成绩的同时，我们不能忽略甘孜州学前教育整体发展水平还比较低的事实，特别是农牧区学前双语教育的发展状况。虽然通过改建、新建等方式，几年时间建了200多所办学点，园所数量迅速增加，在园幼儿急剧增长，入园率大幅度提高。可是甘孜州农牧区由于气候条件恶劣、生活条件差，特别是大多数牧区长冬无夏，春秋相连，每年的10月到次年的4月基本处于冬季气候。因此，很多普通师范大学（学院）学前教育专业毕业的本、专科生不愿到农牧区工作，部属师范大学培养的免费师范生一方面数量少，另一方面大多留在市县学校工作，到条件艰苦的农牧区学校工作的基本为零。而短期内又无法培养出合格的学前教师，更不用说培养出既有学前教育专业知识技能又民汉兼通的双语教师。所以，只有通过小学教师转型和降低学前教师入职门槛来解决燃眉之急。以《德格县人力资源和社会保障局、德格县教育体育局关于2017年公开考聘德格县村级学前双语辅导员的通知》为例，招聘条件中有三条可说明学前双语辅导员的入职门槛较低：其一，学历要求为高中以上文化；其二，懂双语但并未提出能开展教育活动；其三，未提师范专业毕业生或具有学前教育专业背景，而是提出有幼儿教师资格证的总分加5分。其实，其他市县（除康定市、丹巴县和泸定县）的招聘条件也大同小异。

总的来说，目前农牧区双语幼儿园的教师很大一部分是小学教师转型而来的，一部分是近几年省内职业学校毕业生和"9+3"毕业生，还有一部分

---

① 数据来自甘孜州教育局。

是本地的高中毕业生。对这些教师按照专业素养和语言素养进行分类，可分为以下几种：

第一类教师虽然民汉双语兼通，但基本没有学前教育专业知识技能。这类教师大多是由小学教师转型而来的，以前在小学从事双语教育活动。这些教师眼里，学前儿童就是岁数小一些的小学生，完全用小学教育方式开展教育活动，甚至有教师直接用小学一年级的课本开展教育活动，故学前教育小学化现象特别严重。

第二类教师虽然有一定的学前教育专业知识技能，但无法开展双语教育活动。这类教师大多为近几年毕业的中职生和"9+3"毕业生，他们在就读中职和"9+3"期间的专业为学前教育专业，因此具有一定的学前教育专业知识，但是只懂汉语、不懂藏语或懂一些简单的藏语而无法开展双语教育活动。而甘孜州农牧区学前儿童在家庭和社区中基本都用藏语交流，导致教师和学前儿童及其家长无法进行有效的沟通和交流。

第三类教师既无学前教育专业知识技能，又无法开展双语教育活动。这类教师一部分从小学教师转型而来。他们以前在小学主要从事一类模式教学，转型到学前教师之后，一方面只能用民族语言开展教育活动，基本无法用汉语开展教育活动；另一方面，他们把学前儿童当成小学生进行知识技能教育。这类教师中另一部分教师为本地的高中毕业生，他们既不能用双语开展活动，也不懂师范技能，更不用说学前教育专业知识技能。他们大多以短时间内看管学生为己任。

综上所述，农牧区民汉双语教师的数量和质量成了农牧区学前双语教育发展的瓶颈。因此，发展数量充足、质量合格的学前民汉双语教师队伍是农牧区学前双语教育发展的重中之重，是各级政府眼下需要考虑的重要议题。

教师的专业化要求决定了无论哪个阶段的教师或哪个区域内的教师都要按照某一阶段教师专业标准来聘用，否则很难提高教育成效。甘孜州农牧区因为特殊的地理环境和薄弱的学校教育基础，现阶段的学前教育教师很多不符合幼儿教师专业标准要求，但这不是长久之计。如何解决这一问题呢？第一，从短期目标来看，根据各地区使用方言情况采用完全浸入式双语教育和部分浸入式双语教育模式是解决民汉双语教师薄弱问题的有效措施（第二节已阐述）。第二，从中期目标来看，加强在职教师的培训是解决民汉双语教师薄弱问题的重要手段。第三，从长远目标来看，培养定向免费师范生是解决民汉双语教师薄弱问题的主要途径。本节主要阐述学前师资的职后培训。

三、特色化的学前师资培训

首先，对各县农牧区学前民汉双语教师进行全面深入的调查，统计出哪些既能使学前教育专业知识技能，又能开展双语教育活动；哪些虽然具有一定的学前教育专业知识技能，但无法开展双语活动（只能用民族语言或只能用汉语）；哪些能开展双语活动，但无学前教育专业知识技能；哪些既无学前教育专业知识技能，又无法开展双语教育活动。然后根据各县的统计数据开展不同类型的培训。

对既无学前教育专业知识技能又不能开展双语教育活动且第一语言为民族语言的教师（简称第一类参训教师）进行为期1~2年的长期培训。因为这类教师大多为小学教师转型而来，以前主要从事一类模式教学工作。对这类教师的培训课程主要包括四大模块：第一，双语教育目的和方法类课程。一方面让参训教师学习与双语教育相关的政策法规，使其明确民族地区双语教育的目的在于让少数民族成员既能融入主流社会，又能传承本民族的文化，在实现民族平等的同时，实现各民族的和谐共处。另一方面让参训教师了解国内外已取得成功的双语教育模式和方法，如加拿大的早期完全浸入式双语教育模式、新加坡的双语教育模式、我国内蒙古与新疆地区取得的双语教育经验等，从而提高参训教师的双语教育能力，建立科学合理的双语教育理念。第二，学前教育专业知识技能类课程。如学前教育学、学前儿童发展心理学、儿童游戏理论与实践、学前课程论、环境创设、手工与美术等课程。通过这些课程的学习，使参训教师树立科学的学前儿童观和学前教育理念，掌握基本的学前教育专业知识技能。第三，汉语训练类课程。如基础汉语、汉语写作、汉语听力、汉语阅读、中外儿童故事选讲等课程。通过这些课程的学习，使参训教师不仅对汉文化有所了解，而且基本能用标准汉语开展教育活动。第四，开展丰富多样的课外活动，如手工比赛、讲课比赛、讲儿童故事比赛、简笔画作品展、教案设计比赛等，而且要求用汉语表达。通过这些活动，使参训教师将所学的理论知识转换为实践经验，成为真正的学前双语教育工作者。①

对无学前教育专业知识技能又无法开展双语活动且第一语言为汉语的教师（简称第二类参训教师）也要进行为期1~2年的长期培训。对这类教师的培训课程也包括四大模块：第一，双语教育目的和方法类课程。第二，学前

---

① 捌马阿末.甘孜州农牧区学前民汉双语师资队伍现状及建设探析[J].四川民族学院学报，2018（3）：102.

教育专业知识技能类课程。这两大模块的具体课程和教学目标与第一类参训教师的相应课程模块相同。第三大模块为民族语言训练类课程，如基础藏语、藏语口语、藏语语法等。通过这些课程的学习，使参训教师不仅对藏文化有所了解，而且基本能用标准藏语开展教育活动，至少能用藏语与学前儿童及其家长沟通。第四，开展丰富多样的课外活动，如手工比赛、讲课比赛、讲民间儿童故事比赛、简笔画作品展、教育活动设计比赛、本土资源开发比赛等，而且要求用藏语表达。通过这些活动，使参训教师将所学的理论知识转换为实践经验，成为真正的学前双语教育工作者。①

对有学前教育专业知识技能但无法开展双语教育的教师（简称第三类参训教师）进行为期6个月的中期培训。这些教师大多为近几年毕业的中职毕业生和"9+3"毕业生。他们有的第一语言为民族语言，但进入中学后很少使用，自己能听懂，但无法用民族语言开展教育活动；有的第一语言为汉语，在农牧区学前教育机构中很难与幼儿和家长交流和沟通。因此，对这类教师的培训主要包括三大模块：第一，双语教育目的和方法类课程；第二，民族语言训练类课程；第三，开展丰富多样的课外活动。这三大模块的具体课程和教学目标与第二类参训教师的相应课程模块相同。②

对能进行双语教育活动，但无学前教育专业背景的教师（简称第四类参训教师）进行为期3个月的短期培训。对这类教师的培训主要为加强双语教育目的和方法类课程与学前教育专业知识技能类课程，具体的课程设置和教学目标与第一类参训教师相应课程模块相同。

第四节　公费师范生教育

第二节谈到的部分浸入式民汉双语教育和完全浸入式民汉双语教育是短期解决农牧区学前师资匮乏问题的行之有效的方法。第三节谈到的农牧区学前师资职后培训方案对于提高农牧区学前师资的适应能力和职业素养也是必要的途径。但是，从长远来说，培养公费师范生才是长远有效的途径。基于此，本章谈谈面对甘孜州农牧区的地方公费师范生的培养。

---

① 捌马阿末. 甘孜州农牧区学前民汉双语师资队伍现状及建设探析[J]. 四川民族学院学报，2018（3）：103.
② 捌马阿末. 甘孜州农牧区学前民汉双语师资队伍现状及建设探析[J]. 四川民族学院学报，2018（3）：103.

一、公费师范生

公费师范生的前身为免费师范生,是我国于2007年首先在北京师范大学、华中师范大学等6所部属师范大学培养的读书期间免学费、免住宿费并享受生活补贴的边远地区紧缺教师。截至2016年年底,6所部属师范大学共培养了9.4万个免费师范生,很大程度上解决了边远地区的师资问题。然而,肯定成绩的同时,也不能忽略部属师范院校培养出的免费师范生的不足。笔者对已毕业的免费师范生、在校的免费师范生、高中生的调查发现有几点不足:第一,部分学生的入学动机并不是为了扎根边远地区,为边远地区的教育服务,而是以免费师范生为跳板,部属师范大学毕业后违约,不从事教育工作。第二,虽然大多数毕业生从事了教育工作,但基本留在了市县学校工作,到边远农牧区的基本为零。第三,很多高中生认为10年的期限太长,不愿报考免费师范生,导致免费师范生的生源出现了问题。基于此,相关部门和学校加强了对师范生的选拔力度和教育工作,而且,从2018年开始把履约时间由10年缩短到6年,并改称为公费师范生。

因培养免费师范生政策的优势,自2008年,云南、西藏、贵州等少数民族地区相继实施了地方师范生免费教育,各地不断探索,积累了很多教育教学、教育管理和地方师范生教育政策等方面的有效经验,很大程度上解决了农村地区师资薄弱的问题。自2013年开始,四川省也开始开展免费师范生培养工作,目前已有几届学生毕业。对已毕业的免费师范生和在校免费师范生的调查发现,这项政策在一定程度上解决了师资匮乏问题,但同样也显露出了诸多不足之处。下面,笔者以四川民族学院培养的双语免费师范生为例谈谈几点不足。第一,培养出的免费师范生的素养不符合地方中小学的要求。四川民族学院藏汉双语免费师范生主要是为甘孜州和阿坝州培养民汉双语教师,地方中小学缺乏的是能用民族语言开展专业学科教学的教师,特别是初高中的数学、物理、地理、生物、历史教师。然而,培养出的很多师范生到了工作岗位后不仅无法用民族语言开展专业学科教学,甚至不能用民族语言与学生沟通,出现了地方中小学不愿接受免费师范生的现象。第二,培养出的免费师范生的专业知识技能不过关。笔者在对甘孜州新都桥藏文中学相关领导的访谈中发现,部分免费师范生不仅无法用民族语言开展教学工作,就连用汉语开展专业学科教学的水平也不高。第三,部分免费师范生未到中小学任教,而是以各种理由借调到其他事业单位和行政单位。第四,部分免费师范生在校期间学习不认真。很多同学认为,考上免费师范生意味着自己的"饭碗"已解决,在校学期间努力与否影响不大,最后学校都会发毕业证的,所以在校期间得过且过，甚至经常旷课。第五，主要培养的是中小学教师，基本没有为学前教育培养免费师范生，导致农牧区的学前师资主要为职校毕业生、"9+3"毕业生，甚至是高中毕业生。

  出现以上这些不足的原因主要有以下几点：第一，未明确招生对象。对已经毕业的双语免费师范生和在校的双语免费师范生的调查发现，有的是一类模式高中毕业生，有的是二类模式高中毕业生，有的是普通模式高中毕业生。二类模式毕业生和普通模式毕业生入学时的藏语分非常低，基本上只考了十几分，特别是普通模式的学生，中小学阶段从未接受过民汉双语教育，高考时碰运气考了十几分就加入到了双语免费师范生的行列，进入大学后藏语课基本听不懂。从甘孜州、阿坝州民汉师资的要求来看，免费师范生的招生对象应该都为一类模式学生，因为一类模式学生在高考之前要进行汉语水平测试，汉语水平测试过关后方能参加高考，这就决定了他们的汉语水平达到了基本交流沟通的程度，相较于二类模式特别是普通模式学生的藏语水平要强得多。这些学生进入大学后主要学习专业知识技能，这样到了工作岗位后，既能用民族语言开展教育教学工作，而且专业水平也不差。第二，培养方案缺乏适宜性。笔者对四川民族学院培养民汉双语免费师范生的二级学院的相关人才培养方案的阅读发现，虽然确定的培养目标符合地方中小学对民汉双语教师的素质要求，但设置的课程并不能实现此目标。主要体现在几个方面：① 设置的课程不符合学生的实际水平，藏语课程的难度大，课时少，专业课程的难度大且缺乏体系。各个班级学生的藏语水平差异很大，有的学生的藏语基础基本为零，有的学生完全可以用藏语阅读相关书籍。面对这样的差异，很多学院并未分层次开展有针对性的教学活动，而是"一锅煮，一刀切"，直接开藏语语法、藏族历史等课程，导致很多同学在课堂上完全处于"坐飞机"的状态。教学活动是师生共同开展的活动，当很多学生在课堂上面无表情，甚至看其他书籍或玩手机时，教师也感到非常无奈。久而久之，教师的积极性也不高。民汉双语师范生不仅藏语水平参差不齐，专业水平也普遍较低。拿2016年四川民族学院的录取分数线来说，普通本科生文科最低分为521分，理科最低分488分，但民汉双语类本科生文科最低分为327，理科最低分为381分。所以，相较于普通本科生，他们的文化成绩较差。然而很多二级学院为这些学生开设的课程与同一专业普通本科生的课程并无两样，导致教学效果不理想。② 实践教学环节少且不成体系。师范生是未来的教师，作为教师，不仅要有崇高的职业道德和丰富的理论知识，而且要有开展教育教学工作的能力。这些能力必须通过系统的实践活动才能形成。调查发现，在很多二级学院有关民汉双语免费师范生（公费生）的培养方案中并未包括系统的实践教学方案。实践教学大多体现在三四次为时半天的见习、讲课训练、实习。其实，对师范生而言，只依靠见习、讲课训练和实习来形成和发展教育教学技能是远远不够的，还要通过很多具有专业特色的综合实践活动。然而，现实的状况是很多二级学院不仅并未开展具有专业特色的综合实践活动，就连见习、讲课训练和实习效果也不理想。大多数见习活动流于形式。很多二级学院并未对整个在校期间的见习活动做系统的安排，不同学期之间的见习没有连贯性；见习活动并未与本学期相关的学科教学活动相联系，具有很大的随意性；每次见习前，没有具有可操作性的见习计划和见习指导，见习过程中没有及时且有针对性的指导，见习之后的总结流于形式，并未开展有针对性的讨论活动与总结活动，导致见习效果不理想。从讲课训练来看，有的二级学院讲课训练较规范，但也有的二级学院讲课训练流于形式。很多教师只是让学生上讲台开展教学活动（试讲），但并未对学生进行有针对性的指导。学生并未掌握课堂教学的基本技能和技巧，甚至有教师为讲课训练确定的目标是"只要实习前能讲一堂 20 分钟的课就算合格"，导致训练效果不理想。从实习活动来看，很多学院采取的是分散实习，只要学生能拿回实习单位盖的章就算合格，中途没有任何指导。虽然有部分学生选择的是集中实习形式，但实习过程中的指导也是非常有限的，导致实习并未达到预期的效果。第三，在校期间的学业评价体系不客观或未严格执行相关的评价制度。培养目标是否实现、实现的水平如何，需要对活动结果进行评价，评价包括测验、分析和评语三个部分。众所周知，教育目标是一个体系，要想实现教育目的，就要实现各级各类学校的培养目标。要想实现某级某类学校的培养目标，就要实现各门课程和各项活动的目标。要想实现某门课程或某项活动目标，就要实现组成这门课程的各个单元目标。所以说，要想实现双语免费师范生的培养目标，就要实现在校期间开展的各项活动和开设的各门课程的目标。然而，笔者对部分课程的目标分析发现，有的课程的目标并未围绕着培养目标来制定，任课教师并不明确培养目标；有的课程的目标虽然围绕着培养目标制定，但课程实施过程中却偏离了课程目标，教学的内容和方式与培养目标相差甚远；有的课程虽然围绕着培养目标确定，而且课程实施过程基本能围绕着目标开展，然而课程评价并未实现此目标，要么评价内容、方式与目标不一致，要么评价标准过低，部分学生并未掌握本课程的基本知识和基本技能也算通过。因很多课程目标并未真正实现，故培养目标不能完全实现。但这些未来的人民教师却以合格师范生的身份进入了教师行列。因为中小学教师的经济地位和社会地位不高，故很多优秀的高中毕业生不愿选择公费师范生。因为中小学教师工作压力大、待遇低，而且很多中小学特别是小学的生活条件差、交通不便,所以,很多优秀的高中毕业生不愿选择公费师范生。选择公费师范生的学生大多为成绩一般或家庭经济状况较差的学生。

二、培养农牧区学前民汉双语公费生的策略

基于甘孜州农牧区的地理环境、文化背景、学前教育发展现状、农牧区学前儿童的语言结构以及目前公费师范生培养过程中普遍存在的问题,笔者认为,甘孜州农牧区培养学前民汉双语公费生应注意以下几个问题:

(一)地方政府要统筹安排,明确招生对象、招生计划,保障经费到位

第一,各县根据各乡镇使用方言的情况、三四年后 3~6 岁学前儿童的人数、可能退休的教师人数等,确定需要补充的双语教师人数。州教育局和州招生办根据各县所提供的数据进行统计分析,确定每年一类模式和二类模式的招生人数。第二,教育部门、财政部门、人事部门共同协商公费师范生的培养经费,根据甘孜州农牧区的实际情况,经费投入应不低于中央财政对公费师范生的财政投入,即每生每年 1.2 万元的学费、住宿费和生活补助费以及每生 2000 元的实习与支教费。如有条件,应补助学生的车旅费和提高生活补助,从而吸引更多的优秀高中毕业生选择报考公费师范生。

(二)严把入学关

就教师职业的特殊性和甘孜州农牧区学前教育的特殊性而言,面向甘孜州农牧区的学前公费生的选拔标准不能只看高考分数,还应重视学生的身体素质、心理素质、兴趣爱好、初中和高中阶段的教学模式、一类模式学生的汉语成绩、二类模式学生的藏语成绩,从而保证生源的质量。所以,地方政府和地方高校应共同招生,采用提前招生、笔试和面试相结合的形式。第一,根据每个县的实际情况,地方政府要确定每年的招生计划。第二,每年 3、4 月向藏区一类模式和二类模式高考生宣传面向农牧区学前教育公费生的相关政策,特别强调在校期间享受的待遇、毕业标准以及违约后应承担的责任等。第三,对有意愿就读学生进行体能测试,确定是否具有能在甘孜州农牧区工作的身体素养。第四,采用笔试方式,测试对有意愿就读、身体素质达标学生的文化水平。第五,测试文化水平基本达标的二类模式学生的藏语水平和一类模式学生的汉语水平。第六,对藏语水平和汉语水平达标的同学进行面试,了解其藏语口语水平、汉语口语水平,了解其是否具备从事学前教育的资质。第七,根据每年的招生计划择优录

取,并与学生签订协议。

(三)加强在校的培养工作

第一,开设适合甘孜州农牧区学前师资的课程。相较于普通的学前教育专业,为甘孜州农牧区培养学前师资的学前教育专业在开设课程时应多加两个板块:一是藏语类课程,比如藏语口语、藏语语法、康藏文化、藏语书法等课程,以便老师到农牧区学前教育机构后能用藏语与家长和学前儿童沟通,能理解藏族文化,能用藏语开展活动。二是学前课程开发相关课程。学前教育与中小学教育的不同之处在于学前教育回归生活的程度更高,所以,学前课程与中小学课程在课程开发方面有较大差异,学前教育阶段很少有规定的教材。纵观中外教育史,但凡公认的、有利于学前儿童发展的学前教育模式,其共同特征之一都是合理开发学前课程,有的是教师团队开发的,有的是教师与学前儿童共同开发的,有的是教师、社区工作人员、家长、学前儿童共同开发的。然而,要开发出有利于学前儿童健康和谐发展的课程,教师不仅要具有科学的学前儿童观,懂得合理科学的学前教育理念,而且能根据自己所处的实际状态,充分利用地理环境、人文环境,合理开发出适合学前儿童的课程。甘孜州农牧区不仅与内地的大城市和农村有较大的差异,而且与甘孜州的城镇也有较大的差异,所以,能开发出适合农牧区学前儿童的课程是农牧区学前教师必备的素养之一。基于此,培养农牧区学前师资的学前教育专业课程中的相关内容是必不可少的。

第二,加强实践教学环节。学前教师的劳动特点决定了一个合格的学前教师应具备语言沟通能力、合作能力、组织协调能力、富有亲和力和感染力的语言表达能力、幼儿园环境创设能力、儿童歌舞表演和创编能力、儿歌演奏能力、教玩具制作能力、对学前儿童行为和表现的观察与记录以及评价能力、幼儿园教育活动的设计与实施以及反思能力、班级管理能力、家园合作能力、课程开发能力、教育科学研究能力等。因此,学前教育专业的实践教学活动,除了开展军事训练、劳动锻炼、社会调查以外,还要特别加强专业实践课程教学、教育见习与实习、专业技能综合实践、教育研究等。

课程教学是实现培养目标的主要手段,因此,应针对学前教师必须具备的唱、弹、跳、画、说五项技能和开展幼儿园五大领域活动能力,开设相应的专业实践课程。比如,从第2学期到第6学期开设《琴法1》《琴法2》《琴法3》《琴法4》《幼儿舞蹈1》《幼儿舞蹈2》《幼儿舞蹈3》《幼儿舞蹈4》《声乐1》《声乐2》《声乐3》《声乐4》《幼儿手工》《幼儿美术1》《幼儿美术2》《幼儿美术3》《幼儿园环境创设》《儿童故事》等课程,从第5学前到第7学期开设《学前艺术教育》《学前社会教育》《学前科学教育》《学前健康教育》《学前语言教育》等课程，这些课程主要以实践教学为主。这些课程大约要占50多个学分。

除了开设大量的专业实践课程以外，还应针对学前教育中关键技能和拓展技能开展专业技能综合实践活动。这些活动包括儿童歌舞创编、儿童故事讲演、绘画实践、多媒体课件制作、手工制作、幼儿园环境创设、教育活动设计与组织、学前教育专业科学研究活动、读书心得、名师教学视频观摩、学术报告听讲体会、创新创业训练项目、大学生科研项目、职业资格认定、规范汉字书写以及声乐、歌舞、体育等文体比赛。其中前8项为必选项目，每个项目0.5学分，总学分4分，后8项为自选项目，8学期中自选4项，每个项目0.5学分，总学分2分。学分、实施学期、评定办法以及说明见表1：

表1

教学专业技能综合实践	实践项目名称	实施学期	评定方法	说明
必选实践项目（每个项目0.5学分，总学分4分）	儿童歌舞创编	6	活动展示	统一组织评价
	儿童故事讲演	7	活动展示	统一组织评价
	绘画实践	4	作品展示	统一组织评价
	多媒体课件制作	4~6	作品演示	结合PPT制作大赛统一组织评价
	手工制作	5	作品展示	提交作品，统一组织评价
	幼儿园环境创设	6	作品演示、活动展示	提交作品，统一组织评价
	教育活动设计与组织	7	提交活动设计方案、活动展示	与试讲活动相结合
	学前教育专业科学研究活动	6~7	提交文献综述及其研究方案	与毕业论文设计相结合
自选实践项目（自选4项；每个项目0.5学分，总学分2分）	读书心得	1~7	提交读书心得或读书报告10篇	装订成册统一组织评价
	名师教学视频观摩	2~7	提交观后心得体会15篇	装订成册统一组织评价
	学术报告听讲体会	1~7	提交心得体会6篇	装订成册统一组织评价
	创新创业训练项目	2~6	主持或参与校级及以上项目	以班级为单位统计认证

续表

教学专业技能综合实践	实践项目名称	实施学期	评定方法	说明
自选实践项目（自选4项；每个项目0.5学分，总学分2分）	创新创业训练项目	2~6	主持或参与校级及以上项目	以班级为单位统计认证
	大学生科研项目	2~6	主持或参与校级及以上项目	以班级为单位统计认证
	职业资格认定	2~8	职业资格证书	以班级为单位统计认证
	规范汉字书写	1~7	获奖证书	以班级为单位统计认证
	声乐、歌舞、体育等文体比赛	1~7	获奖证书	以班级为单位统计认证

以上所述专业实践课程和专业综合实践活动主要是校内开展，除了加强校内的实践活动以外，还应加强校外的实践活动，校外的专业实践活动主要从见习和实习两个方面加强。

教育见习和教育实习对于实现学前教育专业的培养目标是非常重要的一环。因为对于大多数学前教育专业学生而言，虽然学习了《学前儿童发展心理学》《学前教育学》《幼儿游戏理论》《学前课程论》《幼儿园环境创设》《幼儿保健学》等与学前教育相关的课程，但是这些属于理论知识，在校学生直接接触学前儿童和学前教育的概率很小，所以，他们并不熟悉学前教育的环境、学前儿童的身心特点、学前教育的基本环节和学前教育的具体内容等。通过见习、实习可以使其熟悉学前教育环境，接触学前教育活动实践，观摩教育活动，了解学前教育活动的基本环节、内容及方法，了解学前教师的职业活动、学前儿童的基本特征等。同时可以使其在教育活动中检验自己对专业基础理论、基本知识、基本技能的掌握情况，从而更加明确今后的努力方向。

鉴于目前很多学校的教育见习和实习存在时间少、目的不明确、流于形式、成效不高等问题，笔者认为地方政府要牵头，各县中心幼儿园作为见习和实习基地，要求各幼儿园选派优秀教师作为见习和实习指导教师。指导见习和实习工作情况要作为幼儿园教师选优、评优、晋升的条件之一。地方高校要制定好具体、可操作的见习和实习方案，并严格按照方案实施。下面以见习为例谈谈具体的方案。

见习安排在第2、3、4、5、6学期，共5次教育见习，分别为教育见习A、教育见习B、教育见习C、教育见习D、教育见习E。采用分散自主见习和集中见习相结合的方式，每次见习时间为一周，其中第2学期、4学期、6学期为"五一"放假前的一周，第3学期、第5学期为"十一"放假前的一周，以便学生在放假期间对材料进行整理。让学生明确每次见习的具体目标，完成见习任务。比如教育见习 A 的目标为：观察了解学前教育工作的全貌，初步感知学前教育和学前教师应具备的素养；接触学前教师和学前儿童，了解学前教育工作的一般过程、学前保教工作的基本特点以及学前儿童的活动特点；了解学前机构所处的社区环境，明确社区对学前教育的作用。具体的见习内容为：观察见习机构外部环境、见习机构布局、见习班级基本情况、见习班级活动区（角）布局、见习机构的环境创设情况、学前教师一日工作和学前儿童一日保育流程等；观摩 5~8 次活动，主要了解活动主题、活动形式、活动结构、活动过程、教师的教育机智等，并做好记录；对见习机构负责人和优秀教师进行一次主题访谈，拟好访谈提纲，做好访谈记录；了解见习机构的历史与基本情况，做好记录；了解保育教师的一日工作活动；收集一份指导教师的活动方案等。根据以上的教育见习目标和内容，填写《见习机构基本情况表》《追寻见习机构的历史渊源表》《新教师采访表》《见习机构的外部环境表》《学前儿童行为观察表》《所在见习班级学前儿童基本情况表》《观察活动记录表》《一日活动实录整理表》《保育教师常规活动备忘录》等。其余 4 次见习也如同第一次见习，明确见习目标、内容、任务。而且每次教育见习的目标和内容要与本学期所学专业课程相联系，第一次到第五次教育见习的目标要有连续性，内容要有针对性。

为了有效地完成每次见习的任务，实现见习目标，每次见习前开展见习动员大会，学院领导、专业教师、辅导员要对学生提出明确的要求，使学生感受到见习的重要性，明确本次见习的目的、见习过程中应注意的事项。比如第一次见习动员大会中除了强调见习的重要性、见习过程中的安全事项以外，专业教师要告诉学生本次见习最主要的目的在于感知学前机构是什么样的、学前儿童是什么样的、学前教师是什么样的。本次见习要注意六点：多看、多听、多问、多思、多记、少说（五多一少）。多看就是多观察保教老师是如何开展保教活动的、多观察学前儿童的言行、多观察见习机构的环境创设、多观察见习机构周边的环境；多听就是多听听见习机构负责人的办学理念、多听听老师的儿童观和教育观、多听听学前儿童怎么说；多问就是多向见习机构负责人和老师请教，多与学前儿童聊天；多记就是多动动笔，把看到的、听到的及时记录下来，如果负责人和教师同意，可以拍照或录像；多思就是多思考自己看到的、听到的这些现象，多反思自己的言行。少说就是少用自己懂得的先进教学教育理念去批评教学机构的观点。每次见习结束后要开展讨论会和总结会，相关领导和辅导员要对本次见习的基本情况加以总结，学生们谈自己在见习过程中的所见所闻以及见习过程中遇到的疑难问题，专业教师要对学生在见习过程中遇到的教育教学问题加以解答，让学生明确这类问题如何解决或这类问题通过学习什么课程解决等。另外，每个学生每次见习填写的表格要收集整理，最后装订成册，作为学生专业成长记录之一。

为了有效地完成每次见习的任务，实现见习目标，除了让学生明确见习的目标、任务、内容以外，要对学生和指导教师要提出总的要求。要求学生要做到：见习前做好见习计划，签订安全承诺责任书；见习期间要遵守见习机构的规章制度，尊重见习机构领导和老师，虚心听取指导教师的指导意见，同时要以教师身份要求自己，为人师表，处处注意自己言行和仪表，关心爱护学前儿童；要有社会责任感和集体荣誉感，维护学前教育专业形象；按照每次见习的要求仔细观察相关对象，并认真思考做好记录；见习期间认真观摩，并做好记录；积极参与讨论、充分发挥主动性，认真撰写访谈提纲并付诸实施；积极参加保教活动和保育活动；见习期间不准请假，不允许迟到、早退，特殊情况需请假要经学院领导、指导老师和带队教师（所在学院分配的指导教师）同意；见习期间认真做好见习情况和日志的记录，为方便保存，建议做好相关材料的电子文档备份。指导教师要做到：思想上、工作上、学习上关心见习生，把教师的职业道德和教书育人的经验传授给见习生，做好传、帮、带工作；向见习生介绍见习计划，提出具体的见习要求；向见习生介绍班级工作计划和本班学前儿童情况，指导见习生搞好保育活动；向见习生展示保教活动，帮助见习生解决见习中遇到的与保教活动相关的疑难问题；及时与带队老师交流见习生的见习情况；客观地评价见习生的见习表现，写好见习评语等。

见习和实习的内容有一定的相似性，但实习时间更长，长则3~4个月，短则2个月，对学生综合能力要求更高，而且实习一般安排在第7学期或第8学期。如同见习方案一样，教育实习也要提出明确的目标、内容、任务，实习前要开展动员大会，实习期间要加强指导，实习结束要开展总结大会，要撰写实习手册。另外，对学生、指导教师、带队教师都要提出明确的要求，从而提高学生的实践能力。

第三，加强学生管理工作、指导工作、严把出口关，以保证毕业生的质量。一是地方高校、地方政府和地方学前教育机构组织专家团共同制定培养方案、学生管理制度、毕业条件等，学生一入学就要使其明确毕业条件，特别是在校期间各学科的成绩要求和各种实践活动的标准,让他明白该做什么、不该做什么、什么是重要的、什么是次要的。二是每学期都要对每个学生的学业情况进行分析、评价，让学生明确自己的优势和弱势，以便查漏补缺。三是毕业时按照要求严格把关，以保证毕业生的质量。

第四章
甘孜州自然资源、自然环境与学前课程的整合

第一节 甘孜州学前课程特色化的必要性与可行性

一、甘孜州学前课程特色化的必要性

（一）特色化课程对学前儿童的健康和谐发展具有重要价值

众所周知，6岁前不仅是个体多种能力发展的敏感期，是个体认识发展最迅速、最重要的时期，而且也是个体行为习惯、情感态度、性格等基本形成的重要时期，这一时期的发展状况会持续影响并决定个体日后的社会性和性格特征。这说明学前期具有巨大的发展可能性。然而，要把这种可能性转变为现实性则需要成人提供适合儿童发展的刺激。这就要求学前教育机构要开展适合学前儿童心理发展特征的教育活动。那什么样的课程才适合学前儿童的身心发展呢？

教育起源于人类社会生活的需要，而适应个体所处的自然环境和社会环境是人类最基本、最直接的需要。故教育的首要目的之一是使个体适应当下所处的环境。因此，从这个角度来说，学前课程必须包括儿童所处环境的相关经验，使其能更好地适应区域内的生产生活。

从认知心理学的角度来说，个体对某个新事物（经验）的认识与理解是建立在个体已有知识经验基础之上的。学前儿童在家庭和社区中主要获得的是本区域、本民族的文化经验。如果在学前教育机构中所学习的经验与自身在头脑中已有的经验差别太大，学前儿童就很难有效地理解这些经验。所以，从这个角度来说，学前课程要回归学前儿童的生活。

甘孜州农牧区学前儿童所处的自然环境和社会环境与教科书上所说的学前儿童所处的环境有较大的差异。教科书中的"学前儿童"更多指的是某一实验样本中的学前儿童，而这些样本中基本不包括农牧区的学前儿

童。①所以，甘孜州农牧区学前儿童已有的知识经验与教科书上所说的学前儿童的已有知识经验有较大的差异。他们生活的家庭环境和社区环境与教科书上所说的学前儿童的家庭环境和社区环境也有较大差异。因此，甘孜州农牧区学前儿童的身心发展与教科书上所说的学前儿童有相同之处，也有不同之处。要使甘孜州农牧区学前儿童在学前机构中有效地认识、理解学前机构提供的刺激，健康快乐地成长，则提供的刺激、创设的环境就要与学前儿童的已有经验相一致。从这一角度来说，深入了解所面对的学前儿童，然后因地制宜、因园制宜、因班制宜、因人制宜地开发适宜的课程、开展适宜的活动是学前教育各要素中非常重要的一环。

（二）甘孜州农牧区学前课程的现状决定必须要特色化

笔者对甘孜州部分学前机构的课程进行调查发现，课程内容中国外优秀文化和汉民族优秀文化较多，而本民族、本区域内的优秀文化融入较少。虽然有的学前机构使用的是地方课程（甘孜州幼儿园编写的《农牧区幼儿教材》），有的学前机构也开发了园本课程（如炉霍县幼儿园开发了朗杰唐卡相关的课程内容，康定市姑咱幼儿园开发了渔通文化相关的课程内容，泸定县幼儿园开发了红色文化相关的课程内容，丹巴县幼儿园开发了嘉绒文化相关的课程内容等）。但很多学前机构在实施相关课程内容时面窄，深入不够。比如很多学前机构只是在一个班上实施（实验班）或一个年级实施相关课程；有的学前机构只是把此课程内容作为课题研究的结题材料，项目结题后不仅没有相关的后续研究，而且此内容也不再实施，并未真正实现学前课程特色化。另外，有的学前教育机构几乎未涉及本民族、本区域的文化，课程内容与内地、大城市的没有区别。比如，有的学前机构使用的是南京师范大学出版社出版的《幼儿园渗透式领域课程》，有的学前机构使用的是安徽美术出版社出版的《新时代幼儿多元智能创新课程》。这些课程内容与学前儿童的生活相脱离。比如，科学领域教育中只讲"一个正方形相当于两个三角形，那么两个正方形相当于几个三角形"之类的内容，但贴近牧区生活的"一头牛可以换几只羊"之类的内容并未提到；农区没有一望无际的平原，只有图形不规则的田地，但教育中并未讲到如何去测量这些不规则图形的面积，更没有带学前儿童到田地里去实践。很多学前机构的主题活动中都有关于圣诞节、中秋节和元旦节的内容，却没有藏历新年和其他民间节庆的内容。开展语言领域和艺术领域活动时，唱的是外国的童谣或汉文化的童谣或流行歌曲，听

---

① 虞永平. 学前课程与幸福童年[M]. 北京：教育科学出版社，2014：22.

的是外国故事或汉文化中的故事，却不知道贴近当地生产生活的民间故事，听不到当地的民歌民谣。游戏本来应该是学前儿童对生活经验的再现和加工，然而孩子们在学前机构玩的是现代化的机械玩具，甚至玩"撕名牌"游戏以及为了体验母亲怀孕时的辛苦在腰间绑沙袋的游戏，贴近当地生产生活的民间游戏却无人问津……甚至有的教师直接在网上下载优质幼儿园、优秀教师的课件、视频作为教材，不做任何课程审议就照葫芦画瓢。这样的课程内容是甘孜州学前教育成效不高的主要原因之一。基于此，笔者认为，要加强甘孜州农牧区学前课程的特色化。

二、甘孜州农牧区学前课程特色化的可行性

（一）历史证明学前课程特色化是可行的

纵观中外学前教育史可以发现，关于学前课程特色化的方案很多，而且很多方案取得了良好的成效，成为各个国家、各个地区借鉴的经验。如陈鹤琴的五指活动课程方案、张雪门的幼稚园行为课程方案、蒙台梭利课程方案、伊斯科普课程方案、瑞吉欧学前课程方案等。

五指活动课程是我国著名的现代教育家陈鹤琴为鼓楼幼儿园编制的。五指活动课程的内容包括健康活动、社会活动、科学活动、艺术活动、语文活动五个相互联系、可以伸缩的部分，这些内容取之于儿童的生活，以儿童的自然和社会为中心。教学方法上注重儿童的兴趣、主动地学习，围绕单元活动，儿童主动地获取活的知识与经验。五指活动课程受到了当时进步主义教育思潮的影响，但不拘泥于当时西方流行的"设计教学法"，而是以当时当地儿童自发的活动为课程设计的出发点，其实就是对当时的中国学前课程做了本土化的探索。这一课程方案不仅在当时影响巨大，而且对我们当今的课程改革也有重要的借鉴意义。

幼儿园行为课程是由我国另一位著名的学前教育家张雪门创编的。他针对当时幼儿园以教材为中心的现状提出幼儿教育生活化、幼儿生活教育化。行为课程以儿童自发的各种活动、儿童的自然环境、儿童的社会环境为内容，以生活与行为为基本要素，采用单元教学来实施。通过动机、目的、活动、活动过程、工具材料等环节实施，开创了当时幼儿教育崭新的课程模式，取得了较大的成绩，对当前幼儿园课程改革具有一定的借鉴价值和启发意义。

蒙台梭利课程是世界著名的儿童教育家蒙台梭利探索和总结出的课程方案。蒙台梭利课程以日常生活训练、感官教育、语言教育、数学教育、文化

科学教育为主要内容，目的在于协助儿童开发自己的潜能，帮助儿童发展出自发性的人格和养成独立、自信、自律、自足以及自我管理的活动习惯。蒙台梭利课程方案可以说是世界教育史上至今仍有重大影响的课程方案之一。其之所以有如此大的魅力，主要在于其重视儿童内在的需要，强调对儿童的尊重和信任，强调个别化的学习，倡导耐心细心的观察与指导，注重儿童在操作过程中主动学习与自我发展。

海伊斯科普课程开始于1862年，最初属于美国密歇根海伊斯科普佩里学前教育科研项目的一部分，也是美国"开端计划"中第一批通过的帮助处境不利的学前儿童摆脱贫苦的学前教育课程方案。海伊斯科普课程内容是围绕关键经验所提供的各种类型的活动，往往以"活动区"（如积木区、娃娃家区、美工区、音乐区、玩沙玩水区、动植物区、户外活动区等）为中介开展，注重室内外的环境设置。海伊斯科普课程的显著特点在于注重课程目标和课程内容的确定立足于儿童认知发展所必需的"关键经验"，强调教师和儿童在确定学习经验方面都有重要作用，课程方案操作性强。这对我们今天的学前课程改革具有重要的借鉴意义，特别是区角环境的设置方面影响更大。

瑞吉欧学前课程是在20世纪60年代由创始人马拉古齐领导，依靠全体教师数十年的艰苦奋斗，共同研究与实验研究探索出的学前教育课程方案。瑞吉欧学前课程的主题来自儿童的生活，课程以解决问题为导向。这些主题是儿童熟悉的，这样他们可以根据自身的认知提出问题，设定探索的范畴。课程实施过程中，儿童会有许多机会参与不同的活动，全心全意地投入真实的探索，去体会与体验一些角色，分享意见与经验，学会解决问题。瑞吉欧为世界学前教育提供了一个与众不同的课程框架，它是继蒙台梭利之后意大利又兴起的一个颇具影响力的学前教育实践与课程方案。1991年瑞吉欧学前教育学校被美国《时代周刊》评为世界十大最佳学校之一。

总之，以上这些学前课程方案取得的成绩说明了学前课程特色化是可行的。

（二）学前课程特色化的政策法规依据

如前所述，相关的教育政策法规是教育改革实施的保障，甘孜州农牧区学前课程特色化的相关政策法规主要有以下几个方面：

《中华人民共和国教育法》第七条明确规定："教育应当继承和弘扬中华民族优秀的历史文化传统，吸收人类文明发展的一切优秀成果。"这说明民族地区学校教育的内容不仅包括汉民族民族的优秀文化，也包括少数民族的优秀文化，还包括世界其他民族的优秀文化。

《中华人民共和国民族区域自治法》第三十八条规定："民族自治地方的自治机关组织、支持有关单位和部门收集、整理、翻译和出版民族历史文化书籍，保护民族的名胜古迹、珍贵文物和其他重要历史文化遗产，继承和发展优秀的民族传统文化。"这说明民族地区的学校教育具有传承本民族文化的责任。

《国家中长期教育改革和发展规划纲要（2010—2020年）》："第九章第二十七条规定："国家对双语教学的师资培养培训、教学研究、教材开发和出版给予支持。"这说明国家支持民族地区的学校开发校本课程和园本课程。

《幼儿园工作规程》第六章第三十六条规定："幼儿园应当因地制宜，就地取材，自制玩教具。"第九章第五十四条规定："发挥家长的专业和资源优势，支持幼儿园保育教育工作。"第五十五条规定："幼儿园应当加强与社区的联系与合作"，"争取社区对幼儿园的多方面支持"。这些都说明学前教育要因地制宜地开展。

《幼儿园教育指导纲要（试行）》中规定："适当向幼儿介绍我国各民族和世界其他国家、民族的文化，使其感知人类文化的多样性和差异性，培养理解、尊重、平等的态度。"这为民族地区教育内容应具多元性提供了依据。

《3～6岁儿童学习与发展指南》艺术领域活动的教育建议中提出："创造条件让幼儿接触多种艺术形式和作品"，"带幼儿观看或共同参与传统民间艺术和地方民俗文化活动"。健康领域活动的教育建议中提出："结合生活实际对幼儿进行安全教育。"社会领域活动的教育建议中提出："适当向幼儿介绍我国主要民族和世界其他国家和民族的文化"，"帮助幼儿感知文化的多样性和差异性"，学会平等对待、友好相处。科学领域活动的教育建议中提出："经常带幼儿接触大自然，激发其好奇心与探究欲望。"这些都为民族地区教育内容的多元性和教育回归生活提供了依据。

除了以上这些政策法规以外，其他的政策法规中也有民族地区学校教育课程特色化的相关规定，这里不再赘述，因为这些政策法规足以为学前课程特色化提供了政策法律保证。

从以上的分析可以发现，学前课程特色化既必要又可行，那甘孜州农牧区学前课程如何特色化呢？笔者对已取得良好成效的多项学前课程特色化方案的阅读和分析发现，学前课程本土化特色化要特别注意两个方面。第一，学前课程本土化特色化不是说课程内容只包括本民族、本区域的生产生活经验，而是指学前课程既要包括本民族、本区域的生产生活经验，又要包括其他民族、其他国家的优秀文化。因为，随着经济全球化和通信技术的发展，世界上没有哪个角落是完全封闭的、与世隔绝的，甘孜州也是如此。从一个人的成长历程来说，无论他出生在哪个地方，几乎不可能只生活在某个区域或只接触某个区域、某个民族的人。信息时代的今天，各民族、各区域的人在相互接触，不同文化在相互交融。第二，学前课程本土化特色化不是把生产生活经验和各种文化直接纳入学前课程中，而是将这些文化搜集、整理之后转变成符合学前儿童学习的材料，采用学前儿童乐于接受的方式展现出来。基于此，笔者以学前课程回归生活为宗旨，从甘孜州农牧区学前儿童所处的自然环境和社会环境入手，分别阐述甘孜州自然资源与人文资源如何与甘孜州农牧区的学前课程相整合，以便实现甘孜州农牧区学前课程的本土化特色化。

甘孜州的自然资源和文化资源极其丰富，学前教育内容广泛、方式多样。探讨如此丰富的资源与学前课程的整合，所需篇幅较大，所以，笔者将这部分内容分成几章来阐述，即甘孜州自然资源与农牧区学前课程的整合、甘孜州人文资源（民间文学、民间艺术、民间传统体育、民间传统游戏等）与农牧区学前课程的整合。本章接下来的部分将探讨甘孜州自然资源与农牧区学前课程的整合。

如前所述，甘孜州因地处青藏高原和四川盆地过渡地带，地形地貌复杂，是世界上自然生态最完整的地区之一，是我国重要的天然物种基因库。本章主要从自然资源和自然环境与学前课程的整合来加以阐述。

第二节　甘孜州自然资源与学前课程的整合

一、甘孜州的自然资源

据《甘孜州志》记载，全州有森林植物 96 科、270 属、875 种、5 亚种和 73 变种。主要树种有云杉、冷杉、铁杉、高山松、华山松、云南松、大果园柏、方枝柏、红桦、白桦、杨、高山栎等。全州有草本植物 96 科、464 种、1265 种，以各种莎草科、菊科、禾本科、蔷薇科、豆科、十字花科、蓼科、藜科等分布最广。其中用材树种 219 种、观赏树种 353 种、经济树种 1245 种、有毒树种 54 种。栽培植物中粮食类有青稞、小麦、玉米、豌豆、胡豆、大豆、马铃薯、红薯、水稻、荞麦等；林果类有苹果、梨、柑橘、桃、李、樱桃、杏、梅、柿、枇杷、石榴、无花果、核桃、板栗等；野生的有沙棘、海棠、野樱桃、猕猴桃、野葡萄、毛桃、榛子、仙桃、山核桃等；另外还有花椒、茶、桑、油桐、厚朴等。药用植物有 2235 种，约占四川省已知种类的

50%，中药材产量约占四川省总量的 40%。其中名贵、地道药材有虫草、贝母、知母、天麻、大黄、黄芪、雪莲花、雪山一枝蒿等。珍稀植物按国家重点保护植物名录有 32 种，占四川省重点保护植物种类的 42%。其中濒危种 5 种、稀有种 14 种、渐危种 23 种。按保护级别分，国家一级保护树种有红豆杉、南方红豆杉、云南红豆杉、水杉、白果、铁树等，国家二级保护树种有水青树、连香树、岷江柏树、油麦吊杉、香果树、西康木兰、黄皮树、油樟、香樟、厚朴、千丈树等。①另外还有丰富的野生食用菌资源，种类达 100 多种，松茸、草地白菌、鸡蛋菌、牛肝菌、獐子菌、杉木菌、鸡油菌、青杠菌等较有名。

甘孜州有野生动物 30 目 88 科 652 种，国家级重点保护野生动物 98 种，其中一级保护动物有大熊猫、四川金丝猴、羚牛、藏野驴、野牦牛、金钱豹、云豹、雪豹、白唇鹿、藏羚、马麝、黑颈鹤、黑鹳、金雕、玉带海雕、胡兀鹫、斑尾榛鸡、雉鹑、绿尾虹雉等。按照不同区域来看，北部高原草原区分布的有野牦牛、藏羚羊、藏野驴、雪豹、岩羊、白唇鹿、白臀鹿、马麝、棕熊、狼、藏沙狐、旱獭、高原兔、鼠兔、胡兀鹫、秃鹫、高山兀鹫、白马鸡、血雉、四川雉鹑、藏雪鸡、朱雀、云雀、角石灵、红嘴山鸦、黑颈鹤、天鹅、山溪鲵鱼等；中部高山峡谷森林区分布有白唇鹿、水鹿、毛冠鹿、林麝、斑羚、矮岩羊、黑熊、金钱豹、猕猴、藏酋猴、松鼠、鼯鼠、雪豹、岩羊以及鸠鸽科、雉科、啄木鸟科、杜鹃科为主的鸟类；南部山地干热区分布有云豹、小熊猫、小爪水獭、猕猴、豪猪、鼠类、以及鹰科、隼科、画眉等；东部大渡河流域主要分布有大熊猫、金丝猴、羚羊、猕猴、藏酋猴以及多种鸟类②。另外，甘孜州境内有 400 多种蝴蝶。

甘孜州水资源由大气降水、境外江河来水、地下水、高山湖泊、冰川、雪山不溶固体组成，全州水资源总量达到 1397.83 亿立方米。金沙江、雅砻江、大渡河纵贯全境，流域面积 14.61 万平方公里，占长江流域面积的 8.5%，而且山河相间，相对高差达 6400 余米，成为世界上最集中、最壮美的峡谷区域。全州的水能蕴藏量达到 4119.2 万千瓦，位居全省之首。境内金沙江流域水能蕴藏量 853.65 万千瓦，雅砻江水能蕴藏量 1669.51 万千瓦，大渡河水能蕴藏量 1206.02 万千瓦。境内有 200 多条冰川，占地表水域面积的 43%，栖身于云雾缭绕的山谷，诠释着高原冰帽的傲骨冰霜之美，其中海螺沟冰川以

---

① 甘孜藏族自治州地方志编纂委员会.甘孜州志[M].成都：四川人民出版社，2010：169.
② 甘孜藏族自治州地方志编纂委员会.甘孜州志[M].成都：四川人民出版社，2010：176-177.

距大城市最近、同纬度海拔最低、最易进入而独绝于世。甘孜州境内有很多的雪山，其中最有名的有蜀山之王贡嘎山、藏语意为观世音菩萨的仙乃日雪山、藏语意为文殊菩萨的央迈勇雪山、藏语意为金刚手菩萨的夏诺多吉雪山、藏语意为大鸟羽翼的措拉雪山（雀儿山）、藏传佛教24座神山中的第13座女神呷玛日巴雪山、藏语意为东方白牦牛山的雅拉雪山、藏语意为洁白而高大的嘎金雪山、藏语意为财富之门的卡瓦洛日雪山、墨尔多神山等。甘孜州境内数不胜数的高原湖泊，静卧于群峰怀抱。如新龙县境内的措卡湖，炉霍县境内的卡萨湖，康定市境内的莲花湖、木格措、七色海，稻城县境内的兴伊湖、牛奶海、珍珠海、青蛙海，九龙县境内的伍须海和猎塔湖，乡城县境内的巴姆七湖，石渠县境内的阿都措湖，雅江县境内的吉仁湖，德格县境内的新路海。这些含烟凝碧的美丽湖泊，镶嵌在群峰簇拥、雪山相连的山谷之中，就像沉积在高山中的一颗颗闪闪发光的珍珠，美得不可亵渎。甘孜州是国内罕见的天然温泉分布最为密集的地区，据不完全统计，温泉出露点达237处，主要分布于康定的二道桥和榆林河及折多塘、泸定的海螺沟和湾东河、丹巴党岭、甘孜甘音郭、巴塘茶洛、理塘毛垭、曲开隆洼、道孚插曲隆巴、乡城热斗、稻城茹布查卡等地。

2005年末，全州有农用地1346.84万公顷，其中耕地总面积为10.68万公顷，约占全州土地总面子的0.7%；园地0.2万公顷，约占全州土地总面积的0.01%；林地450.34万公顷，约占全州土地总面积的29.51%；牧草地885.62万公顷，约占全州土地总面积的58.02%。建筑用地2.61万公顷，其中居民点及工矿用地1.14万公顷，约占全州土地总面积的0.07%；交通运输用地1.47万公顷，约占全州土地总面积的0.1%。未利用土地176.84万公顷，其中水域面积为18.43万公顷，约占全州土地总面积的1.21%；沙地、裸岩、石砾地、陡岩等共计158.41万公顷，约占全州土地总面积的10.38%。[1]从以上数据可知，州内各种土地资源中，草地面积最大，而且到了夏季，很多牧场风光如画、美若仙境，其中比较有名的有道孚县境内的八美草原、龙灯草原、白日山牧场和玉科草原，炉霍县境内的宗塔草原，康定市境内的塔公草原，理塘县境内的毛垭草原，石渠县境内的扎溪卡草原，德格县境内的阿须草原，乡城县境内的迪俄通草原、色达县境内的金马草原等。

另外，甘孜州境内还富有贵金属、稀有金属、有色金属、特种非金属等矿产资源。截至2001年年底，已发现60多种矿产。

---

[1] 甘孜藏族自治州地方志编纂委员会. 甘孜州志[M]. 成都：四川人民出版社，2010：155-156.

综上所述，甘孜州境内的自然资源非常丰富，所以被誉为"雪山之乡""草原之乡""天然温泉之乡""峡谷之乡""湖泊之乡""河流之乡""蝴蝶王国"等美名。

二、甘孜州自然资源的教育价值

甘孜州境内丰富的自然资源是生活在其中的人们赖以生存和发展的物质基础，除了可以食用、作药物、观赏、造房、造农具、转换成其他能源等多种价值以外，还有教育价值。具体从学前教育的视角来说，主要有以下几个方面的价值：

第一，有利于学前儿童了解和体会自然资源与人们生活的关系。通过认识和了解农作物土豆、豌豆、青稞、小麦、玉米、荞麦等的生长条件和营养成分，了解为什么生活在高海拔的农区和半农半牧区人们主要种植豌豆、土豆、青稞，并以豌豆、青稞炒熟磨成的糌粑和土豆为主食，而海拔较低的农区主要种植小麦、玉米、土豆、荞麦等农作物以及以这些农作物为主食。通过认识和了解牦牛、马、绵羊、山羊、猪等家畜的特征，了解为什么如此多的高原动物中牦牛、马、绵羊成了牧区的家畜，山羊、猪却成了农区的主要家畜；为什么人们骑着马放牧，用牦牛驮东西；为什么高海拔区的人们虽很少吃蔬菜、水果但不缺维生素等。

第二，有利于培养学前儿童的探索精神。比如，可以引导学前儿童探索虫草为什么会冬天变虫夏天变草，春夏秋冬四个季节中虫草究竟是什么样的。可以引导学前儿童探索高原上的动物哪些需要冬眠，哪些不需要冬眠。可以引导学前儿童探讨同是菜籽，为什么低海拔的河谷中菜籽花3、4月就盛开了，而高原上的菜籽花是7、8月开放的。可以引导学前儿童探讨为什么大多数农区一年种两季作物，而高原上只种一季作物。可以引导学前儿童探讨为什么高原上轮换耕种。可以引导学前儿童探讨为什么农区烧柴，牧区烧牛粪。通过讲解和小实验，了解冰山、雪山、湖泊、温泉的形成原因。

第三，有利于培养学前儿童的观察能力。在科学领域的教育活动中，如果不以本区域的动植物为认识、探索的对象，而是以书本中所描述的动植物为学习内容，不管采用多先进的多媒体教学手段，也不如让学前儿童直接观察实物更直观、更能引起学前儿童的认知兴趣以及培养他们的观察能力。所以，通过让学前儿童观察本区域内的家畜和农作物，或者饲养小动物和种植植物并观察其变化过程，有利于学前儿童观察能力的发展。

第四，有利于培养学前儿童热爱家乡的情感。甘孜州是我国重要的天然物种基因库，有很多种国家珍稀动物、上乘的动物药材、名贵植物药材、稀有野菌等。让学前儿童了解家乡的哪些动物为国家珍稀动物，哪些动物为名贵动物药材，哪些植物为名贵植物药材，哪些菌类属于稀有野菌，哪些农作物、蔬菜、水果具有什么样的价值等，从而使学前儿童为生活在这样的土地上而感到自豪，进而培养热爱家乡的情感。

三、甘孜州自然资源与学前课程的整合策略

首先，对区域内的自然资源进行收集整理。先挖掘本区域内的各种自然资源，对各种自然资源进行分类，然后按照学前儿童对其的熟悉程度和容易接触程度来进行排序。比如对学前儿童来说，本区域的家畜相较于本区域的野生动物更熟悉，更容易接触，常见的野生动物相较于珍稀动物更熟悉，更容易接触。本区域的农作物、各种水果蔬菜、村寨周边的花草树木相较于野果、菌类更熟悉，更容易接触，常见的野果、菌类相较于珍贵药材、稀有菌类更容易接触，更熟悉。本区域的泉水、小溪相较于江河、雪山、冰川更熟悉，更容易接触。相较于地下水，地表的河流、冰川、雪山更熟悉，更容易接触。对本区域自然资源按照熟悉程度排序之后，根据《3~6岁儿童学习与发展指南》中关于科学领域教育活动目标选择适宜的内容。

其次，通过多种途径把整理好的资源融入学前课程中，具体可采用以下几种方式：

第一，带学前儿童走进自然，走进社区开展考察活动，直接接触各种家畜、农作物、周边的花草树木、小溪、泉水、小鸟、昆虫等，通过用手去摸、用眼去看、用鼻去闻、用耳去听、用嘴去尝的方式获得最直观、最真实的信息。可以带农区学前儿童到田间地头，观察小麦、青稞、荞麦、玉米、土豆等各种农作物发芽、青苗、开花、结果、成熟的整个过程；带他们到果园观察梨子、苹果、桃子、杏子、葡萄、樱桃、核桃等，了解各种果树开花的时间、花的颜色和形状、果实的颜色和形状以及味道的变化；带他们到菜园认识各种蔬菜；带他们到社区参观房前屋后的各种花；带他们到林边认识各种树木和飞鸟虫蝶。可以带牧区儿童到周边的牧场，观察牦牛、马匹、绵羊的生活习性；从颜色、形状识别各种花草及其价值；认识各种菌类了解其有毒与否。另外，还可以带学前儿童到就近的水电站，了解水能源的开发。

第二，开展主题活动。主题教育活动是一种综合课程，是当前学前教育机构中最为盛行的教育活动之一。它是由一系列主题活动组成，主题教育活动从主题开始，根据学前儿童的生活经验和不同主题，将教学内容综合到一

个网状的主题中。比如以"美丽的家乡"为主题，就家乡的雪山、家乡的湖泊、家乡的冰川、家乡的草原、家乡的野生动物、家乡的珍贵植物、家乡的食物——藏餐、家乡的珍贵药材、家乡的野菌、蝴蝶王国等组织相应活动，从而使学前儿童不仅能感知雪山、湖泊、冰川、草原、区域内的常见野生动物、药材、野菌、蝴蝶等，还能初步了解雪山、冰川、湖泊等的形成原因以及药材、野菌、藏餐的价值，从而为家乡的美丽和富饶而感到自豪。

第三，创设区角活动。区角活动相较于集体教学，更有利于关注学前儿童的个别差异，以自由、自主的特点来满足不同儿童的发展需要。儿童可以在自己感兴趣的活动中获得个性化的学习和发展。比如让学前儿童自己收集各种农作物的种子，创设高原农作物种子展览区；展示大熊猫、四川金丝猴、羚牛、藏野驴、野牦牛、金钱豹、云豹、雪豹、白唇鹿、藏羚、马麝、黑颈鹤、黑鹳、金雕、玉带海雕、胡兀鹫、斑尾榛鸡、雉鹑、绿尾虹雉的图片（配简单的介绍），创设高原珍稀动物展览区；展示红豆杉、南方红豆杉、云南红豆杉、水杉、白果、铁树、水青树、连香树、岷江柏树、油麦吊杉、香果树、西康木兰、黄皮树、油樟、香樟、厚朴、千丈树等的图片（配简单介绍），创设高原珍贵植物展览区；展示贡嘎山、仙乃日雪山、央迈勇雪山、夏诺多吉雪山、雀儿山、呷玛日巴雪山、雅拉雪山、嘎金雪山、卡瓦洛日雪山、墨尔多神山的图片，创设神秘的雪山展览区；展示卡萨湖、莲花湖、木格措、七色海、兴伊湖、牛奶海、珍珠海、青蛙海、伍须海、猎塔湖、巴姆七湖、阿都措湖、吉仁湖、新路海的图片，创设美丽的湖泊展览区；展示八美草原、龙灯草原、白日山牧场、玉科草原、宗塔草原、塔公草原、毛垭草原、扎溪卡草原、阿须草原、迪俄通草原、金马草原等的图片，创设宽阔的草原展览区；引导学前儿童自己制作蝴蝶标本、秋叶标本、野花标本，然后创设蝴蝶标本展览区、秋叶标本展览区、野花标本展览区来展现孩子们的作品。另外，还可以通过开发饲养区和种植区，让学前儿童饲养自己喜欢的小动物，种植自己喜欢的农作物和花草。

第四，通过环创活动来实现自然资源在课程中的融合。个体的发展总是在社会环境中进行的，是个体因素与周围环境主动、积极地相互作用的结果。学前儿童进入学前教育机构后，大多数时间在学前教育机构中。因此，对于学前儿童来说，学前教育机构是非常重要的社会环境。所以说，学前教育机构的环境是实施教育、达到教育目标的重要载体。缺乏相应的环境，没有相应的环境资源支撑，再好的教育理念、课程、活动方案都将难以实现。把本区域的自然资源融入学前教育机构的环境中是一项重要的课程整合措施。一来可通过装饰园舍外部环境来体现。如走廊的展览区展览本区域的各种常见果实、野花、植物的种子，墙面和吊顶挂各种农产品标本，墙面上画出本区域的主要家畜和农作物等。二来可根据主题活动的内容创设相应的活动室主题墙，比如春天可以用不同颜色、不同形状的野花来展现；夏天可以用各种农作物来展现；秋天可以用不同颜色、不同形状的秋叶或果实来展现；冬天可以用雪山来展现。

第五，通过餐饮活动融入自然资源。一日生活是学前儿童在学前教育机构一日之内要经历的满足基本生活需要的活动，进餐活动是学前教育机构一日活动中的重要组成部分。甘孜州学前教育机构特别是农牧区学前教育机构要就地取材，饮食中要以藏餐元素为主，这样既节约成本，又有利于学前儿童的身体健康。一来高原上气候条件恶劣，需要进高能量食物抵制寒冷。二来高原上特别是牧区蔬菜水果较少，体内所需的维生素和矿物质主要依靠主食来提供。而糌粑、酥油茶、牛羊肉、不同品种的奶制品为主要原料的藏餐能满足以上需求。但是以藏餐元素为主的农牧区学前机构的餐饮活动要注意以下两个问题：① 烹调方式要科学，尽量少煎炸、烧烤、腌制。如牛肉要切成小块并用高压锅煮熟。因为很多牧民喜欢制牛肉干，需要时生吃或烤着吃。生吃牛羊肉不仅不利于消化，而且容易导致包虫病。烤了的食物虽然味美，但容易失去营养元素，特别是微量元素，而且长时间食用容易导致胃肠疾病。② 帮助学前儿童养成良好的卫生习惯。要求孩子们饭前饭后要洗手，不能随手抓食物吃，不能生吃肉类食物，不能喝饮料，帮助学生了解包虫病等。这些活动能实现《3~6岁儿童学习与发展指南》中健康领域确定的具有健康的体态、良好的生活卫生习惯等目标，同时也符合健康领域提出的"为幼儿提供营养丰富、健康的饮食；帮助幼儿养成良好的饮食习惯；帮助幼儿了解食物的营养价值，引导他们不偏食不挑食、少吃或不吃不利于健康的食品；帮助幼儿养成良好的个人卫生习惯"等教育建议。

第三节 甘孜州自然环境与学前课程的整合

一、甘孜州自然环境

甘孜州位于青藏高原东南缘，地貌类型多样，具体有以下几种：第一，贡嘎山构造强烈侵蚀极高山区。山高谷深，山势陡峻，位于大雪山脉南段，高低悬殊，贡嘎山主峰海拔 7556 米，与最邻近的大渡河河面水平距离仅仅

26公里，高差达6000米以上，为全球最壮观的高山峡谷地貌和维度最低的冰川所在地。由于巨大的海拔高差与坡向差异，形成了地貌与自然景观的明显垂直分带。第二，雅砻江构造侵蚀深切河谷山原区。雅砻江由北向南纵贯全区，形成深切河谷，古夷平面保持完整。随着支流的分割使古夷平面零星保留在高原顶部，原面由于排水不畅，局部形成沼泽。从谷底向上，为比较陡峻的高山，而在高原面上，则相对平缓，保持了古夷平面特色。第三，沙鲁里山侵蚀剥蚀丘状高原区。此区域为金沙江与雅砻江的分水岭，终年积雪，有现代冰川分布，海拔多在4400～4700米之间，保持了较好的古夷平面，高原面上起伏缓和，古冰川地貌、冰积湖泊和积水凹地分布其间。第四，金沙江东岸构造侵蚀高山峡谷区。此区域受断裂带控制，形成南北向高山峡谷，山顶标高在4000～4500米之间，河谷标高3000～3500米之间。支流众多，水流湍急，切割剧烈，形成峡谷和障谷。第五，岷山邛崃山构造侵蚀脊状高山区。岷山山岭海拔一般在4000～4200米，与河谷相对高差达2500～3000米；邛崃山一带海拔一般在4100～4300米，与河谷相对高差在2500米以上，河间地带切割破碎，峰峦重叠。第六，石渠、色达构造剥蚀丘状高原区。这个区域高原面完整，地势平坦丘状起伏，山岭高标一般在4400～5000米，山顶圆滑呈丘状，岭谷高差不大，一般相对高差在150～200米，谷坡和缓，谷地呈浅凹形，原面辽阔。[①]

从气候特征来看，甘孜州属青藏高原气候，大陆性高原山地季风气候明显。气温低（年平均气温除了少数河谷地区高于10 ℃外，其余地区在 -1.4～8.9 ℃），冬季漫长，四季不明，无霜期短。降水较少（年平均降水量为330.6～902.6毫米），干雨季分明（夏季平均降水量除得荣以外都在300～450毫米之间，冬季除康定为22.5毫米以外，其余各区域不足18.2毫米，甚至巴塘、稻城、得荣等地整个冬季几乎无降水）。日光强度大，日照丰富（全州年日照时数一般为1900～2600小时，其中丘状高原的山原地区为2400～2600小时，高山峡谷区为1200～2000小时；全州各地日照百分率一般为45%～60%；太阳总辐射量一般在5500～7000兆焦耳/平方米之间）。冬半年寒冷、干燥、降水稀少、多大风（全州各县年平均风速在1.3～3.5米/秒之间，丹巴最大，巴塘最小；全州除泸定外，各县年平均大风日数在22～122天之间，其中康定最多）。夏半年气温不高且凉爽、降水集中、多夜雨和冰雹。另外，全州各地降雪日数差异大，年平均最多为石渠县147天，最少为得荣县4天。全州的

---

① 甘孜藏族自治州地方志编纂委员会.甘孜州志[M].成都：四川人民出版社，2010：142-143.

年平均雾日差异也较大，最多为稻城 15.4 天，其次为康定 11 天，而丹巴、九龙、雅江、炉霍、道孚、巴塘、得荣、乡城等为 0 天。霜日随着海拔高度升高而增加，随维度增加而增加，大渡河谷地区的丹巴、泸定和金沙江河谷的得荣无霜期较长，能达到 270 天左右，而北部丘状高原区的无霜期不足 50 天，石渠、色达平均无霜期只有 20 天左右。高海拔地区的冰雹较多，石渠、色达、理塘年平局冰雹日为 20 天以上。

根据全国统一的土壤分类系统，甘孜州土壤可划分为 16 个土类（高山草甸土、亚高山草甸土、暗棕壤、高山寒漠土、棕壤、褐土、棕色针叶林土、泥炭土、沼泽土、黑色石灰土、黄棕壤、草甸土、新积土、红壤、水稻土、紫色土），29 个亚类。

甘孜州保存了较原始的天然植被，表现出自然生态环境特点。既有喜湿耐阴类型，又有耐光喜干类型；既有适应高寒低温类型，又有耐高温干热类型。植被类型随地貌、气候变化呈现出复杂多样性。地域分布上，从东南到西北，基带植被依次为亚热带常绿阔叶林、针阔叶混交林、山地针叶林、阴暗针叶林、高山草甸等，植物种类随着海拔升高而相对减少。北纬 32°以北，基本不再有森林分布，草的种类也逐渐减少，草丛变矮。垂直分布上南部从山谷到山顶依次出现常绿阔叶林、常绿阔叶落叶混交林、针阔叶混交林、山地针叶林、阴暗针叶林、高山明亮针叶林、高山草甸、高山稀疏垫状植被。

地质结构、气候变化、牲畜数量增加、鼠虫危害、过度采挖药材、开矿、开发电站等导致了沙漠化、暴雨、洪涝、干旱、大风、冰雹、霜冻、雪灾、地震、滑坡、泥石流、虫灾等。为了保护环境，目前全州共建了各级各类自然保护区 55 个，总面积 463.06 万公顷，其中国家级 3 个（贡嘎山、稻城亚丁、白玉察青松多），省级 16 个（竹巴笼自然保护区、莫斯卡自然保护区、下拥自然保护区、瓦灰山自然保护区、洪坝自然保护区、新路海自然保护区、海子山自然保护区、洛须自然保护区、卡萨湖自然保护区、长沙贡马自然保护区、格西沟自然保护区、金汤自然保护区、火龙沟自然保护区、墨尔多自然保护区、泰宁玉科自然保护区、湾坝自然保护区），州级 7 个，县级 29 个。

二、甘孜州自然环境的教育价值

第一，有利于结合实际对学前儿童进行安全教育。相较于平原地区，高原上的生态非常脆弱，更容易发生多种自然灾害。一是雪灾。从气象学的角度来说，连续降雪时间大于等于 7 日，积雪深度大于等于 5 厘米时被称为雪灾。每年的春冬季节，青藏高原上经常出现连续的降雪天气，整个牧场都被积雪覆盖，伴随着强降雪经常出现强降温，导致积雪表面结一层冰壳，短期内难很难融化，大量牲畜在饥寒交迫中死亡。据统计，甘孜州可能发生雪灾的时间长达 8 个月左右，石渠县年平均雪灾次数为 0.8～1.2 次。二是旱灾。据气象部分统计，青藏高原几乎每年都有不同程度的旱灾。主要原因受印度洋西南季风的影响，青藏高原 80% 的降水量集中在湿季。一般来说，5 月到 9 月为湿季，而 10 月到次年的 4 月为旱季，容易引发春旱和夏旱，而且得荣县夏旱发生的概率为 100%。春旱严重影响播种作物的播种、发苗和早期的生长。夏旱严重影响播种作物吸收的水分严重不足以及牧草的返青，最终导致农业生产和牧业生产受到极大的影响。三是洪涝。青藏高原的洪涝频率虽不高，全州年平均洪涝次数为 23 次左右，但州内的洪涝一般发生在山区的溪沟地带。这些地区的坡度大，地质不稳定，一旦形成，强度很大，经常形成山洪暴发，淹没田地、破坏房屋，乃至人员和家畜伤亡。四是冰雹。青藏高原是国内发生冰雹次数最多的区域，特别是海拔在 3500～4000 米左右的地区。据甘孜州气象局统计，这些地区年平均降冰雹日数到达 20 天以上。冰雹会使农作物和果树损伤，导致减产或无收成，也会破坏牧场，甚至还会危及牧民和家畜的安全。五是地震。甘孜州是地震频发区，地震灾害影响全州各县。据统计，全州除了丹巴、色达、得荣以外，其他各县都遭受过 5.0 级以上的破坏性地震。当自然灾害发生时，如何使自己安全是生活在这里的孩子们从小必须学习的内容。教师可通过实际的案例和图片、视频等直观材料使学前儿童明白什么季节、什么地点、什么气候容易发生哪些自然灾害，以便孩子学会躲避这些自然灾害以及遇到这些自然灾害时如何应对。

第二，有利于培养学前儿童的环保意识。虽然有些自然灾害是无法预料、无法控制的，但有些自然灾害是可以避免的。以很多地区连年的春冬季节旱灾和夏季水灾为例，这些主要是受对金沙江、大渡河、雅砻江的过度开发以及各地的滥砍滥伐、过度开采影响而产生。青藏高原所处的地理环境因受季风影响，春冬季节降水量小，夏季降水量多，但在生态资源平衡状态下，自然灾害虽有但不多。然而近年来很多地区自然灾害频繁，主要与环境破坏有关。春冬季节水流量少时，所有的电站都蓄水，河流量很小，导致沿途植被生长缓慢，再加上高原上风大而多，可谓满天尘沙，进而导致土质疏松。到了夏季，降水量增大，小溪猛涨、电站泄洪，可谓小沟大河都泛滥，田地淹没，房屋倒塌，道路中断。再比如，以很多地方连年的冰雹为例，主要原因之一是从河坝到半山腰再到山顶都是密密麻麻的高压线和铁塔。所以，可通过直观的讲解和带学前儿童实地观察的方式，使其明白这些自然灾害的危害以及自然灾害的成因，从而提高保护环境的意识。

第三，有利于学前儿童认识自然现象。对于很多低海拔地区的孩子而言，雪、冰、霜、冰雹是非常难见的，大多数孩子只是通过图片、视频了解的这些自然现象，因没有亲身经历过，所以显得缺乏真实性，导致这些地区的孩子了解雪、冰、霜、冰雹的特点比较困，老师只有通过一系列的实验让孩子们感知。但对于高原上的孩子而言，这些却是常见的、触手可及的，是容易理解的。

三、甘孜州自然环境与学前课程的整合策略

第一，让学前儿童走进自然，感知、认识高原上独特的气候特征和地形地貌。就学前儿童的认知特点而言，听到的不如看到的，看到的不如触摸到的。从学前儿童的记忆发展来说，动作记忆效果最好，其次是形象记忆，逻辑记忆效果最差。从学前儿童的思维发展来说，学前儿童主要依靠动作思维，其次是形象思维，到了大班阶段，逻辑思维虽发展但水平较低。所以，用口头语言讲解自然现象不如图片和视频展现，用图片和视频展现不如直接去接触。所以带学前儿童走进自然，直接感知各种自然现象，触摸雪、冰雹、霜、冰，观看彩虹，穿越高山峡谷、冰川瀑布、林海草甸，让学前儿童在自由自在的氛围中感知高原气候和地形地貌。

第二，通过主题活动，使学前儿童了解自然灾害，提高环保意识。如前所述，高原上的自然灾害有的是由特殊的地理环境导致的，是无法预料和控制的，有的自然灾害则是由于滥砍滥伐、对矿山的过度开采、对江河的过度开发导致的。可通过开展一系列的主题活动，使学前儿童了解这些自然灾害的成因、危害性，从而提高学前儿童的环保意识。如用故事配视频的方式让学前儿童认识，美丽的村庄由于人们的乱砍乱发，最后被山洪淹没；通过小实验形象展示洪水的成因、冰雹的成因等；使学前儿童明白，水电开发虽然给我们带来了一些经济利益，但夏天因河水泛滥导致道路中断、田地淹没、房屋冲垮，秋季因下冰雹导致颗粒无收等。

第三，通过实际操练，使学前儿童学会保护自己，掌握安全常识。很多自然灾害具有季节性、预兆性，通过视频和现场考察等方式，让学前儿童明确哪些季节不易到哪些地方，出现哪些气候特征不易到哪些区域等。另外，还要加强发生自然灾害时如何自救、如何逃生等的方法、措施的教育，如地震演练、洪水来临时如何自救等。

第五章
甘孜州民间文学与学前课程的整合

如前所述，甘孜州历史悠久，文化灿烂，是世界上罕见的多民族、多语言、多种宗教信仰和风俗习惯并存的地区，是中国古代历史上民族频繁迁徙的"民族走廊"地带。本章主要阐述甘孜州民间文学与学前课程的整合。

第一节 学前儿童语言发展特点及语言教育目标

学前教育的最终目的在于使学前儿童健康地成长。要使学前儿童健康和谐的成长，则学前教育的内容和方法要具有适宜性，即符合学前儿童的身心特点和学前教育目标。从民间文学的内容和形式来看，主要与学前语言教育领域相符合，所以首先要明确学前儿童的语言发展特点、学前语言教育的目标和适合的方式方法。

一、学前儿童语言发展特点

研究发现，学前儿童不仅可以通过直接感知来认识周围的事物，而且能通过语言的描述、讲解来认识更多不能感知的事物。同时，学前儿童不但能根据成人的言语指示来调节自己的行为，而且能通过自己的言语来调节自己的行为。下面从学前儿童的语音发展、词汇发展、语法掌握、语言表达能力、书面语言的掌握情况等方面谈谈其语言发展特点。

从语音发展情况来看，学前儿童声母、韵母的发音是随着年龄的增长逐步完善的。学前儿童不但能发出声母和韵母，而且发音的正确率与年龄增长成正比。另外，不同教育条件下的学前儿童在语音发展上存在着较大的差异。这充分说明，学前儿童的语言发展和发音器官的成熟程度之间具有密切的关系，同时也跟提供的刺激是否适合有很大的关系。

从词汇发展情况来看，学前期有其独特性，具体表现在以下几个方面：第一，词汇量随年龄大幅度增长。我国有学者研究得出，3~4岁儿童的常用词有1730个，4~5岁儿童的常用词有2583个，5~6岁儿童的常用词有3562个。3~4岁和4~5岁是常用词汇量飞跃发展的时期。第二，从词汇的内容来看，口头语言中名词的比例最大，动词次之，排在第三位的是形容词，然后是副词和介词。对学前儿童掌握的名词进行分析发现，具体名词的量远远大于抽象名词的量，而且掌握和使用最多的是与他们的日常生活内容密切相关的词语。但是随着年龄的增长，抽象名词的年增长率高于具体名词。学前儿童掌握的动词主要有三类，分别是反映人物动作和行为的动词、反映人物心理活动和道德行为的动词、反映趋向和能愿等活动的动词。其中，反映人物动作和行为的动词占了整个学前期动词词汇的80%。学前儿童掌握和使用的形容词主要为描述外形特征和颜色的以及描述日常生活中的感受的，如大、小、好、坏、红、白、黑、冷、热等。学前儿童对时间副词有所理解，但对表示现在的理解优于表示过去的，最难理解的是表示将来的时间副词。学前儿童在4岁左右时基本能掌握简单的方位介词（前后、上下、之间、里外），但对比较复杂的方位介词的理解需要提供明确的参照物。第三，积极词汇的增长有赖于他们对词汇的正确理解和正确使用。

从语法的掌握情况来看，学前儿童句子的含词量随着年龄增长而增加。从使用的句子类型来看，整个学前期使用单句的比例明显高于使用复句的比例，但随着年龄的增长，使用复句的量也随之增大。

从语言表达能力来看，学前儿童口语表达顺序性发展最好，完整性发展次之，逻辑性的发展在整个学前期的都较为落后。学前儿童表达的准确性随着年龄的增长而提高，4岁前儿童表达的准确性、生动性、想象性较低。

从书面语言的发展来看，学前儿童对言语采取积极的态度，特别是到了学前晚期，他们开始以词本身作为分析综合的对象，初步具有了掌握一些最简单的书面语言的能力。[1]

综上所述，学前期语言发展既受个体语言器官成熟程度的影响，又受周围环境中所受刺激的影响，而且学前期是口语发展的关键期。因此，要使学前儿童的语言能力得到良好的发展，需要根据学前儿童身心发展特点提供适合的刺激。这说明民间文学融入学前课程既可行又必需。

---

[1] 朱志贤．儿童心理学[M]．5版．北京：人民教育出版社，2009：173-181．

二、学前期语言教育目标和指导要点

（一）学前期语言教育目标

《幼儿园教育指导纲要（试行）》中明确规定语言领域活动的目标为："乐意与人交谈，讲话礼貌；注意倾听对方讲话，能理解日常用语；能清楚地说出自己想说的事；喜欢听故事、看图书；能听懂和会说普通话。"

《3~6岁儿童学习与发展指南》从倾听与表达、阅读与书写准备两个方面提出了语言领域的学习和发展目标。倾听与表达方面要达到"认真听并能听懂常用语言；原意讲话并能清楚的表达；具有文明的语言习惯"。阅读与书写准备方面要达到"喜欢听故事、看图书；具有初步的阅读理解能力；具有书面表达的愿望和初步技能"。

（二）语言领域的教育建议

《幼儿园教育指导纲要（试行）》中规定的语言领域活动的教育建议为：第一，创造一个自由、宽松的语言交往环境，支持、鼓励、吸引幼儿与教师、同伴或其他人交谈，体验语言交流的乐趣，学习使用适当的、礼貌的语言交往。第二，帮助幼儿养成倾听的习惯，发展语言理解能力。第三，鼓励幼儿大胆、清楚地表达自己的想法和感受，尝试说明、描述简单的事物或过程，发展语言表达能力和思维能力。第四，引导幼儿接触优秀的儿童文学作品，使之感受语言的丰富和优美，并通过多种活动帮助他们加深对作品的体验和理解。第五，培养幼儿对生活中常见的简单标记和文字符号的兴趣。第六，利用图书、绘画和其他多种方式，引发幼儿对书籍、阅读和书写的兴趣，培养前阅读和前书写技能。第七，提供普通话的语言环境，帮助幼儿熟悉、听懂并学说普通话。少数民族地区还应帮助幼儿学习本民族语言。

《3~6岁儿童学习与发展指南》则提出了更加具体的教育建议。为使幼儿能认真听并能听懂常用语言，提出了"多给幼儿提供倾听和交谈的机会。引导幼儿学会认真倾听。对幼儿讲话时，注意结合情境使用丰富的语言，以便于幼儿理解"。为了使幼儿原意讲话并能清楚的表达，提出了"为幼儿创造说话的机会并体验语言交往的乐趣。引导幼儿清楚地表达"。为了使幼儿具有文明的语言习惯，提出了"成人注意语言文明，为幼儿做出表率。帮助幼儿养成良好的语言行为习惯"。为了使幼儿喜欢听故事、看图书，提出了"为幼儿提供良好的阅读环境和条件。激发幼儿的阅读兴趣，培养阅读习惯。引导幼儿体会标识、文字符号的用途"。为了使幼儿具有初步的阅读理解能力，提出了"经常和幼儿一起阅读，引导他以自己的经验为基础理解图书的内容。在阅读中发展幼儿的想象和创造能力。引导幼儿感受文学作品的美"。为了使幼儿具有书面表达的愿望和初步技能，提出了"让幼儿在写写画画的过程中体验文字符号的功能，培养书写兴趣。在绘画和游戏中做必要的书写准备"。

总之，学前期的语言发展目标和相应的语言教育建议也说明民间文学融入学前课程既可行，也必要。

以文学作品的题材为分类标准，民间文学大致可以分为三类，即民间故事（包括神话、传说、生活故事、寓言、童话、笑话等散文作品）、民间诗歌（包括民歌、民谣、谚语、民间长诗、绕口令、谜语等韵文体作品）、民间曲艺和民间戏曲（曲艺又包括评书、鼓词、弹词、快板、相声、快书等，戏曲指民间小戏）。这里主要介绍甘孜藏区民间文学中的民间故事、童谣和谚语与学前课程的整合。

第二节　甘孜州民间故事与学前课程的整合

一、可供选择的民间故事资源

甘孜藏区的民间故事俯拾皆是。其内容主要体现在以下几个方面：第一，佛教故事和佛经故事。第二，历史人物故事和爱情故事。第三，藏族起源故事和动物故事。第四，各地的山川风物传说和神话故事。第五，机智人物和格萨尔王的传说。藏族民间故事的流传方式是嘴讲、耳听、心记。各地都有一批善讲民间故事的艺人，他们一般都有很好的口才，有丰富的语言艺术，说起来有声有色，能够吸引听众。讲故事的场所是牧民的账房、农民的庄园或临时性聚会所在地等。

甘孜州藏族民间故事中比较著名的有《猕猴变人的故事》《聂赤赞普的传说》《驯服野牛变牦牛》《木雅青稞的来历》《山歌的故事》《贡嘎仙女的故事》《五色海的故事》《文成公主的故事》《唐东杰布的传说》《盐和茶的故事》《青蛙骑士》《格萨尔王传》《阿口登巴的故事》等。各地又有不同的神话传说，泸定有《噶达修桥的故事》，康定有《母猪龙的传说》《郭达山的传说》《玉龙石神牛的故事》，丹巴有《墨尔多山的传说》，九龙有《九条龙的故事》《伍须海边五仙女》，雅江有《修桥的故事》，理塘有《理塘寺的来源传说》《商人山的传说》，巴塘有《大鹏的故事》，德格有《印经院的传说》，石渠有《白蛙的故事》，色达有《金马的传说》，新龙有《布鲁曼的故事》，甘孜有《奶龙山的传说》。

中华人民共和国成立以来，甘孜州民间故事的搜集工作陆续进行。1955年，肖崇素、陈之光、刘平等在康定，据民间艺人德珠及其女儿志玛的形象口述，收集了100余则故事，经整理出版为《青蛙骑手》。1962年，人民文学出版社出版了《康定藏族民间故事集》，此集是何群英与西南师范大学的学生在康定瓦泽乡搜集的近百首民间故事汇集而成的。1980年，四川民族出版社出版了汉文版的《阿口登巴的故事》，全书共刊载了48则阿口登巴的故事。1981年，四川民族出版社出版了藏族民间故事集《檀香树》，共搜集了24篇神话故事、动物故事等。1981年到1986年，《贡嘎山》共刊载了《和睦瑞祥》《公主与魔女》《喜鹊悲歌》《取经记》《国王朗达巴的故事》《善良是幸福之道》等60则故事。1986年，四川民族出版社出版了《康区藏族民间故事》，全书共26则故事，这些故事主要是在鱼通和木雅地区搜集的。1987年，中国民研会、四川省民间文学集成办公室编印出版了《杨七斤故事集》。此集是搜集走访了康定县麦崩乡88岁老人杨七斤老人，听她讲了104则故事，选取了56篇整理而成。1989年，九龙县地名办公室编印了《九龙地名故事》，全书共103则故事。1990年，甘孜州文联所属民间文学集成办公室编撰印出了《藏族民间故事》（上、下集），共刊载了271则故事。近年来，研究者不断地搜集藏区的民间故事，并从不同的视角加以研究，也出版了众多相关的书籍。综上所述，甘孜藏区民间故事非常丰富，这为民间故事融入学前课程提供了丰富的原始资料。

二、民间故事的教育价值

第一，藏族民间故事中有很多属于生活故事。这些故事大多是人民口头创作和流传下来的，它们是藏族人民根据自己的生活经验虚构的，但是它们的现实性很强，几乎是完全按照现实生活集中、夸张地描述出来的。从故事的内容来说，几乎都是歌颂劳动人民的勤劳、智慧和勇敢精神，这有利于对学前儿童进行智慧教育和道德教育。从表达方式来说，主要采用想象和夸张来反映生活，而且语言生动有趣，这一特点非常适合学前儿童喜欢想象和夸张的思维特点。比如1990年甘孜藏族自治州文学艺术界联合会主编的《藏族民间故事》中的《通秋志玛姑娘》《父子俩》《两兄弟的故事》《借子还猴》《一个傻子的故事》《益西泽木》《丹贞志玛》《三个儿子打赌》《小偷的故事》《斑鸠和布谷》《金子变牛粪》《觉布朗达木的故事》《张布贝各的故事》《加措学艺》《小嘎嘎的故事》《画眉姑娘》《骑虎勇士》《傻子的砍刀》《卓嘎和恩巴》《小姑娘和嫂嫂》《三兄弟的故事》《三姐妹》《一个骗子的故事》《"不好意思"的故事》《一家土司的故事》《狠心的二婆子》《三妹成亲》《两个女子和一个仆人》《贪心的哥哥》《磨子山》《狠心媳妇》《布姆泽仁志玛》《卓玛与布初阿登》《机智的国王》《老实人和说假话的人》《次仁甲莫和冲日真》《弄假成真》《会吐珍珠的翁修》《以善报恶》《兔子保姆》《伤鸟的故事》《贡扎绕登与洞洛真》《傻子和兔子的故事》《王子与断臂女》《真假公主》《母女俩》《瓜娃子学说话》《德汪切绒的故事》《两兄弟分家》《运气》《聪明人的智慧》《"往高处跑"》《国王的傻儿子》《懒汉的运气》《绿松耳石羚羊角》《养马人—志麦拉》《养子和天意》《噶乐初出世》《贤德的王妃》《取保历险记》《女仆刷巴手》《甲佛邓珠王子》《商人的妻子》《国王的儿子和穷人的儿子》《交朋友》《憨女婿给老丈人做生》《长年智斗财主》《跑脱甲巴娃》《长与短》《翁扎与美多措》《国王上天堂》《长虎牙的国王》《桑达卖马》《找石烧茶》《戴高帽子的传说》《善有善报》《毛交姑姑的故事》《阿克登巴的故事》等都属于此类故事。其中最经典的是《阿克登巴的故事》。《阿克登巴的故事》中又包含了许多小故事，如《盗宝》《菩萨偷吃糌粑》《除妖学者》《还锅》《智胜国王》《分羊》《两个条件》《偷金》《挖地》《赶集》《卖狗肉》《阿妈"升天了"》《"宝贝在哪里"》《还债》《骗人》《菩萨舔糌粑》《酥油的故事》《借金锅》《煮饭》《一句话问倒皇帝》《愚弄商人》《倒霉的地主》《卖猪肉》《智还糌粑》《国王的玉佩》《牛尿泡做的宝贝》《土罐还好马》《经幡的故事》《巧还酥油债》《土司的桃树》《治秃头》《打狗用计》等，都属于阿克登巴利用智慧帮助小人物的小故事。这里举其中一则——《阿克登巴的碗》。①

很久很久以前，有一个聪明人叫登巴，他经常用他的智慧来帮助穷苦百姓，因此大家都尊称他为阿克登巴。

有一个国王，他对百姓很坏，经常欺压百姓，百姓吃不饱、穿不暖，过着痛苦的生活，但这个国王很敬佩聪明的人。于是阿克登巴想了个办法，这一天，他来到国王的宫殿，对国王说："尊敬的国王，我是阿克登巴，我愿意为您效劳。"国王高兴地说："啊，你是阿克登巴，天下最聪明的人，欢迎你，你给我工作，我该怎样付给你报酬呢？"阿克登巴说："尊敬的国王，我这有一个小小的要求，那就是我每天要一碗糌粑。"国王一听，心里想阿克登巴的要求这么小，就一口答应了："好吧！"阿克登巴也高兴地说："尊敬的国王，您可要说话算话呀！"国王说："我是国王，当然说话算话！"

---

① 甘孜州农牧区双语幼儿园教师辅助读物（下）。

傍晚，阿克登巴在森林中找了100棵粗壮的大树，连夜做了个巨大无比的碗。第二天，国王看着这巨大的碗，脸上的表情有点难看，知道上了阿克登巴的当，但他不得不履行自己的承诺。

当天，阿克登巴就把这一碗糌粑分给了百姓，并承诺大家以后再也不会挨饿了，阿克登巴也向国王履行了自己的承诺，成为国王的助手，帮助国王治理国家。

过了几年，国王去世了。新国王是个爱百姓的好国王。这时国家渐渐强大，百姓也过上了幸福的生活。新国王问阿克登巴有什么愿望。他对新国王说："尊敬的国王，请继续善待您的百姓吧！而让我继续去旅行吧！"新国王答应了他的要求，于是阿克登巴又继续了他新的旅程，去帮助其他的穷苦人。

这则故事中"用了100棵树做一个巨大的碗"具有想象和夸张的成分，非常适合学前儿童儿的思维特点。故事内容主要体现了阿克登巴是如何运用智慧帮助小人物的，这有利于对学前儿童进行智慧教育。

因为中华人民共和国成立前的藏族人民遭受封建领主的压迫，他们希望出现一位杰出人物同统治者进行斗争，阿克登巴就是他们想象中的人。阿克登巴的故事中，他以超人的机智和幽默的语言，抨击凶狠残暴的头人、土司、国王，愚弄贪婪奸诈的商人，嘲笑虚伪愚昧之人，维护劳动人民的利益。当人民遇到生活磨难时，就用这些故事鼓励自己，安慰自己，鼓起生存的勇气。阿克登巴的故事中出现的头人、土司、国王总是那么残毒愚蠢，小人物总是那么勇敢善良，故事的结尾都是善战胜了恶，美战胜了丑，以统治者失败小人物获胜而告终，或者是贪心的人最后失算，善良人最后得福。故事中表达的是非观、善恶观非常鲜明，这符合学前儿童的认知水平。故事情节虽然简单，但采用夸张的手法和幽默的语言来突出阿克登巴的智慧和对手的愚蠢，这对学前儿童而言具有很强的吸引力。因此，这类故事对学前儿童具有重要的智慧教育和道德教育的意义。

第二，藏族民间故事中很多属于神话故事，这些神话故事是古代藏族人民对自然现象和社会生活的一种天真的解释和美丽的向往。神话故事的内容大多是古代藏族人民对社会起源、自然现象的原始解释，表现了古代藏族人民不愿向命运屈服的精神。这些故事极富想象力，把自然力形象化，把战胜自然的英雄人物神化，用神话来反映人们希望了解自然、征服自然和创造幸福生活的强烈愿望。神话虽不是现实生活的科学反映，但它和迷信是不同的。神话最突出地表现在人们对待自己命运的态度上，富于积极的浪漫主义精神。神化的主人公一般是才智超群的神。这些特点非常符合学前儿童的认知特点。这些故事不仅有利于学前儿童对自己民族文化形成最初的认识，而且有利于培养学前儿童的感恩之心和勇敢、团结合作的品质。比如，流传于藏区各地的《猕猴变人的故事》、流传于丹巴县的《洪水冲天》、流传于稻城县的《茶卡的传说》、流传于九龙县的《太阳与月亮》等。

《猕猴变人的故事》是对藏族起源的一种很有意思的解释。这个故事充满神话和传奇色彩，是学前儿童喜闻乐见的内容。而且这则故事有利于幼儿学前儿童形成对自己民族起源的最初认识，这种认识同猿变人是相吻合的。另外，这则故事反映了雪域高原在很早以前就有原始先民，他们在鸟兽群集、果木丛生的河谷之中过着采集的生活，经过很长时间的劳动实践，学会了制作弓、矢、斧、镞、甲、盾等工具，形成了部族。

《茶卡的传说》讲述的是稻城县温泉和茶卡村附近三块耸立岩石的来源，用神话的方式给讲述了为了村民的幸福，三位美丽善良的仙女用牺牲自己的方式把冰冷刺骨的溪水变成了暖流，而且这股温泉能治百病。村民们为了纪念三位仙女，每逢初一、十五都要对着三块岩石祈福。这种具有神话色彩的故事，非常符合学前儿童的认知特征，而且让孩子们从小懂得感恩。

《太阳和月亮》讲述的是雅砻江边元宝山洞里的魔王麻英巴为了自己能没日没夜地作怪吃人，把太阳和月亮含在嘴里，使人们见不到光明，得不到温暖。元宝山下江郎寨子里的扎什志玛和格玛泽仁夫妇的儿子尼玛彭措以牺牲自己的方式，抢回太阳和月亮。人们为了纪念为其找回光明的恩人，每年大年初四、初五和每月初四、十五到山上烧香、跳锅庄敬尼玛。这则故事内容带有传奇色彩，语言形象生动，而且具有说唱内容。这些特点都非常符合学前儿童的认知特点，同样也是使学前儿童了解当地文化习俗的好途径，并能培养其感恩之心。

《洪水冲天》讲述的是远古时代，洪水泛滥，水浪接天。天上的撒金娘娘通过撒金的方式使洪水消退。然而洪水消退后，天底下荒无人烟，太阳和月亮通过两扇磨结合的方式创造了第一孩子，又把这个孩子砍成100块挂在树上。这100块肉变成了100个家庭。太阳和月亮正在焦虑没有种子如何让这些人维持生活时，来了一只狗，在地上打了个滚。狗尾巴上恰好粘上了1粒麦子。人们把它取下来当成种子播种，人类从此有了农作物。太阳和月亮决定轮流为人们送去温暖和光明，白天太阳出来，晚上月亮出来。这则故事用神话的方式讲述了人类、太阳、月亮和农作物的来源，故事内容和语言特征都符合学前儿童的认知特征。

总之，对以上几则故事的分析可以发现，藏族先民把自然界的日月星辰解释为神造的物体，认为万物是神赐予的。故事中体现出惊人的想象力，所以这类故事非常受学前儿童喜爱，也有利于学前儿童想象能力的发展。

第四，藏族民间传说是人们长期口头流传下来的一些描述过去事迹或英雄人物的故事，多数传说是有一定事实根据的。在流传的过程中，人民群众按照自己的意见，用美丽的、夸张的想象来描述自己所喜爱的人物，甚至还加上神话色彩，使它比原来的事实更加集中，更加丰富。所以，藏族民间传说带有较浓的理想成分，反映了藏族人民各方面的生活，在一定程度上也表现了藏族人民的要求和愿望。这类故事不仅对学前儿童具有吸引力，而且有利于培养孩子们坚强的意志，因为故事中的英雄人物普遍具有坚强的意志，从小经历了磨难之后才成为英雄。另外还有利于培养他们对民族文化的感知，从而形成民族自豪感。这类作品包括流传于嘉绒藏区的《阿米格尔东》，流传于稻城县的《贡嘎山的传说》，流传于新龙县的《藏历十三》，流传于藏区各地的《格萨尔王的出生》《松赞干布求婚》等。

《贡嘎山的传说》讲述的是人们把贡嘎山的三座主峰分别作为文殊菩萨"央迈勇"、观世音菩萨"萨内日"、金刚菩萨"夏若多吉"的化身。每年有很多人来朝圣，然而，有段时间一条巨蟒闯入贡嘎山区四处吞噬朝圣者。金刚菩萨经过长时间的搜寻后发现了大蟒蛇，大喝三声后用巨手擒住了大蟒的头，大蟒身子一扭缠绕了菩萨的颈项。随着岁月的流逝，大蟒变成了岩石。人们至今还可以在金刚菩萨山上隐约看见一条盘曲挣扎的巨蟒。每年藏历七月十五，巨蟒喷出异常洁白的圣水，饮了这圣水可以治百病，所以，每年都有很多朝圣者来观看这一奇观。这则传说既客观说明了贡嘎山主峰的特征，又以神话的方式说明主峰特征的来源以及人们朝神的原因。这不仅符合学前儿童喜欢夸张的认知，也有利于学前儿童了解贡嘎山的特征、民族习俗和人们朝圣的原因。

《阿迷格尔东》讲述的是一位名为拉旺多登洛布的神看见妖魔横行人间，就投身到丹巴卡恰村，长大后帮助人们消灭了妖魔，而且去世后为了保一方平安，每年农历十一月十二日到村子看一看。人们为了纪念这位英雄，把每年的农历十一月十二日定为嘉绒新年。这则故事中带有神话色彩，如故事中讲到"一位少女在山洞前的石板上睡了一觉就受孕，经过两年终于分娩，孩子出身那一刻天空出现了祥兆，而且这孩子长得黄发、金牙、红脸"。故事中多处有夸张的描述，如"三四岁就长得和成年人一样高；他一口气吃光了13头羊的肉、13斗馍馍，喝完13坛酒，然后头顶13口锅，背着13片猪膘，斜挎13个猪油饼子……"故事中也有客观的描述，如对房屋的描述"墙体十分厚实，狭小的门开在高处，用梯子连接外面"，这种房屋结构与丹巴的藏房很相似。这种传说不仅符合学前儿童认知特点，也可以使学前儿童了解嘉绒藏历新年、嘉绒藏区藏房的特征等本民族的文化，而且有利于培养学前儿童的感恩之情和民族自豪感。

《格萨尔王的出生》讲述的是格萨尔王出生时的离奇现象以及出生后躲过的各种劫难。故事中含有神话色彩，如"格萨尔王的母亲同时怀了三个，都还未出世就能说话，第一个从头顶出来到天上当了神仙，第二个从腋下出来，当了土地神，第三就是格萨尔王，是正常渠道出生的"。故事中讲述了格萨尔王成长过程中的艰难，躲过了多次劫难。这则故事不仅可以使学前儿童了解本民族的文化，还可以使学前儿童明白，有所作为的人都要历经磨难，从而增强学前儿童的意志力。

《松赞干布求婚》讲述了藏王松赞干布托大臣伦崩呷到长安求婚，伦崩呷跋山涉水来到长安，在长安住了五年，并通过唐太宗的种种考核后带文成公主回藏的故事。故事内容非常有趣，特别是伦崩呷巧妙解决唐太宗出的各种难题时所表现出的智慧。这些内容特别符合学前儿童好奇心强的心理特征。这则故事不仅可以使学前儿童了解相关的历史，而且有利于民族团结的教育。

《藏历十三》讲述的是新龙县特有的节日藏历十三（相当于春节和藏历新年）的来历，目前有三种版本。传说之一为纪念高僧智慧禅师喜绕降泽。传说之二为纪念英雄格萨尔。传说之三为纪念英雄波日公布郎结。这则故事不仅可以让学儿童了解藏历十三的来历，而且有利于培养学前儿童的感恩之情。

总之，对以上几则传说故事的分析可以发现，藏族民间传说的最大特点在于用夸张的手段描述人们心目中的英雄人物，故事中的英雄人物都是为了一方的安宁、百姓的幸福而塑造的。这些英雄人物都有坚强的意志和超群的智慧。这类故事不仅情节有趣，而且故事内容几乎都与当地的节庆有关。因此，此类故事不仅能吸引学前儿童的兴趣，也有利于学前儿童对传统文化的传承。

第五，藏族童话故事是藏族人民通过丰富的想象和夸张来反映生活的一种文学体裁。它往往充满浪漫色彩，在故事里出现的人物、情节、事物等大都带有超自然的性质，故事中存在着古老的观念，有很强的哲理性。虽然童话故事里充满幻想成分，但它是同现实巧妙地、密切地结合着的。它的幻想是在现实的基础上产生的，又从幻想的情节中反映现实。它常常采用拟人的手法，赋予动物、植物以人格，使其像人一样说话、生活，但又不违反它们的原有特性。童话故事相似的情节和语言有时反复出现，这是为了突出形象，加强作品感染力。童话故事着力渲染和刻画好与坏、善与恶的关系。这种结构有利于以对比刻画人物、表现主题，尤其在教育儿童方面有着重要作用。藏族民间故事中的《渔夫和公主》《雍珠姑娘》《熊虎洞》《白玛桑吉的故事》《砍柴人和老虎》《两兄弟》《三女子与蛇的故事》《人和兔的故事》《背水妈妈》

《木劳东与商人的女儿》《勇敢的扎西》《神鸟》《拨浪鼓》《登珠与登拥》《青年与仙女》《阿布寻妻记》《则哈玛达》《癫疙宝》《两家寨的降根》《学"聪明"》《国王和他的三个女儿》《青蛙的故事》《神奇的牧羊人》《肉人除妖》《冲顿珠除妖》《国王和女妖》《魔戒》《母子俩喜获宝物》《羊尾巴偷宝》《放羊娃和小龙女》《隆布绒波的儿子》《王子与孔雀姑娘》《神鸟徐巴拉海》《变成鸟的阿恭妹妹》《神马》《奇异的帽子》《一个后娘的故事》《宝贝砂罐》《兔子报恩仇》《王子和仙女》《一个穷小子》《国王的失败》《羊尾巴说话》《穷汉娶公主》《一只草羊角》《若革勒巫觉吉》《龙女》《婕戈梅朵》《梅花鹿之女——苏吉尼玛》《五百斤马驹》《穷汉与仙姑、狗、猫的故事》《好坏不分》《阿旺与梅朵》《善良的卓玛》《尼玛与卓嘎》《德尔基与斯兰初》《邓珠与卓玛》《金丝莲花》《青蛙骑手》等通过丰富的想象、幻想和夸张来塑造形象，为山川草木、豺狼虎豹、鱼鳖虾蟹以及顽石等赋予灵魂，让它们说话、吐宝。这些故事情节曲折神奇、语言浅显易懂，非常适合学前儿童的认知特点和兴趣爱好。这些故事大多讲述的是三兄弟中一个贪婪、一个懒惰、一个勤俭，贪婪的和懒惰的都没有好下场，勤俭的过上幸福日子；还有哥哥软弱，嫂嫂狠心，弟弟老实，最后哥嫂变穷，弟弟致富；三姐妹中一个想嫁官人、一个想嫁富翁，一个想嫁穷汉，最后想嫁官人和想嫁富翁的希望破灭，想嫁穷汉的获得幸福；不图富贵，只重人品的公主与平民青年私奔，最后获得幸福并继承父业的"公主配平民"和为了报恩，二人结为情侣的"仙女配凡人"等。这些童话故事中突出了善与恶、真与假、美与丑、好与坏的差别。所以，这些故事可以使学前儿童初步学会识别真善美与假恶丑。另外，这些故事内容涉及大自然的季节变化和动植物的基本特征，这有利于学前儿童认识大自然。下面举几个具体的故事加以说明。

《渔夫和公主》主要讲述的是泽拉公主既不愿意嫁邻国的王子，也不愿意嫁王室贵族，更不愿意嫁朝廷大臣。王国一气之下把她嫁给了渔夫。这渔夫虽穷，但长得英俊且忠厚老实。王后得知女儿嫁给平民后悲痛欲绝，在公主离开时悄悄塞给她一块金子。公主和渔夫回到渔夫破烂的家后，公主让渔夫把母亲送的金子卖了。渔夫发现原来河滩上岩洞里的"石头"都是金子，只是自己以前不认识。于是，渔夫和公主来到岩洞里，捡了满满一口袋的金子。害怕国王不满，渔夫和公主划着船走了五天五夜，来到另一个国家。这个国家因宫殿里出现了蜘蛛精，国王的妻儿和大臣被蜘蛛精吃掉了，国王逃跑了，国民苦不堪言。渔夫和公主把带来的金子分给了这些国民，并用巧妙的手段杀了蜘蛛精。国民拥戴渔夫做了国王，渔夫和公主过上了幸福的生活。这则故事中有很多精妙的对话和生动的描述，用以说明国王的势利和贪婪、渔夫的忠厚老实与善良、公主不图富贵只重人品且善良智慧。这则故事情节离奇，符合学前儿童的认知特点和需要、兴趣，而且有利于初步培养学前儿童的道德品质。

《三女子和蛇》主要讲述的是：从前，有一对夫妇有三个女儿，她们除了吃花，其他什么都不吃。父亲只有到处去采花。有一天在山顶采花时，花丛中出来了一条没有尾巴的蛇，说是老人家采了它的花，提出要么把其中一个女儿嫁给它，要么就要吃他。老人家背着花回家后，对三个女儿说了无尾蛇的要求。结果，大女儿和二女儿都说："我不吃花，也不嫁蛇。"三女儿却不愿意父亲被蛇吃掉，同意嫁给蛇。结果这条蛇是龙王的儿子。一年后，三女儿带着儿子回家，并把父母和两位姐姐都带到龙宫居住。这则故事说明三女儿的孝心使她过上了幸福的生活。故事中用对话形式描述了三姐妹的差异，用形象生动的语言描述了三女儿到龙宫的离奇经历和回娘家的经历。这些内容适合学前期儿童的思维特征和喜欢幻想的特征，可以使学前儿童在奇异的故事情节中了解孝心的重要性。

《拨浪鼓》主要讲述的是：从前，有一对母子，儿子的名字叫仁青，因所住的地方土地贫瘠，家里非常穷。有一天，母亲用柴火换回一碗白米，把这碗白米藏起来，以便过年或有贵客来时拿出来吃。然而当母亲去换粮时，仁青把这碗米煮给一位路过的老者吃了。后来，这位老者给仁青送了一个拨浪鼓，想要什么，只要摇一下拨浪鼓，自己就出来了。从此，母子俩过上了神仙一般的生活。然而，没过多久，当地的土司知道了这件事，强行要求母子俩交出拨浪鼓。仁青在给土司送拨浪鼓的途中，又获得了可以帮着打人的神棍、能变成铁塔的神针、能呼风唤雨的神鼓。仁青用拨浪鼓、神棍、神针、神鼓四种神器打败了土司。母子俩过上了比以前更愉快的生活。这则故事主要说明知恩图报、善有善报。故事情节非常离奇，仁青先后从老者、挂拐老人、裁缝、道士处获得了能变所需之物的拨浪鼓、可以帮着打人的神棍、能变成铁塔的神针、能呼风唤雨的神鼓，而且用非常形象的语言描述了变化过程，就像变魔术似的。这样的故事情节对学前儿童具有很强的吸引力。故事中讲述了老者的拨浪鼓、老人的拐杖、裁缝的针、道士的鼓，这有利于学前儿童在听故事的过程中了解到人与物的对应关系，是学前儿童认识社会的重要途径。在这则故事中，获得神棍、神针、神鼓的情节很相似，很多语言是重复的，突出了拨浪鼓的神奇之处和仁青的聪明之处，有利于加强学前儿童的记忆，提高学前儿童的语言表达能力。

《青蛙骑手》主要讲述的是：一个又穷又孤单的老妇人天天哭着祈祷后，从脚肚子蹦出来一只青蛙。这只青蛙一出来就叫老妇人"阿妈"。后来青蛙跑到国王处为自己求亲，通过一笑二哭三跳，先后娶得国王的三个公主。大公主、二公主心肠歹毒，都被他送回王宫。三公主温和善良，被青蛙接回了家。后来，在赛马节上，青蛙先后变成骑白马穿白袍、骑枣红马穿紫袍、骑青色马穿黄袍的美少年，连续三天夺冠。第三天，三公主发现后，把青蛙皮烧了，两个人幸福地生活在了一起。但因撒皮灰时念错了词，导致世上的山高矮不齐，水有清浊之分，人有贫富差距。这则故事情节有趣，符合学前儿童的认知特点，因为学前儿童非常喜欢公主和王子的系列故事。三公主和青蛙的对话部分属于说唱部分，句式结构重复多次，而且很多属于重叠词，如"高高兴兴、欢欢喜喜、孤孤单单、冷冷清清、快快活活"等。这样的表达方式不仅有利于增强对学前儿童吸引力，而且有利于学前儿童语言能力的发展。故事中青蛙变成穿不同颜色袍子和骑不同颜色马的王子的三个情节非常相似，这有利于学前儿童对故事内容的记忆以及想象能力的发展。

《牧童和桃郎神》主要讲述的是：在美丽的大森林里，几个桃郎神与牧童卓玛和科玛每天都一起快乐地玩耍。然而，有一天，国王把卓玛和科玛的母亲抢去，把父亲关起来了，卓玛和科玛非常忧伤。桃郎神们先后变成老阿婆、老阿爷、俊俏的姑娘，从王宫救出了卓玛和科玛的父母，使他们一家团聚。他们也像从前一样愉快地玩耍。这则故事的情节也非常适合学前儿童的认知特点，类似于七个小矮人的故事一样，能引起学前儿童的兴趣。故事中桃郎神变成老阿婆、老阿爷、俊俏姑娘的情节非常相似，而且三个情节中他们都对着国王唱了"河对岸的马骨头塔子，别看你高高耸耸好得意，我们每人踢你一脚，你能不垮吗？草原上的长耳朵兔子，别看你眼睛鲜红好得意，我们每人打你一枪，你能不跑吗？泥洞中臭烘烘的土猪子，别看你肥肥胖胖好得意，我们每人揍你一棒，你能不逃吗？"这三段话。这样的情节安排有利于增强故事的趣味性，也有利于学前儿童对故事内容加深印象，并且有利于学前儿童语言表达能力的发展。

总之，对以上几则童话故事的分析可以发现：从故事内容和情节来看，藏族民间童话故事常采用幻想和现实相结合的方式，这非常符合学前儿童爱幻想、追求新奇事物的特征。这样的故事情节不仅有利于调动学前儿童的积极情绪，也有利于其想象力的发展。藏族民间童话故事所表达的多是藏族人民勤劳、勇敢、正直、善良等美好品格以及人们热爱生活、对美好幸福生活的追求和向往等。这些对学前儿童具有非常重要的道德教育意义。从语言表达方式来看，通常是描述与说唱相结合，多个情节中说唱内容具有高度的一致性和相似性，且语言形象生动，无论是读还是唱都可谓朗朗上口。这不仅有利于学前儿童对故事内容的掌握，也有利于学前儿童语言表达能力的发展。

第六，寓言故事是用假托的故事或自然物的拟人手法来说明某个道理或教训的一种文学体裁，常常带有讽刺和劝诫的性质。这类作品是用譬喻方式，把训诫和讽刺寄托在简短的故事里，让人们去体会其中的道理和教训，从而受到教育。寓言故事的情节虽然是虚构的，但是能集中地概括人类社会的某种现象，因此具有现实教育意义。藏族寓言故事有明显的教训意义，有的在故事结尾用格言式结论，直接说出它的教训，有的却没有直接说明，但是人们可以很容易地觉察和领会其中的教训。它的故事是虚构的，常用夸张和拟人的方法，讽刺的意义比童话浓厚。它的篇幅短小，情节单纯有趣，但对事情和人物不作细致描述，只是简单地叙述生活中的某一矛盾或某一类人的一种特性，用以反映寓言的含义。① 比如《猴鸟的故事》《花羽鸟与黄鹂鸟的故事》《狗和猫的故事》《聪明的兔子》《鹿子和猎人》《狗、猴、猫和兔子的故事》《狐狸和猴子》《兔子和鸽子》《羊、狼、兔子》《贪婪的结局》《跳蚤和虱子》《聪明的小山羊》《老鹰和马为什么不喝水》《聪明的马》《兔子的故事》《狡猾的狼狗》《鸟王》《绵羊和山羊》《毛驴和黄奶牛》《麻雀和老鼠》《大象和老鼠》《青蛙骗老鸹》《三只老鼠讲朋友》《老虎、狐狸、黄鼠狼》《熊与兔的故事》《老山羊的遗嘱》《汉地皇帝派来的兔大臣》《猴子、狗和牦牛》《青蛙为什么住在池塘里》《两条狗和一支公鸡》《天鹅与墨鱼》《狮、猴、马、兔的对话》《兔子和狮子》《老虎和毛驴交朋友》《猴子搬家》《自不量力》《燕子和麻雀》《猫头鹰说经》《两只"昂哇"鸟与一只青蛙》等大多动物故事都属于此类故事。这些故事不仅语言形象生动，情节也非常有趣，而且蕴含着朴素的道理，所以学前儿童不仅喜欢听这类故事，而且能从中明白很多质朴的道理。下面举几个具体的例子说明。

《老鹰和马为什么不喝水》②讲述的是：很久以前草原和森林里都没有水，要喝水就要到很远的地方去。于是动物们聚在一起商量要修一条水渠，以方便大家喝水。开始修渠时，老鹰和马没有来。大家就去叫它们。老鹰和马说它们不喝水，所以不参加修渠。水渠挖好后，大家都喝上了水。老鹰和马觉得不好意思去喝，于是老鹰在天上盘旋喝风，马喝了水以后要喷出来，说它只是在漱口而不是喝水。这则故事内容简短，符合学前儿童的记忆特征和思维特征，故事中既讲明了老鹰盘旋天空和马喷水的客观事实，还说明了不能不劳而获的道理。

---

① 马建耀. 浅析草地藏族民歌、民间故事的基本特点[J]. 西藏艺术研究，1997（2）：30-32.

② 宋兴富. 藏族民间故事（下）[M]. 成都：巴蜀出版社，2004：140.

《贪婪的结局》①讲述的是：从前，山里有一只大象和一只老鼠。一天，大象回家不小心踩着了老鼠窝，把小老鼠全踩死了。老鼠回家一看，气得发疯，就钻到大象的耳朵里乱窜乱咬。大象痛得很难受，就满地打滚，终于从山岩上掉了下去摔死了。老鼠也在大象的身体里闷死了。有四个猎人刚好路过山脚下看见了大象的尸体。他们想到象牙和象骨是值钱的东西，就高兴极了，当晚就在那儿搭起帐篷住下，准备第二天把象拉出去卖掉。于是，他们四人分工：一人去捡柴，一人去打水，一人搋（方言，意为"揉搓"）糌粑，一人守帐篷。打水的想独占大象，就在水里下毒。搋糌粑的也想独占大象，就在糌粑里下毒。吃饭时，不喝水的吃了糌粑，不吃糌粑的喝了水，结果四个人都死了。这时，刚好一只狐狸路过，发现四个人和一只大象都死在那里。钻进帐篷一看，这么多好吃的东西，高兴得眼睛都绿了，迫不及待地一口就向猎人咬去，正巧咬到猎人的箭囊上，那箭囊里的箭把狐狸给刺穿了，那狐狸也死了。这则故事说明了贪婪的恶果，有利于教会孩子们明白贪婪会毁掉一切的道理。

《跳蚤和虱子》讲述的是：从前，有一个跳蚤和一个虱子。一天，它们熬了一些酥油，酥油少，但它们都想多喝一点，于是打起了赌。它们共同约定：谁先从山顶上背一背柴，谁就有权喝完这些酥油。说起速度，跳蚤比虱子快多了，但它过于心急，柴火还没捆好就慌忙出发，导致每跳一次都需要重新整理柴火。虱子虽然跑得慢，但背起柴火却稳稳当当。结果虱子获胜了。虱子一到家，就急忙把酥油汤喝完。跳蚤回来，火冒三丈，捡起锅儿就向虱子打去。至今人们仍可以看到虱子背上跳蚤砸下的疤痕。这则故事简单明了地说明了做事不能急躁和学会分享等道理。故事情节和篇幅都适合学前儿童的认知特点，而且一方面可以使学前儿童明白做事不能急躁，急于求成会导致一事无成，要一步一个脚印地进行；另一方面也让学前儿童明白小朋友之间要学会分享，不会分享的小朋友是不讨人喜欢的。

《老虎和毛驴交朋友》讲述的是：从前，有一只老虎和一头毛驴，它们成了好朋友。一天，老虎问毛驴："动物里你最怕谁？"毛驴回答："我最害怕的是豹子。"老虎说："要是豹子来了的话，你就大声叫，我会来帮助你的。"有一天，毛驴在河边喝了许多清凉的水，高兴得在河边沙滩上打滚，并大声喊了几下。它的朋友老虎听见了，急忙跑到毛驴身边，问道："朋友，朋友，豹子在哪儿？"毛驴回答："没有豹子，我在玩耍。"老虎就走了，又到山上去找吃的去了。又有一天，豹子真的来了，毛驴大叫了几声。老虎听见了，

---

① 宋兴富. 藏族民间故事（下）[M]. 成都：巴蜀出版社，2004：136.

自言自语:"我的朋友今天肯定又在玩耍。"它就没去。结果毛驴就被豹子吃了。这则故事情节简单,篇幅不长,但有很强的教育意义。这则故事告诉我们不能为了一时高兴而忘了所做的约定,如果图一时高兴而违背了当初的约定,这样既不尊重别人,也会失去别人对自己的信任,最终只能自食其果。

《自不量力》讲述的是:从前有个猪在水塘里打滚。打滚时,有个虱子从它身上掉下来。猪走后,虱子留了下来。一只青蛙恰好路过,问虱子:"你怎么到这个地方了呢?"虱子答道:"我一不小心从猪身上掉到这儿,我现在太饿了,怎么办?"于是,青蛙和虱子一起去觅食。它们走了一段路后,遇到一根长长的草,草也饿了,它们约好一起去偷牛。找到一户人家后,虱子先从门缝里钻进去,然后打开门把青蛙和草放进去。它们一起把一头很大的牛偷了出来,草在前面牵牛,虱子骑在牛背上赶牛,青蛙抓在牛尾上。走了一段路后,它们三个得意忘形,满以为可以美美地吃上一顿。但此时的牛已经饿极了。它看见前面有一根草,就一伸舌头把草卷来吃了。牛一高兴,一摇尾巴,把青蛙给摔死了。虱子慌了,就从牛背上跌了下来,被牛漫不经心地踩死了。这则故事说明了人要有自知之明,不能过高地估量自己的能力,确定的目标要符合自己的能力。

《猫头鹰说经》讲述的是:有人问猫头鹰:"你的头为什么变得这么扁平?"猫头鹰回答说:"因为我拜佛接受摸顶的次数太多了。"那人又问:"你的耳朵里为什么长出了毛?"猫头鹰回答:"因为我从来没有听过诵经的声音。"那人又问:"你的眼珠为什么变得这么黄?"猫头鹰回答:"因为我酥油汤喝多啦。"那人接着问:"那你的嘴为什么裂了口?"猫头鹰回答:"因为我从来没沾过油腥。"后来人们就说:"猫头鹰说——前言不搭后语。"这则故事一方面说明不能说谎,一旦说谎就要用更多的谎言来弥补,而且容易漏洞百出。另一方面说明说话前要思考,不能随口打哇哇,如果不加思考、随口胡说,就会导致思维混乱,不能自圆其说。

《两只"昂哇"鸟与一只青蛙》讲述的是:从前,大海里有两只"昂哇"鸟和一只青蛙,它们三个一起生活。有一年大旱,海水干了,两只"昂哇"鸟说:"我们俩有翅膀,可以远走高飞,青蛙你怎么办呢?"青蛙说:"我有办法,找一根木棍,你们俩用嘴含住木棍的两端,我用嘴咬住这根木棍的中间,这样我们就可以一起走了。"它们采用青蛙说的办法一起飞上了天空。人们看见了就说:"那两只'昂哇'鸟真聪明。"青蛙听到后非常不服气。它想:"这办法是我想出来的,它们怎么赞扬这两只'昂哇'鸟呢?"想着想就喊:"你们错了,办法是……"话还没说完,青蛙就掉下来死了。这则故事说明别人为你效劳，还将功劳记在自己头上，这样的人是不道德的，也不会有好下场的。

《麻雀和老鼠》讲述的是：很久很久以前，一只麻雀和一只老鼠在同一棵树上各自生活。麻雀在树上筑巢，老鼠在树下打洞。麻雀经常在老鼠头上拉屎，老鼠一直在树下打洞。它们相互都忍受不了对方。于是，老鼠对麻雀说："你为什么天天朝我的窝拉屎呀？"麻雀反问："你为啥成天在我窝下打洞？"它们争执不休，越吵越凶，最后还是去找吉布思米来解决。他们来到吉布思米家里，吉布思米眉开眼笑地答应为它们做主。麻雀说："这可恶的老鼠成天在我窝下挖洞，弄得我不得安宁。"老鼠却说："这讨厌的麻雀，天天在我头上拉屎撒尿，成心与我过不去。"吉布思米说："你们俩都到我手心上来，我看究竟谁不对。"麻雀和老鼠争先恐后地跑到吉布思米的手心上。吉布思米笑着说："你们俩做的恶事都一样，老鼠在麻雀窝下打洞，麻雀在老鼠头上拉屎，为了避免以后不再争吵，我看还是把你们俩吃了得了。"于是，吉布思米一口一个，把麻雀和老鼠都吃掉了。这一则寓言故事告诫人们，做什么事如果一味想到自己的利益而相互钳制，往往会两败俱伤，谁也没有好结果，还会让第三者钻了空子。所以，要学会互相谦让，这样才能和谐相处，才能共赢。

总之，从以上几则寓言故事中可以发现，藏族寓言故事短小精悍，寓意深刻，通过虚构故事，把充满智慧的人生哲理用幽默且通俗易懂的语言表达出来。为了在短小的篇幅中表达深刻的寓理，常采用制造矛盾、以激烈的语言碰撞的方式以及为大小、轻重不同的人和动物配上符合其特征的语言，从而塑造鲜明的个性。这样的表达方式非常有利于学前儿童对故事内容和所蕴含道理的理解，从而有利于学前儿童树立正确的人生观和价值观，也有利于其思维能力和语言能力的培养。

综上所述，学前儿童具有强烈的好奇心和求知欲，他们富于幻想，所以，学前儿童喜欢听故事，尤其喜欢听幻想故事、动物故事和传说等。而藏族民间故事总是在善与恶、美与丑、正与反、忠与奸、勤劳与懒惰、机智与愚蠢、诚实与虚伪等二元对立的美学原则中肯定善、美、正、忠、勤劳、机智、诚实等思想品格，讽刺和揭露恶、丑、反、奸、懒惰、愚蠢、虚伪等，从而体现扬善去恶的价值取向，这种价值取向对学前儿童具有重要的教育意义。[①]

三、民间故事与学前课程的整合策略

甘孜藏区的民间故事题材众多、内容广泛，但不是所有的民间故事都适

---

① 吴小玲.论民间故事价值取向对儿童的教育作用[J].大众文艺，2013（6）：223.

合用于学前儿童的语言学习。有些成人看来很有价值的民间故事，学前儿童不一定能理解和接受。因此，将甘孜藏区的民间故事融入学前课程时，首先要了解学前儿童的生活经验、知识积累、年龄特点、兴趣爱好等，在此基础上采取多种措施，使其具有适宜性。

第一，改编民间故事读本的内容与结构。学前儿童的语言能力和思维能力都比较低，如果选择的故事内容太深、太长，孩子们就很难理解，开展活动时很难集中注意力，导致学习效果欠佳。因此，选择民间故事的前提之一是故事内容与学前儿童的年龄特点、接受能力相符合。如果有的民间故事具有浓郁的民族文化元素，且对学前儿童的民族认同感和其他良好品格的培养都具有重要的价值，但对学期儿童而言内容太深、篇幅太长，则可对民间故事加以改编。改编时要把握两个要点：一是保留故事中所讲到的重要的民族文化元素，二是把故事内容结构简化、改编为学前儿童能接受的，且有利于培养学前儿童健康品质的内容。

比如广泛流传于甘孜藏区的《茶和盐的故事》有浓郁的民族文化元素，但内容非常长，原文有 3600 多字。故事第一部分讲述了河东岸部落与河西岸部落的渊源。第二部分讲述了河东岸部落土司家的儿子文顿巴与河西岸部落土司家的女儿美梅措如何认识、如何产生好感、每天如何相处、如何交换信物等，而且有很多说唱部分。第三部分讲述的是女土司先后派大儿子、二儿子、小儿子去毒杀文顿巴，非常详细地讲述了大儿子、二儿子看到文顿巴和美梅措相处的情景，因不忍杀文顿巴而想尽办法哄骗女土司以及小儿子被逼无奈射杀文顿巴的故事。第四部分讲述的是美梅措见不着文顿巴内心焦灼，通过各种途径打听文顿巴消息，得知文顿巴生病后内心的悲伤以及到山上煨桑求福等情景。第五部分讲述的是美梅措得知文顿巴去世后内心悲痛，穿戴整齐带着两个女仆背着许多玛瑙、珊瑚、法器、酒、宝剑、快枪、酥油奔火葬场的情景，非常详细地讲述了如何通过撒玛瑙、珊瑚通过火葬场的外围，撒法器通过火葬场中层、丢宝剑和快枪通过火葬场里层、最后扑向火海的情景。第六部分讲述了女土司在骨灰堆里放蛇和青蛙，把文顿巴和美梅措的骨灰分开，分别葬于河东和河西。文顿巴和美梅措分别化身为大黄花和大红花隔河呼应。然而，女土司命人把两株花给斩断。文顿巴和美梅措的坟墓边分别又长出两棵树，树上各有一只小鸟隔河呼应。女土司又命人把树砍掉、鸟射死。最后，文顿巴和美梅措分别化身为姜塘盐湖里的盐和内地茶树上的茶叶，因为，藏族人的酥油茶里，盐和茶是不能缺少的。这样，当人们喝茶时，两者就融在一起，女土司再也无法把他们两分开了。这则故事不仅很长，而且很大一部分强调女土司的阴狠以及男女之间的情爱。所以可以改编为内容简短、与学前儿童生活经验一致的，而且把男女之间的情爱关系变为兄弟之间的友情。《甘孜州农牧区双语幼儿园教师辅助读本中班（下）》中将其改编为：

从前有两家土司，一个叫东土司，住在金沙江的东岸，一个叫西土司，住在金沙江的西岸。东土司家儿子叫扎西，西土司家儿子叫白玛，他们俩是最好的朋友。他们天天在一起放牧、游戏、学习。

有一天发生了一件不幸的事情，扎西不幸中毒身亡，白玛非常伤心，天天思念扎西，祈求菩萨让他们俩在一起。菩萨非常感动，对白玛说："让你们两变成两枝花一起开放，行吗？"白玛说："不行，因为花儿会被风折断。"菩萨又说："让你们俩变成两只鸟一起飞翔，行吗？"白玛说："不行，因为鸟儿会被鹰叼走。"菩萨就说："那怎么办呢？"白玛说："让我们俩变成茶和盐，当人们喝茶的时候，我们会永远在一起。"菩萨让他们真的变成了茶和盐，人们喝的茶变得更加可口了，从此两个好朋友也天天在一起，永不分离。

第二，把民间故事编制成绘本。绘本用大量的图画和少量的文字对事物进行描述和讲解，文字和图画共同承担着讲故事的主要责任，这有利于儿童对故事内容进行记忆、理解和感受。一般而言，绘本的版面大而精美，特别强调视觉传达的效果。而学前期主要依靠视觉获得信息，所以，绘本是学前儿童非常喜欢的读物。学前儿童在阅读绘本的过程中，一方面能发展敏锐的观察能力；另一方面，优秀的绘本能为学前儿童提供无限的想象空间，从而促进想象力的发展。[①]基于此，把民间故事编制成绘本是一项行之有效的途径，特别是动物类故事更是如此。绘本中通过突出动物的眼神、表情、动作等，可以表现出各种动物的突出特征和故事中所要表达的心理状态，比如猴子的机灵、小狗的温顺、猫的古灵精怪、兔子的灵活、狐狸的狡猾、老虎的凶猛、黄鼠狼的奸诈、牦牛的健壮、绵羊的温顺、熊的笨拙、马的矫健、公鸡的骄傲、猫头鹰的锐利、天鹅的纯洁、燕子的伶俐、老鼠的贼头贼脑等，使较难理解的文字材料转化成生动形象的图片，不仅能增强吸引力，而且有利于学前儿童对故事内容的理解。

第三，把民间故事编制成立体绘本。相对于纯文本的阅读书籍，绘本凭借精美的图画、有趣的内容和精练的语言而受到儿童的欢迎，儿童与绘本互动的过程能很好地促进他们的观察能力、沟通能力、想象力、创造力的发展。[②]而相较于平面绘本，活泼有趣的立体触摸绘本更符合学前儿童的

---

① 吴志勤. 绘本对幼儿教育价值的实践探索[J]. 文学教育（中），2014（4）：152.
② 杨雅雪. 浅析儿童立体书的市场及其教育含义[J]. 大众文艺，2017（23）：131.

认知特点，立体触摸绘本的益智玩具属性能更好地调动学前儿童的阅读兴趣，能够充分调动学前儿童与书籍之间的积极互动关系。另外，因学前期是多种感官发展的关键时期，所以，立体绘本除了具有平面绘本所具有的益智功能以外，还可以培养孩子的空间感以及动手操作能力。因此，可以把故事内容中适合学前儿童的部分民间故事编制成立体绘本，使学前儿童在玩耍的过程中学习民间故事。特别是动物类故事和生活类故事，非常适合用立体绘本展示。

第四，把民间故事改编为剧本，创设情境，让学前儿童表演故事。表演故事是民间故事融入学前课程的一种重要方式。这种方式比较直观，学前儿童在表演中创造，又在创造中游戏。表演过程中，可以通过直观的方式表达故事中各种人物在不同情境下的喜怒哀乐，可以使学前儿童更好地体会故事中各种人物在不同情境下的思想情感。传说和童话非常适合用剧本来展现，因为传说和童话中有很多幻想的成分，对学前儿童具有很强的吸引力。但传说和童话的篇幅较长，情节比较复杂，故事中出现的角色较多，而且很多内容是以对话和说唱的方式表达的。因此，如果改编成剧本，把故事内容分成多个场景，由多个学前儿童扮演不同的角色，通过表演的形式表达，不仅能进一步提高孩子们的积极性，而且有利于其对故事内容的理解和掌握。因为看到的不如听到的，听到的不如自己操作的。另外，根据学前儿童的身心特点和具体的情境，可以对故事内容加以改编。比如，藏族民间故事《青蛙骑手》的原文篇幅很长，全文有 10 000 多字，如果直接以讲故事的方式讲给学前儿童听，效果不理想，因为学前儿童的注意力非常有限。为了更加形象地把它改编成为剧本，而且为了使故事更加集中、人物更加鲜明，可以对原故事进行一些改编。一是原故事中三姐妹都是头人的女儿，剧本中把三姐改为义女，以便更适合嫁给青蛙骑手；二是原故事里，蛙皮是三姐给烧毁的，剧中改为被头人劫去，以便增加冲突。三是原故事的结局是青蛙骑手死去，三姐在他的坟前变成一块石头，剧中改编为青蛙骑手未死，被三姐救活，把悲剧变为喜剧，便于学前儿童接受。四是文中基本没有说白，而是有韵的唱词，这更符合学前儿童的语言表达。五是原故事内容太长，故把故事分成六个场次，便于幼儿理解和记忆。

第五，把民间故事改编成游戏活动。因为游戏总是伴随着肯定的情感，是一种令人愉快的活动，因此，游戏活动基本是学前儿童自发、自愿参与的活动，并且乐此不疲，一遍一遍地重复。另外，游戏是儿童对现实的想象和虚构的反映，想象和虚构可以不受时间和空间的限制，所以，儿童可以在游戏中实现现实中不能实现的目标，可以体验现实生活中不能体验的情感，从而充实自己的精神生活。比如,甘孜藏区民间故事中有很多生活类的故事可以改编为游戏内容,孩子们通过扮演游戏中不同角色,开展与之相对应的活动,可以使其在游戏过程中掌握故事内容、熟悉不同角色的行为,还能体会故事所表达的思想情感。

第三节 甘孜州民间童谣与学前课程的整合

一、可供选择的民间童谣资源

一般而言,童谣比较简短,有很强的节奏和韵律,读起来朗朗上口,而且内容很有趣,具有随意性和游戏性,从形式上来说,童谣既可以是唱的,也可以是读的。基于此,童谣成了儿童喜闻乐见的一种民间口头文学。所以说,不管是为成人创作的,还是为儿童创作的,只要是儿童乐于接受的、模仿的,内容适合儿童的民谣都可以归为童谣。

一说甘孜州,很多人都会说:"那是歌舞的海洋。"也许这有些夸张,但是藏族的确是个能歌善舞的民族,不论在田间地头,还是在宽阔的牧场,都能听到优美的歌声,仅流传于甘孜州境内且已经为学者们收集成文的民间歌谣就有500多首,另外肯定还有笔者没有查阅到的民间歌谣以及学者们未收集到的民间歌谣。而且这些歌谣的内容非常丰富。歌颂党和人民的民间歌谣有《升起金色的太阳》《引水的恩人》《感谢栽树人》《幸福的保障》《人们的幸福》《太阳从东方升起》《大鹰飞回来》《不能忘记》《跑马山啊,跑马山》《金瓶斟满酒》《草原和花一家人》《祝吉祥,愿如意》《赞姑娘》《祝吉祥如意》等50多首。反映藏区人民生活的民间歌谣有《对面》《装饰》《月亮白云总能相会》《还数羊皮褂》《在那吉祥的福山上》《来自故乡的朋友》《来自山顶的清泉》《只要心地虔诚》《愿他们吉祥幸福》《河对岸与河这岸》《夕阳余晖映草原》《数九》《遥远的家乡》《遍地鲜花》《我的家乡在亚江畔》《吉祥的山沟》《阳光照在雪山上》《但愿人人都善良》《美丽的头巾》《必走之路须记住》《相见与相聚》《幸福的鸟儿》《舒适与柔和》《百花和绿化》《幸福的鸟儿》《年轻的朋友》《幸福歌》《地久天长》《父母的教诲》《听不到布谷鸟的声音》《蓝天上的白云》《穷和富》《我与你》《天边有一对红珊瑚》《你不要太得意》《大大小小的河流》《宝中宝》《天上的星星》《雨水和茂林》《雄鹰的翅膀》《才认识了康定》《要百倍真心》《学者畅游的地方》《水源只有一处》《白杨和柳树》《心里的格桑花》《初放的鲜花》《瑶池仙女》《东方飘来的白云》《笛声印在心头》《绸子和皮袄》《茶歌》《一心不能二意》等160多首。咏叹社会黑暗和远走他乡的悲歌有《请你施点温暖》《我虽有幸福的家乡》《半夜刚刚睡着》《飘来一朵乌云》《总有幸福的地方》《盖起新的宫殿》《辛酸的岁月》《可惜不能飞翔》《对谁去倾诉》《请孔雀不要悲伤》《越想心理越惆怅》《同情的回音》《带不去我的忧愁》《我这个痛苦青年》等70多首。表达男女情爱的有《心上的人儿》《唱起动人的歌》《最甜的美酒》《山顶的松树》《过去的心上人》《梦中相见》《不要和我亲近》《写来的书信》《前山与后山》《闪光的戒指》《但愿永不分离》《永远不会消失》《只有我自己清楚》《金子般的山上》《白雪与清泉》《悦耳的马铃声》《想不到》《点滴都似蜜甜》《鲜花早已开放》《皎洁的月亮》《心甘情愿》《纯洁的心》《年轻的朋友》《没有财产也不难过》《辽阔的草原》《坐上皮船渡行》《我的心和你的心》《草原上的花朵》《格桑花编成的花朵》《骑着马儿过急流》《漂亮的姑娘》《映在水里的月亮》《谁也不会知道》《心中爱慕的人》《生日》《命中注定》《我愿是黄蜂》《笛恋》等230多首。专门在劳动过程中唱的民间歌谣有《盖房歌》《送肥歌》《耕地歌》《筛麦歌》《剪羊毛歌》《连枷歌》《念毛线歌》《划船歌》《驮盐歌》《挤奶歌》《打酥油歌》等30多首。这些民间歌谣中有很多适合儿童的内容，可以作为相应区域内学前教育课程开发的资源。另外，各地区还有很多专门为儿童创作的童谣，如《太阳公公》《磨核桃歌》《大象拔河歌》《跳长绳歌》《掷石子歌》《踢毽子歌》《烟子烟子不要熏我》《胖娃儿上成都》《橡皮筋》《点指梅塘》《丁字街》《轱辘子》《哭匠》《糌粑谣》《金钩钓金鱼》《麻糖歌》《月亮光光》《王婆婆烧茶歌》《背头水》等很多童谣。

二、甘孜藏区民间童谣与学前课程整合的价值

第一，有利于对学前儿童品德的发展。流传于甘孜藏区的很多民间童谣不仅充满了童趣，而且处处包含着为人处世、待人接物的规则与方法。孩子们在吟唱这些童谣的过程中，体验着相应的情感体验，逐步形成正确的价值取向，童谣道德教化的功能得以实现。例如：

男儿力大赢比赛，大家为你齐喝彩；男儿输了真丢脸，就像溜掉的狐狸。(《大象拔河歌》)

轱辘子，轱辘子，输了票子输裤子，惨不兮兮啃鞋子。(《轱辘子》)

哭匠，挨棒棒，一挨挨到中桥上，中桥有个王大孃，给你两个棒棒糖。(《哭匠》)

《大象拔河歌》告诉孩子男孩要有强壮的身体，要能战胜困难，应该是顶

天立地的。《轱辘子》告诉孩子赌博的人不会有好的生活，要远离赌博这种恶习。《哭匠》通过幽默诙谐的语言告诉孩子做事要利落，遇事不能总是哭鼻子。

第二，有利于民族文化、传统文化的传承。流传于甘孜藏区的民间童谣中包含着很多地方文化元素。这些元素是先辈们在与当地特殊的自然环境和社会环境相互交互的作用中形成的，体现了特定时间、特定地区的生产生活状态，具有很强的地方特色和时代特征。孩子们在吟唱这些童谣的过程中、在轻松愉快的环境中传承着宝贵的传统文化。例如：

王婆婆，会烧茶，三个观音来喝茶。后花园三匹马，两个童儿打一打，王婆婆骂一骂，隔壁子幺倌儿说闲话。(《王婆婆烧茶歌》)

幺姑娘背头水，背毪不动打串串儿。(《背头水》)

抽九九麻石花儿，不来的，偷油疙儿。(《抽九九》)

茶叶最先出在哪里？茶叶最先出在南方。三个汉族子孙种的茶，三个汉族姑娘采的茶。雪白的铜锅烘出的茶，商人洛布桑布买来的茶。汉白大洋换来的茶，驮夫翁通桑姆驮来的茶。渡过了大江小河的茶，翻过了高山峻岭的茶。用黄金白银换来的茶，种在家乡土地上的茶。将茶放在锅里熬，好像空中黑鹫飞。茶在锅中开三遍，好像大海波涛翻。黄金酥油放其中，好像黄鸭湖中游。白盐放入茶水中，好像草原降冰雹。将茶倒入茶桶里，恰如学者戴黄帽。头道香茶敬贵客，二道香茶敬朋友，最后共饮如意茶。(《茶歌》)

岩壁高高在上，河水低低在流。在那河水下游，姑娘拉吉曲宗，金线银线穿梭，编织氆氇衣裳；舅父穿上衣裳，舅父前往何处？去那加错夏，去那有何事情？去买珍珠宝石。买来有何用意？来做女儿嫁妆。女儿嫁到何处？嫁到加错夏。嫁给哪位新郎？嫁给阿布鼻涕虫。(《掷石子歌》)

文成公主需要什么？需要头饰。珊瑚琥珀公主有，敬上银质的装饰。文成公主需要什么？需要耳饰。金质耳环公主有，敬上银质的装饰。文成公主需要什么？需要胸饰。拉萨呷乌公主有，敬上银质的装饰。文成公主需要什么？需要脚饰。汉地靴子公主有，敬上银质的装饰。(《文成公主》)

《王婆婆烧茶歌》是一首配合儿童手指游戏的童谣，集故事童谣与游戏童谣于一体，包含了当年老人们常常讲起的"三个观音的故事"、藏族熬藏茶的生活习惯以及人际交往的生活场景。《背头水》记录了甘孜州很多农区大年初一到泉水边抢头水的民间民俗。这种节日文化是一个民族传统文化的重要组成部分，承载着丰富的人文教育资源。《抽九九》记录的就是地方特有的"油疙儿"。《茶歌》首先讲述了茶叶最初产自南方，由茶商用白银买回，通过驼队渡江河、翻高山运到藏区；然后讲述了如何熬茶和如何打酥油茶；最后讲述了喝茶时的礼仪礼节。这首民谣通过简短的七字句传递了茶叶最初的产地、茶叶的驮运过程、熬茶的技巧、酥油茶的成分以及藏族人的喝茶礼,包含了丰富的知识和传统礼仪礼节。《掷石子歌》属于游戏童谣,通过诙谐的语言讲述了藏区女孩编织氆氇的技能以及藏族人的婚俗。《文成公主》属于童谣中的问答歌。问答歌的最大功能是能启迪儿童的心智,引起儿童对各种事物的注意,有利于儿童对周围世界的认识理解。通过这首童谣,孩子们可以得知藏族女孩的装饰包括头饰、耳饰、胸饰与脚饰,首饰的品种包括珊瑚、琥珀、金、银等,而藏区百姓特别注重银饰。

第三,有利于藏语和汉语方言的传承。民族语言和方言本身就是一种文化,是地域文化的载体。所以,在推广国家通用语言的同时,也应该保护和尊重少数民族语言和方言,要为少数民族语言和方言营造生存的空间。甘孜藏区很多地方属于藏汉杂居区,这些地方的童谣中常以藏汉语夹杂的形式出现。因童谣结构简单,语言浅显易懂,节奏明快,一方面可以让汉族儿童了解藏语及藏文化,另一方面也可以让藏族儿童了解汉语和汉文化。例如:

我们排成一排,我们排成两组,我们排成三组,啦斯玛啦吉秀,啦斯玛啦吉秀,啦斯玛啦喜阿楚。(《跳长绳歌》)

[zA][mA][zA](藏语:吃饭),糌粑[zA](藏语:吃),要吃糌粑自己挼(揉弄之意),不来喊阿大,阿大屙尿来慢慢挼。(《糌粑谣》)

金钩金钩钓金鱼,一钓钓个大金鱼。称称称,两斤半,两大碗;笑笑笑,三大炮,老爷喝酒你吃尿。(《金钩钓金鱼》)

叮叮当,卖麻糖,麻糖甜,麻糖香,麻糖贴沟子(方言,意为"屁股"),下河洗沟子,老鸹啄你的黑沟子。(《麻糖歌》)

月亮月亮光光,芝麻地头烧香,烧死麻大姐,气死幺姑娘,幺姑娘告状,搞倒和尚,和尚打鼓,打倒晌午,晌午请客,请到擦黑,擦黑点灯,点到五更,五更狗咬,蒙起沟子往回跑。(《月亮光光》)

《跳长绳歌》是个游戏歌,是儿童在跳长绳的过程中唱的童谣,这首童谣的前三句为汉语,后三句为藏语,韵律和节奏感特别强。孩子们在愉快的活动中非常自如地转换藏语和汉语,这不仅有利于地方语言的传承,也有利于双语能力的发展。《糌粑谣》中的[zA]是藏语动词中的"吃",挼是汉语方言动词"揉弄",这种独特的语言风格不仅有趣,而且对学生双语能力的发展具有很大的价值。《金钩钓金鱼》《麻糖歌》《月亮光光》也有多个方言,对方言的传承也具有很大的作用。

第四,有利于获取新知、发展想象力、提高智力。相较于学龄期儿童和成人,学前儿童生活经验不足,思维水平不高,缺乏自我保护意识和保护能力。而很多民间童谣通过描述一般生活场景、讲述传说故事,用浅显易懂的语言和明快的节奏记录社会现象、生活场景，或展开关于鱼虫鸟兽、花草树木、色彩、数字等包罗万象的生活世界。学前儿童在吟唱童谣的过程中会获得很多的知识经验，从而提高智力。例如：

太阳公公，金色的太阳，银色的太阳，阳光温暖和煦，太阳公公快快来，云儿云儿快躲开，太阳快快把门开，云儿快快把门关。(《太阳公公》)

小手儿空空，但愿找到核儿；星星不要把眼眨，弯弯月亮要升起，祈愿核桃磨穿孔。(《磨核桃》)

金黄色的毽子上插着五彩的羽毛，蓝色羽毛如蓝天，是杜鹃鸟的羽毛；白色羽毛如海螺，是羊角鸡的羽毛；红色羽毛如火焰，是红色雄鸡的羽毛；绿色羽毛如松石，是伶俐鹦鹉的羽毛；黄色羽毛如黄金，是金色黄鸭的羽毛。(《踢毽子歌》)

烟子烟子标熇（方言，意为"烟熏"）我，我是天上的梅花朵，你一朵，我一朵。狗捡柴，猫烧火，老鼠子擀面笑死我。(《烟子烟子不要熇我》)

胖娃儿胖嘟嘟，胖娃儿到成都，成都有好耍，胖娃儿骑白马，白马跳得高，胖娃儿耍关刀，关刀耍得圆，胖娃儿做状元，状元做不稳，噼里啪啦朝下滚。(《胖娃儿上成都》)

橡皮筋，三角跳。马兰开花二十一，二五六，二五七，二八二九三十一，三五六、三五七、三八三九四十一，四五六、四五七、四八四九五十一，五五六、五五七、五八五九六十一，六五六、六五七、六八六九七十一，七五六、七五七、七八七九八十一，八五六、八五七、八八八九九十一，九五六、九五七、九八九九一百一。(《橡皮筋》)

入云的雪山白皑皑啊一，它与雄狮一般白啊二，杨柳村的地平坦啊三，高兴又逢太阳出啊一、二、三，幸福又遇月亮升啊四、五、六，如意树上长了"松石鞍"啊七、八、九。高山草原平展展啊一，它与奶牛一个色啊二，杨柳村的地平坦啊三，高兴又逢太阳出啊一、二、三，幸福又遇月亮升啊四、五、六，如意树上长了"松石鞍"啊七、八、九。(《数九》)

点指梅塘，玫瑰花塘，公鸡上树，衙官退堂，冷饭热饭，吃了滚蛋。(《点指梅塘》)

走上街，走下街，走到王婆的丁字街，王婆婆，开门来，开不开，棒棒打！打不开，磨子压，压不开。天上一把锁，地上一把锁，是哪个的？是我的。打的开不？打的开，哗啦啦，打开了。(《丁字街》)

说起绸和缎，只是名声大，要说暖人身，还数羊皮褂。(《还数羊皮褂》)

《烟子烟子不要熇我》充满童趣和想象，通过形象生动的动物分工劳作场景，介绍了目前很多儿童不太熟悉的传统厨房事务，引发儿童更多地去关注身边的生活。《胖娃儿上成都》通过故事性叙事，介绍了学前儿童并不熟知的关刀和状元。《踢毽子歌》属于游戏歌，孩子们边踢毽子边吟唱，在轻松愉快的活动中认识金黄色、蓝色、白色、红色、绿色五种颜色和杜鹃鸟、羊角鸡、雄鸡、鹦鹉、黄鸭五种动物以及蓝天、海螺、火焰、松石、黄金五种东西，并明确这五种动物和五种东西的颜色。《太阳公公》不仅传达了高原上看到的阳光的颜色，也让孩子们明确了不是没有太阳，而是太阳被云层遮住了，通俗易懂地传递着科学知识。《橡皮筋》《数九》《丁字街》这类童谣，让孩子在游戏过程中增进友谊、培养协作精神，而且在运动锻炼中学习数学、方向，生动活泼，可爱淳朴。

第五，有利于学前儿童口语表达能力和想象能力的提高。学前期是个体口语发展的关键期，而童谣的内容源于儿童的生活，传唱童谣是学前儿童认识世界的重要途径。因童谣形式简单，音节和谐，读起来朗朗上口，故不仅能吸引孩子，而且有利于学前儿童口语表达能力的提高。如《愿他们吉祥幸福》《文成公主》《美丽的孔雀》《我虽不是拉萨人》《在那吉祥的福山上》《在那茶哇各草原上》《吉祥的山沟》《祝吉祥如意》等。

高高的雪山脚下，年幼的我从未去过，去看望山脚下的小雪狮，看它们是否平安。山脚下的小雪狮啊，想来一定平安，愿它们吉祥兴福，祝它们万事如意。高高的崖峰下面，年幼的我从未去过，去看望崖下的小雏鹰，看它们是否平安。崖下的小雏鹰啊，想来一定平安，愿它们吉祥兴福，祝它们万事如意。欢乐的舞场之中，年幼的我从未去过，去瞧瞧拈香姊妹，看她们是否平安。欢乐的姊妹们啊，想来一定平安，愿她们吉祥兴福，祝她们万事如意。(《愿他们吉祥幸福》)

河对面的檀香树，河这边的孔雀毛。第一是飘香的檀香树，第二是美丽的孔雀毛。河对面的白杨树，河这边的凤凰鸟。第一是挺拔的白杨树，第二是高傲的凤凰鸟。河对面的杨柳树，河这边的布谷鸟。第一是苗条的杨柳树，第二是动听的布谷鸟……(《美丽的孔雀毛》)

我虽不是拉萨人，拉萨装饰我知道，拉萨装饰要我讲，八珠发冠头上罩。我虽不是昌都人，昌都装饰我知道，昌都装饰要我讲，镶银皮带腰间套。我虽不是德格人，德格装饰我知道，德格装饰要我讲，头顶珊瑚闪光耀。我虽不是康定人，康定装饰我知道，康定装饰要我讲，红丝头绳头上抛。我虽不是理塘人，理塘装饰我知道，理塘装饰要我讲，大小银盘发上套。我虽不是巴塘人，巴塘装饰我知道，巴塘装饰要我讲，银丝须子额上交……(《我虽不是拉萨人》)

在那吉祥的福山上，拾到金铸的宝瓶。拿走吧，又离家乡太远，丢下吧，又是黄金宝瓶。在那吉祥的福山上，拾到银铸的宝瓶。拿走吧，又离家乡太远，丢下吧，又是白银宝瓶。在那吉祥的福山上，拾到松石的宝瓶。拿走吧，又离家乡太远，丢下吧，又是松石宝瓶……（《在那吉祥的福山上》）

拉萨无城已建成，拉萨城建在海面上。昌都无城已建成，昌都城建在两河间。巴塘无城已建成，巴塘城建在大鹏上。理塘无城已建成，理塘城建在草坝上……（《拉萨无城已建成》）

在那茶哇各草原上，有大大小小的金鸟。大鸟翻过山去了，小鸟却留在草原上。在那茶哇各草原上，有大大小小的银鸟。大鸟翻过山去了，小鸟却留在草原上。在那茶哇各草原上，有大大小小的松绿石般的鸟。大鸟翻过山去了，小鸟却留在草原上……（《在那茶哇各草原上》）

在吉祥的山沟里，忘掉了姐姐的头巾，莫为忘掉头巾而忧虑，明日还可在街上买回来。在吉祥的山沟里，忘掉了姐姐的耳环，莫为忘掉耳环而忧虑，明日还可在街上买回来……（《吉祥的山沟》）

福禄山啊吉祥的山，福禄山上坐落着拉萨日光城，如意释迦牟尼佛啊，是福禄山的珍宝，祝福禄的珍宝显吉祥。福禄山啊吉祥的山，福禄山上坐落着中部的德格城，福禄山上的德格土司啊，是福禄山的珍宝，祝福禄的珍宝显吉祥。福禄山啊吉祥的山，福禄山上坐落着内地的官殿，佛教圣地的文殊菩萨啊，是福禄山的珍宝，祝福禄的珍宝显吉祥……（《祝吉祥如意》）

商人阿日绒布，头上装饰多漂亮，头戴金黄帽子，祝你如意吉祥！商人阿日绒布，颈上装饰多漂亮，颈戴珊瑚项链，祝你如意吉祥！商人阿日绒布，门上装饰多漂亮，八十根彩带做门帘，祝你如意吉祥[①]……（《商人阿日绒布》）

以上这些童谣形式简单，音节和谐，读起来朗朗上口，而且用回环的形式，可以使儿童在有趣的诵读中训练口头表达能力。而且这些童谣是一连串的语言接龙游戏，可以随意往下编，里面蕴藏着大量的生活常识，是发展儿童认知能力的重要素材，可以充分发挥学前儿童的想象力和词汇创造力。

三、民间童谣与学前课程的整合策略

第一，搜集和筛选甘孜州各区域内的民间童谣，为其更好地融入学前课程提供坚实的现实基础。甘孜州的语言工作者和艺术工作者们在调查整理民间文化的基础上，进行了当地民间歌谣的搜集和整理工作。据笔者统计，整理出的民间歌谣有500多首。这些歌谣中包含了很多专门为儿童创作的童谣

[①] 宋兴富．藏族民间歌谣[M]．成都：巴蜀出版社，2004．

和虽非专门为儿童创作但适合儿童听唱的民间歌谣。除了以上这些已经搜集整理成文的民间歌谣以外，各区域内还有很多民间歌谣，其中也包含了丰富有趣的童谣。所以，可以结合甘孜州学前教育的实际情况和学前教育课程开发的具体要求，一方面，在已经收集整理的民间歌谣中选择出适合学前儿童学习、富有情趣、具有教育价值的童谣；另一方面，进一步搜集各区域内的童谣，建立甘孜州民间童谣库，为甘孜州学前教育开发园本课程打下坚实的基础。

第二，选择富有童趣、符合学前儿童语言特点和认知发展特征的民间童谣，融入学前语言教育活动中。对学前儿童语言发展过程的研究发现，促进学前儿童语言发展的方式有两种：一是为其提供丰富多样的书面语言和口头语言的样本；二是为其创造使用语言的机会。民间童谣与学前课程的整合可以实现以上这两个条件。具体方法如下：

（1）让学前儿童听童谣。众所周知，听是说的前提，不善于听，就谈不上善于说。因此，培养学前儿童乐听善听是发展其语言的重要环节。然而，善听的条件之一是注意力集中。而个体注意的稳定性与其自身的兴趣、需要、情绪、年龄、对象的丰富性等有关。一般而言，注意对象越丰富，注意的稳定时间就越长，反之则越短。如果注意对象符合个体的兴趣、能满足其需要，则注意的稳定时间较长，反之则短。个体在开展某种活动时，如果处于积极的情绪状态，那么注意的稳定时间则较长，反之则较短。注意的稳定性与儿童的年龄也密切相关。研究发现，学前儿童的注意稳定时间一般不会超过15分钟，而且年龄越小，注意的稳定时间越短，3岁儿童的注意稳定时间一般只有3~5分钟。学前儿童注意稳定时间的这些特点决定了听的内容不能太长，而且要有趣。童谣恰恰具有篇幅短小、语言浅显易懂、形象有趣、富有节奏的特点。这些特点决定了让学前儿童听童谣的可行性。基于此，一方面，可在学前机构创设良好的语言环境，让学前儿童倾听优美的童谣；另一方面，童谣可以作为语言领域的延伸，让父母在家与孩子一起开展亲子游戏时或与孩子一起阅读时或睡前朗读或吟唱，从而培养孩子良好的倾听习惯和倾听能力。

（2）让学前儿童念诵童谣。评价一个人语言发展水平如何，主要看他语音是否标准、词汇是否丰富、语法是否正确、语感如何等。研究发现，学前期是学习语音的最佳时期，就汉语语音而言，藏族儿童声母和韵母的发音准确性都会随着年龄的增长逐渐提高。从词汇量来看，学前期的词汇内容不断丰富，词汇范围不断扩大。有研究者提出，个体在1岁左右只会用20多个词汇；2岁左右则上升到300~500个词汇；3岁上升至1000左右的词汇；而到了 3~4 岁则上升到 1730 多个常用词汇；4~5 岁则为 2580 多个常用词汇；5~6 岁则为 3560 多个常用词汇。以上这些数据表明，3~5 岁是词汇量飞跃发展的时期，也是口语表达快速发展的时期。学前儿童语音发展特点和词汇发展特点为其学习童谣提供了可能。然而，要把可能性转变为现实性则需要实践，也就是说让学前儿童"说"，而能说的前提是要有足够的词汇量以及能发音。因为词汇是语言的建筑材料，一个人只有掌握了足够的词汇量，才能与人自如地交谈。①对于学前儿童而言，获得新词汇的途径主要有两种：一种是日常生活中与人交流，另一种是成人有意识地教。就从语音语感的培养而言，最好的方式是练习，而反复诵读是练习的最好途径。所以说，能"说"的前提是先"学"，即在"听"的基础上让学前儿童"念诵"。就思维水平而言，学前儿童的思维主要属于动作思维和形象思维阶段；就记忆发展而言，学前儿童的形象记忆和动作记忆效果最好；就注意发展而言，学前儿童很多时候依靠无意注意。基于学前儿童的认知发展特点，学习内容应该具有形象有趣、自然感性、有节奏感等特点，而民间童谣恰恰具有这些特点。因此，教师要创设环境，引导学前儿童念诵民间童谣，从而丰富其词汇，培养其语感，纠正其发音。

（3）让学前儿创编童谣。民间童谣的内容非常丰富，涉及衣食住行、婚丧嫁娶各个领域，而学前教育的最大特点在于回归生活，所以童谣可以和学前机构开展的各项活动相结合。很多教师对童谣的运用停留在开展语言领域活动时听童谣和念诵童谣、开展艺术领域活动时唱童谣。其实，除了在语言领域活动和艺术领域活动以外，开展其他领域活动时，照样可以融入与此有关的童谣，而且，对童谣的学习也不应该仅仅停留在对童谣原初的表现形式（念或唱）和原初的内容，还可以引导学前儿童创编童谣。在学前阶段，创编童谣可以从以下几种形式进行：第一种方法是对童谣内容进行补充，甘孜州很多民间童谣的内容就具有随情境随意添加的特点。如《愿他们吉祥幸福》《美丽的孔雀毛》《我虽不是拉萨人》《在那吉祥的福山上》《拉萨无城已建成》《在那茶哇各草原上》《吉祥的山沟》《祝吉祥如意》《商人阿日绒布》等童谣的结构非常简单，每小段只需要改变一两个词语。以《商人阿日绒布》这首童谣为例，原初的童谣内容为"商人阿日绒布，头上装饰多漂亮，头戴金黄帽子，祝你如意吉祥！商人阿日绒布，颈上装饰多漂亮，颈戴珊瑚项链，祝你如意吉祥！商人阿日绒布，门上装饰多漂亮，八十根彩带做门帘，祝你如

---

① 黄路明. 论童谣的幼儿语言教育功能[J]. 广西大学报：哲学社会科学版，2008（5）：93.

意吉祥！"这首童谣主要描述了头上、颈上、门上的装饰，教师可以引导学前儿童观察手上的装饰、腰上的装饰、脚上的装饰怎么样。手上、脚上、腰上佩戴什么，孩子们非常熟悉。在教师的引导下，他们完全可以补充。教师问："商人阿日绒布，手上装饰多漂亮，手上戴什么呢？"孩子们会说："手戴银饰镯子或手戴黄金镯子或手戴玉饰镯子。"接着大家一起说："祝你如意吉祥！"让学前儿童创编这样的童谣，既简单又有趣，既可以丰富其词汇，又可提高其观察力和想象能力。第二种方法是给原初念诵形式的童谣配音乐，改变为可以吟唱的童谣。很多民间童谣的节奏感本来就很强，而且浅显易懂，所以，可以引导学前儿童在理解民间童谣意思的基础上，用以前所学歌谣的旋律来吟唱，使童谣更加有趣。

第三，把童谣融入游戏活动中。随着身心各方面的发展，学前儿童初步产生了参加社会生活的愿望，但是，学前儿童的能力还非常有限，他们还不能很好地掌握自己的行动，他们的知识经验也非常缺乏，还不能很好地控制自己。因此，他们在学前期形成了渴望独立参加社会实践活动的需要与从事独立活动的经验和能力水平不足之间的矛盾。而游戏活动恰恰能解决这一矛盾。在游戏活动中，儿童心理的这一矛盾逐步得到解决，从而推动了学前儿童心理不断向前发展。因为学前儿童的游戏具有内驱性、非强制性、愉悦性、趣味性、过程性、非生产性、虚构性和想象性等特点。[①]学前儿童参与游戏是自发、自愿的，游戏内容中很多部分是通过想象和虚构反映现实生活，注重过程而非目的和结果，所以，游戏带给他们的更多是快乐的体验和自主自由的体验，而且还能超越时间和空间来"实现"现实生活无法实现的活动。因此，玩游戏成了学前儿童最喜爱的活动，也成了目前学前教育最主要的活动形式。

甘孜州很多民间童谣本身属于游戏歌，如前所述的《踢毽子歌》《大象拔河歌》《橡皮筋》《数九》《太阳公公》《跳长绳歌》等是玩体育游戏时吟唱的童谣。体育游戏与童谣的结合，使学前儿童在轻松愉快的活动中不仅增强体质，促进身体素质全面发展，同时也有利于提高心理素质，培养良好的情操和规范意识，形成认真的态度、责任感、合作意识、勇敢拼搏的精神等。《磨核桃》《王婆婆》《月亮光光》等与手指游戏密切相关。很多民间童谣的内容非常简单，主要反映的是具体的物象。学前儿童只要具备初步的手型基础，教师都可以引导学其玩手指游戏。另外还可以根据童谣的内容，让学前儿童自己创编手指游戏。很多孩子会陶醉于这种充满乐趣的想象活动中。[②]所以，玩手指游戏可以

[①] 虞永平，万春燕. 学前教育学[J]. 北京：高等教育出版社，2012：241.
[②] 蒋惠娟. 多元创编彰显手指游戏的价值[J]. 早期教育（教师版），2014（6）：28-29.

通过各种手型来表现童谣中的相应物象,这样不仅可以提高学前儿童的手部小肌肉的灵活性,还可以提高学前儿童对物象的感知力和表现力。

其实,还有很多民间童谣都可以融入相应的游戏活动中。因儿童的游戏能力依赖于他们的思维能力和认知发展的各个阶段的性质。根据皮亚杰的认知发展阶段学说,学前期处于前运算时期。这一时期,儿童最喜欢玩的游戏为建构游戏和假装游戏。建构游戏是儿童为了建成某些东西而进行的对物体的操作,一般而言,儿童会利用木块、树枝、树叶、麦草、沙子、小石子、泥土等来进行建筑各种建筑物的游戏。甘孜州很多民间歌谣恰恰也反映了生活过程中与此相关的内容,所以,可以把这些童谣和相应的建构游戏融合在一起,比如《打阿嘎歌》("请看我的右手多强壮,请看我的左手强壮,在这莲花般的大地上,靠我们的双手盖起新房")、《盖房歌》("不要埋头干活,应当放声歌唱,不吭不哈的劳作,使人想起的地狱。歌儿是我的朋友,号子是我的帮手,自己干起来痛快,别人看起来羡慕")、《打墙歌》《拉萨无城已建成》等。童谣与建构游戏的结合,进一步加强了游戏活动的趣味性,使学前儿童在宽松、自由、愉快的环境中发展身体机能、获得新知、提高思维能力和想象能力。假装游戏最大的特点是"替代性"和"假定性",这种游戏既表现出与现实相似的一面,又充满了色彩。假装游戏的最大功能在于能帮助学前儿童练习和巩固已经获得的知识和技能;练习各种社会角色,从而发展社会性技能;能促进学前儿童的创造能力,还能帮助学前儿童区分幻想和现实。甘孜州的很多民间童谣本来反映的就是社会生活,学前儿童在玩假装游戏时通过扮演不同的角色,吟唱与此相应的童谣,在愉快的游戏活动中了解相关的知识,积累丰富的词汇,发展想象力。如在开展角色游戏娃娃家、商店、厨房、牧场等时吟唱《烟子烟子不要燻我》《文成公主》《我虽不是拉萨人》《还数羊皮褂》《挤奶歌》等,因为角色游戏有一定的主题,反映一定的生产生活场景,学前儿童在扮演各种角色的过程中,能获得相关的生产生活常识,提高语言表达能力,发展创造能力和想象力,学会与人相处之道。

第四节 甘孜州民间谚语与学前课程的整合

一、可供选择的谚语资源

一条谚语尽管短小,但它含义精深,能一语道破事物的真谛,闪耀着真理的火花。人们往往在不知不觉中受到鼓舞，得到启迪，获得生活的知识和美的享受。藏族谚语是藏族民间文学中的一颗明珠，是藏族人民社会实践和生活积累的结晶，是藏民族语言的精华。它以简洁生动、节奏鲜明的语句，从不同角度反映了藏族人民广阔的社会生活，表达了他们真实的思想感情。在藏族人民的日常生活中，随时可以听到寓意深刻、是非分明、语言通俗、含义贴切的言语，有歌颂的、赞美的、揭露的、训诫的，也有蕴含真理的、传播知识的。可以说，在藏区，上至日月星辰、下至江河湖海，几乎世间万物都包含在丰富的谚语中。这些短小、精辟、幽默、优美的谚语包罗万象，对弘扬民族文化、移风易俗起着重要的作用。①

甘孜州各地的谚语浩如烟海，从目前已经收集整理的谚语数量来看，宋兴富主编的《藏族民间谚语》中有 2000 余条；杨岭多吉主编，格桑曲批搜集、整理和翻译的藏汉双语对照本《康巴谚语集》中有 3000 余条，甘孜州文联编的《藏族民间谚语集成》中有 2000 余条。这些谚语涉及人们生活的方方面面。笔者对以上这些书籍的阅读发现，有关劳动类的谚语有 70 多条；学习类的谚语有 100 多条，道德的类谚语有 80 多条；警言类的谚语有 100 多条；斗争类的谚语有 50 多条；生活类的谚语有 400 多条；自然类的谚语有 60 多条；友爱类的谚语有 100 多条；修养类的谚语有 30 多条、讽喻类的谚语有 40 多条、农杂类的谚语有 60 多条。除了以上这些谚语以外，肯定还有很多笔者没有查阅到的民间谚语以及学者们未搜集、整理出的民间谚语。

二、甘孜藏区民间谚语与学前课程整合的价值

这些谚语与人们的生产生活密切相关，具有鲜明的民族特色和地方特色，而且形式简短、生动、通俗，寓意深刻，富有哲理，反映了人们对真善美的追求和对假恶丑的抨击。这些谚语中除了少部分带有消极的、唯心的、语言上有些灰色成分的内容以外，大多数都是民族文化中的精华，对个体具有重要的教育意义。从这些谚语与学前课程整合的视角来说，具有以下一些价值：

第一，有利于学前儿童的社会性及人格品质的发展。6 岁前是人的行为习惯、情感、态度、性格等基本形成的时期，是儿童养成礼貌、友爱、帮助、分享、谦让、合作、责任感、慷慨大方、活泼开朗等良好品质的时期。儿童在学前期形成的良好社会性和人格品质有助于儿童积极地适应环境、顺利地适应社会生活，从而有助于他们健康成长和成才。甘孜州地处青藏高原，高

---

① 宋兴富. 康巴民间文学集成丛书—藏族民间谚语[M]. 成都：巴蜀出版社，2004：1.

原上气候条件恶劣。生活在这里的人们必须辛勤劳作才会有收成,团结合作才能在高原上延续后代,生生不息。所以,藏族人民历来都赞扬勤劳朴实、勤奋学习、正直善良、团结友爱、珍惜友谊、胜不骄、败不馁、不畏艰难困苦之人,讽刺好吃懒做、不思进取、钩心斗角、骄傲自满之人。长辈对晚辈的教诲中有很多都属于如何做品德高尚之人的内容,自然也就产生了很多相关的谚语。

表达劳动可贵的谚语有:"人穷不是命注定,而是好吃懒做造成。""迈出三步能吃得三口饭,一动不动只能等饿死。""万物土中生,全靠人勤劳。""山上弯弯腰,家中不愁烧。""若怕老来穷,少时莫等闲。""光说不做如水泡,实干才会有成效。""勤劳的人幸福,好吃的人受苦。""大地下埋着珠宝,勤奋中藏着幸福。""勤劳的手能使石头变成黄金,懒惰的手会使黄金变成石头。""泥泞砂石中可以淘出金子,辛勤汗水可以找到幸福。""不付出辛勤的劳动,怎能获得香甜的食物。""闲着无事是痛苦,忙忙碌碌是幸福。""春三月里不播种,秋三月里无六谷。""要得夏天挤牛奶,必须冬季养奶牛。""希望寄托于雪山,田地早得冒青烟。""地里若无肥料,仓里怎会有粮。""土质虽然很肥沃,不付辛劳无收获。"……

教人乐学善学,积极向上的谚语有:"骏马不常骑,到头不如蛤蟆;知识不常用,死后变成废渣。""愚昧的人心中喜怒无常,明智的人总是胸怀坦荡。""傲慢的人昂头说话,谦逊的人善目看待。""大凡口中无妙语,皆因腹中缺知识。""人要有志气,树要有硬皮。""无谚之语难听,无盐之茶难喝。""不迈步子不会走路,不学文化不懂历史。""没有刻苦钻研,哪有优良成绩。""才华是腰刀,勤奋是磨刀石。""颤抖的歌声不悦耳,颤手的书法不美观。""腹中无智慧,行为似犬类。""智者的学识在腹中,愚人的学识在嘴上。""大海不嫌河水多,学者不嫌知识多。""与其施舍财物,莫如授人学问。""小河流水响声大,学识肤浅好自大。""扎巴念经不抬头,只因未读熟。""与其家有成群牛马,不如人有一技之长。""空壳麦穗挺拔,无知之人高傲。""知识要一点一点积累,糌粑得一口一口嚼碎。"……

教人珍惜友谊,团结合作、家庭和睦的谚语有:"树成林,可防风,人聚众,事成功。""不要相信朋友,而要相信患难之交。""要想帮助别人,必须舍得吃亏。""朋友不能同甘苦,结交朋友有何用。""单丝不成布,独木不成林。""好友越多越好,怨敌越少越好。""美丽的花朵要爱护,诚挚的友谊要珍惜。""沟谷之间要桥梁,朋友之间要团结。""一千个朋友不算多,一个仇人不算少。""只有一口饭也同吃,只有一件衣亦同穿。""与好人结交学好,与恶人结交变坏。""家中不吉祥,外事难兴旺。""内部意见分歧,外部难成大事。""父亲在场儿子莫多言，母亲健在女儿莫用权。""叔伯顶半个父亲，姨妈顶半个母亲。""父开心，儿欢乐；儿成才，父喜悦。""狮子保卫树林，树林掩护狮子。"……

教人养成不骄不躁、不畏艰难困苦、正直善良、严于律己、宽以待人等优良品质的谚语有："高山顶上不长草，贵人头上不长毛。""受人赞美不狂喜，遭人诽谤不气馁。""走运时要夹紧尾巴，落难时要昂首挺胸。""大海不讥笑滴水，知道自己由滴水积成；雪山不讥笑石块，清楚自己由石块堆成。""再平坦的路也有小坑，再长的路也有尽头。""话要说实，石要投准。""口与心要正直，身与手要干净。""自己脸上的牦牛看不见，别人脸上的虱子看得清。""与一人不和可以怨他人，与众人不睦只有怨自己。""木尺虽短，能量千丈。""忠言难听，苦胆难吃。""吃得太多要生病，说得太多惹是非。""多嘴多舌易得罪人，多心多疑难成大事。""说多了，父亲也会得罪儿子，过量了，蜜蜂也会伤肝脏。""说话伤人是罪过，扫把打人是侮辱。"……

以上这些谚语语言简洁、通俗易懂，并且与农牧区孩子的生活经验相一致。在教师的引导下，学前儿童能够理解这些谚语的含义，且能明白优良品质的重要性，这对一个人一生的发展都具有重要的影响。

第二，有利于学前儿童认知能力的发展以及生活智慧的积累。学前期是个体大脑发育的关键期，这一阶段的儿童具有巨大的学习潜力。但这种发展特点只能说明学前期的儿童具有很大的发展可能性，要把这种可能性变成现实性，需要成人提供适合学前儿童发展的刺激。国内外很多研究表明，良好的学前教育能使学前儿童在认知、语言、性格等方面得到更好的发展，特别是对儿童认知和学习发展产生持续的影响。那什么样的刺激适合学前儿童呢？甘孜藏区很多谚语用浅显易懂的语言反映了当地的生产生活，体现了当地人民的生存智慧。将这些反映当地人民生产生活智慧的谚语融入学前教育中，是学前教育回归生活的一种方式。而回归生活的学前教育才是有利于学前儿童的健康成长的。

众所周知，一个地区的气候现象在其农牧业生产中起着不可替代的作用。甘孜州很多有关自然现象类谚语是劳动人民通过观察星象、野生动物习性、植物生长特点来判断未来本区域内的气候趋势和来年自然灾害情况的。这些谚语便捷地帮助老百姓估测气候变化和气候趋势，在指导农牧业生产方面起到了重要的作用。例如："清晨漫步有脚印是雪相，清晨漫步无脚印是霜冻。""夏季温降要下雨，冬天升温要下雪。""滑山顶上云雾绕，料定不会出太阳。""春草是药，秋草是毒。""河水升温要下雨。""春天下大雪，乐了农民愁了牧民。""春季无雷难下雨。""冬雪降得多，春天来得早。""冬季黎明满天红，下午必定有大风。""鱼鹰贴着水面飞，便知河内有鱼类。""白云朵朵往前飘，天要放晴的先兆。""鸟老羽毛少，人老头发稀。""公鸡啼鸣天将亮，母鸡啼鸣夜降临。""母鸡模仿公鸡叫，几天之后有雪飘。""乌鸦汇聚之地，定有一具死尸。""山青野兽多，水秀禽鸟多。""元月下大雪，早夏有旱情。""山羊喜欢石山，绵羊留恋草坡。""东风吹来天有雨，西风刮起天要晴。""山顶夏日飘雪花，山谷冬天长青草。""南边闪电雨不见，北边闪电雨不断。""早上的阳光照在阳山上，下午的阳光会照到阴坡。""秋雪盖不住绵羊背，春雪遮掩了雄鹿角。""草原是牛羊的乐园，天空是飞鸟的乐园。""天上不下甘露，地上不生五谷。""鱼儿离不开水，猫头鹰离不开岩石。""狼崽子聪明，豺崽子善跑。""犄角长在头上，树木生在土里"……

　　甘孜藏区的很多谚语属于反映生活常识的。这些谚语中隐藏着极大的智慧，学习、了解这些谚语有助于个体更好地适应社会、处理人际关系等，从而提高幸福感。例如："大路上马比羊跑得快，窄路上羊比马跑得快。""嘴馋的人病多，话多的人爱惹祸。""混熟了小狗舔人脸，宠惯了儿子变仇人。""住帐房的牧民养牛羊，住木房的农民种粮食。""亮晃晃的云，要下雨，笑眯眯的人，是滑头。""春天的气候忽冷忽热，人生的道路有祸有福。""没吃官司是幸运者，没有负债是富人家。""宠惯了儿孙变仇人，吃多了酥油也伤胃。""有问无答是哑巴的象征，光吃别人是饿鬼的习俗。""一日当小偷，终生背骂名。""改变男人主意的是女人，拱翻草原植被的是雪猪。""没有本事的国王喜欢骂百姓。""斗不过狗向猪扔石头。""胆大的惹龙惹虎，胆小的怕猫怕鼠。""口似奶汁，心如针刺。""不经三次冲突，难成知心朋友。""穷人是富翁的奴隶，富翁是钱财的奴隶。""不闻闲语不怄气，不见食物没食欲。""贪婪者无知足时，怨恨者无亲睦时，嫉妒者无欢乐时，吝啬者无富有时。""天快亮时夜最黑，人临终时心最善。""新鲜的酥油无杂质，碧绿的江水无毒素。""酥油以为糌粑吃了自己，糌粑以为酥油吃了自己。""小人物不可当中人，小石块不能作界石。""前半生受苦，后半生要享福；前半生享福，后半生得吃苦。""农民富了修住房，牧民富了搬牛场。""翻过一座山，有段下坡路；经历一次苦，就有一次福"……

三、民间谚语与学前课程整合的策略

　　民间谚语对学前儿童的价值是毋庸置疑的，主要问题在于采用什么样的教育方法。对于学前儿童而言，不能使其死记硬背民间谚语，不能一味地强调"读书百遍，其义自见"，而是要根据学前儿童的身心特点和民间谚语的特征采取适合的方法。

第一，采用情境教育法。这里说的情境教育法，就是把学前儿童引入或为其创设生动具体的场景。具体可采用以下几种方式：一是通过具体的生产生活场景展现情境，也就是把学前儿童带到大自然、带入社区，在生产生活中选取典型的场景，让学前儿童进行观察，教师在旁边用语言描述相应的民间谚语。比如农牧区学前教师早晨发现滑山顶上云雾缭绕，就让孩子们走出活动室或走出学前机构，到便于观察滑山顶上云雾的地理位置，让孩子们观察滑山顶上的云雾，并描述"滑山顶上雾迷茫，料定不会出太阳"，并解释什么意思。到了下午，给孩子们进一步强调今天没看到太阳的事实，从而验证整个谚语所表达的气候特征。再比如带小朋友到草地上，让他们观察羊群中的领头羊是如何带领羊群的，然后描述"老羊往哪跳，羊群跟着跃"，并解释这句谚语。二是通过挂图、剪贴画、简笔画、照片等形象的手段把谚语的内容展现出来。比如给孩子们看山顶上飘雪的照片和山谷中青草的照片，并强调第一张照片是夏天照的，第二张照片是冬天照的。先让孩子们感到新奇，然后用语言描述"山顶夏日飘雪花，山谷冬天长青草"，并解释为什么山顶上夏日还会飘雪以及山谷中冬天为什么会长青草。三是采用现代信息技术手段，通过色彩鲜艳、动作形象、声音恰当的直观材料来展现情境。比如在屏幕上出现黑夜的景象和一只公鸡啼鸣的片段，紧接着出现天亮的景象，然后出现"公鸡啼鸣天将亮"几个字。教师念这几个字，并解释什么意思。然后视频中又出现太阳要落山的景象以及一只母鸡啼鸣的片段，接着就出现黄昏和黑夜的景象，并展现"母鸡啼鸣夜降临"几个字。教师先念这几个字，并解释这是什么意思。

第二，朗诵法。朗诵法是语言教育不可或缺的一种方法。朗诵谚语的具体方法是先由教师准确、富有感情地朗读，然后用形象生动的语言进行讲解，使学前儿童理解谚语所表达的意思，接着就让学前儿童复述、吟咏。甘孜藏区的很多谚语，不仅包含了丰富的生活经验和深刻的处世哲理，而且藏语版的这些谚语通俗易懂，韵律优美，朗朗上口。所以，让学前儿童吟咏这些谚语，不仅能使其获得知识经验、审美享受，学会处世之道，而且可以培养其倾听能力、表达能力。如"马不能当资产，肉不能当饭吃""长犄角者并非都是野鹿，长蹄子者并非都是牦牛""酒后嘴巴多，雪后脚印多""大小河流都有两岸，大小事物都有两面""马未调教不可骑，话无根据不可提""忠言不悦耳，苦胆不爽口""小石头也能打烂陶罐，小火星也能烧毁草山""百闻不如一见，百说不如一干""到山顶要俯身，到河边要站稳""穷人是富翁的奴隶，富翁是钱财的奴隶""农民富了修住房，牧民富了搬牛场""天空时晴时阴，大地时黄时青""天上不下雨，地下不长苗""元月下大雪，早夏有旱情"等谚语韵味优美，读起来朗朗上口，通俗易懂，而且包含了很多生活常识和人生哲理。

第三，采用语言接龙游戏。一方面，开展游戏活动与学前儿童好动好问的特点相符合；另一方面，民间谚语大多为有韵味的偶数句，适合一人一句的接龙方式。所以说，开展谚语接龙游戏活动既符合学前儿童的身心特点，又符合民间谚语的特征。如一人说"智者学识在腹中"，另一人接"愚人学识在嘴上"；一人说"大海不嫌河水多"，另一人接"学者不嫌知识多"；一人说"无谚之话不如不说"，另一人接"无盐之茶不如不喝"；一人说"骏马的翅膀是马蹄"，另一人接"智者的翅膀是学识"；一人说"美丽的鸟翅在外面"，另一人接"学者的智慧在腹中"；一人说"学要直至学懂"，另一人接"问要直至问清"；一人说"闭口不谈者未必都蠢"，另一人接"滔滔不绝者未必都智"；一人说"鸟美美在羽毛"，另一人接"人美美在品德"；一人说"豹子不咬大象"，另一人接"骏马不斗牦牛"；一人说"沟谷之间要桥梁"，另一人接"朋友之间要团结"；一人说"说话要轻言细语"，另一人接"走路要轻手轻脚"；一人说"多嘴多舌惹是非"，另一人接"多手多脚招亏损"；等等。

第六章
甘孜州民间艺术与学前课程的整合

从 20 世纪 80 年代开始，多元文化思想和特色化思想再次进入我国研究者的视野，教育研究者们也再一次关注起多元文化教育和教育的特色化问题。尤其是基础教育课程管理方式采用国家、地方、学校三级管理以后，教育研究者和一线的教育工作者们开始热情满满地开发地方课程和校本（园本）课程。就这短短的十几年间，便开发出了上千种地方课程和校本（园本）课程。而在民族地区，民间艺术在学校（幼儿园）教育中的开发和利用成了民族教育研究者和工作者开发地方课程和校本（园本）课程的主渠道。目前，我国大多数民族地区都开发出了相应的地方课程，民族地区的很多学校和学前机构也开发出了相应的校本课程和园本课程，而且，部分地区和部分学校（学前机构）的研究取得了很大的成效。这些研究成果丰富了民族教育资源，一定程度上实现了教育特色化的目标。当然也有成效不高，甚至以失败而告终的案例。造成这一结果的原因很多，但重要的一点是民间艺术在学校教育中的开发与利用缺乏合理性和科学性，不仅导致了人力、物力、财力的浪费，甚至不利于孩子们健康地成长。基于此，本章讨论民间艺术与学前课程整合的相关问题。

第一节 民间艺术与学前课程整合的可行性

如前所述，选择的学前课程必须符合相关的教育法规、学前教育的培养目标、学前儿童的身心特点，而且，就民间艺术的内容和形式而言，其与学前课程整合的途径是多样化的。所以，民间艺术与学前课程整合，首先要明确相关的教育法规、学前儿童的语言、身体、智力发展等特点。

一、民间艺术与学前课程整合的教育法规依据

《中华人民共和国教育法》第七条明确规定:"教育应当继承和弘扬中华民族优秀的历史传统,吸收人类发展的一切优秀成果。"

《中华人民共和国民族区域自治法》第三十八条规定:"民族自治地方的自治机关组织、支持有关单位和部门收集、整理、翻译和出版民族历史文化书籍,保护民族的名胜古迹、珍贵文物和其他重要历史文化遗产,继承和发展优秀的民族传统文化。"

《国家中长期教育改革和发展规划纲要(2010—2020年)》:第九章第二十七条规定:"国家对双语教学的师资培养培训、教学研究、教材开发和出版给予支持。"

《幼儿园工作规程》中规定:"培养幼儿初步感受美和表现美的情趣和能力。"

《幼儿园教育指导纲要(试行)》中规定:"适当向幼儿介绍我国各民族和世界其他国家、民族的文化,使其感知人类文化的多样性和差异性,培养理解、尊重、平等的态度。"

《3~6岁儿童学习与发展指南》艺术领域活动的教育建议中提出:"创造条件让幼儿接触多种艺术形式和作品","带幼儿观看或共同参与传统民间艺术和地方民俗文化活动"。

总之,以上这些法规和政策为民间艺术与学前课程整合提供了保障。

二、学前儿童的身心发展特点为学习民间艺术奠定了基础

从动作发展来看,相较于婴儿期,学前儿童掌握了跑和跳的技能,能够独脚跳,能够独脚站。学前儿童运用物体的动作也比婴儿期有了很大的提高,他们能准确地抛出物体并能够准确地拿回。学前儿童的精细动作的协调性也有了很大的发展,特别是4~5岁儿童的精细动作技能发展特别迅速。以绘画为例,他们能够画很多内容的画,不仅可以画日常生活中的事物,也可以根据故事情节来画图。

从语言发展来看,相较于婴儿期,学前儿童不仅发音更加标准、词汇量丰富、掌握了基本的语法结构,而且能通过语言描述、讲解来认识更多不能直接感知的事物。另外,他们不仅能在成人的言语指示下来调节自己的行为,而且能通过自己的言语来调节自己的行为。

从感知觉发展来看,学前儿童的各种感觉都在迅速完善,特别是视觉、听觉、触摸觉有了进一步的发展。而且对颜色的辨认能力、视觉感受性、听

觉感受性等都随着年龄的增长而逐渐提高。另外，他们的颜色知觉、空间知觉、观察能力都有了很大的发展。比如有研究表明，5 岁左右的学前儿童对红、白、黑、黄、绿、蓝、橙、紫等 8 种颜色的正确命名率达到 90%以上。

从思维能力和想象能力的发展来看，整个学前期以具体形象思维为主，但学前初期，直观行动思维还占有一定的地位。到了学前晚期，抽象逻辑思维有了一定的发展。相较于婴儿期，学前儿童的想象力有了很大的发展。虽然整个学前期都以无意想象为主，但有意想象和创造性正初步发展，而且以想象过程为满足。

总之，学前儿童的以上这些身心发展特点为他们学习民间艺术提供了可能性。

三、甘孜州具有丰富的可供选择的民间艺术资源

（一）民歌

藏族人民不分男女老少都能歌善舞，无论走到高山村寨还是辽阔牧场，随处都能听到优美的歌声，所以，甘孜州有"歌舞海洋"的美称。甘孜州的民歌极为丰富，大致可以分为山歌、情歌、酒歌、劳动歌、月令曲、婚礼歌、新房落成歌、迎宾歌、送别歌、催眠曲、箍箍卦等。

山歌就是人们在放牧、伐薪、驮运赶脚、田间劳作时，为了驱散疲劳、抒发感情或与同伴交流时吟唱的歌。内容大多为歌颂大自然，触景生情，有感而发，借物言志，抒发积压在心中的感情。山歌可分为农区山歌和牧区山歌。农区山歌高昂婉转，便于隔山传送歌声，音域较宽。牧区因地处草坡，歌声舒展，并不着意去追求高昂，吟唱中透出一种随意的草原风韵。不管是农区还是牧区，各地区的山歌种类都很多。

情歌就是传递人们真实情感的歌曲，内容主要包括男女相爱之情、对父母敬爱之情、对大自然的爱恋之情、对家乡的眷恋之情等。因此，情歌内容宽广、感情深沉、曲调丰富（有的曲调开朗、有的哀怨、有的深沉、有的委婉）、节奏多变。

酒歌，藏语称"羌谐"，是在重大节日、迎接贵宾、亲友欢聚时，兴之所至而唱的歌。酒歌可分为两种：一种为载歌载舞型，这类酒歌曲调丰富、节奏明快热情；另一种为只唱不舞型，这类酒歌曲调优美，音乐悠长。甘孜州各县都有各自的酒歌，所以，酒歌的种类也很多。

劳动歌就是劳动时唱的歌，民间称"勤依啰"，主要起消除疲劳、组织劳

动、协调动作、鼓舞劳动热情的作用。劳动歌的内容和形式多样化。如打土巴、收割、犁地、打青稞时，采用对唱的方式，每句两小节、四拍，使动作处于一轻一重的平衡反复之中，从而使劳动长时间坚持；唱打墙歌、搬运歌、打夯歌时，有领唱者，一领一合，将大家的力量集中到一个节奏上。

月令曲是告诫人们不要误农时、勤于耕作的歌。曲调流畅，朗朗上口，音域不宽，一般在五音区内变化。内容大多为当地季节的变化，使人掌握二十四风和土木的特点，进行农耕，达到五谷丰登、六畜兴旺。甘孜州各县都有月令曲，因各地的气候特点不同，劳作方式有差异，月令曲的曲调和内容有一定的差异。目前，州内流行最广的是巴塘县的《月令曲》。

婚礼歌是婚嫁时唱的歌，婚礼歌主要包括叙丰歌、接亲歌、送亲歌、进门歌等。曲调丰富多彩，变化多端，有的优美抒情，有的欢快跳跃，充满嬉戏，有的情绪激烈、诙谐。

箍箍卦，藏语称"谐莫"，是人们相聚时玩的一种游戏。参加人数不限，位置排列无定式。每人取出一件自己的随身小物件，如戒指、纪念章、钥匙等，交给一个人藏在怀中。执行人暗摸一件在手，不与人看见。大家开始唱歌，唱完后亮出物件，是谁的，唱词内容就与这个人结合起来进行解释。被印证的人有的得意，有的失望，有的高兴，有的尴尬。不管哪种情况，大伙都很开心，甚至捧腹大笑，然后再进行下一个，依次相循。"谐莫"曲调优美，情绪轻松、活泼、诙谐，歌词一般为六音节，每段四句，两段或三段为一个完整的内容。

（二）民间舞蹈

甘孜州内藏族民间舞蹈主要有锅庄、弦子、热巴、学羌、踢踏。

锅庄在藏语中称"卓"，为自娱性歌舞。锅庄的顺序为相见歌、颂歌、抒情歌、对歌、扎西等。锅庄舞为一曲一舞，歌词均有完整的内容。内容演唱完毕，一段舞蹈就结束。跳舞时，男女分队围圈而立，由男队开头女队相应，轮歌一遍。第二遍以后就进入轮舞。舞蹈由慢板开始，逐渐进入中速，将内容表达完后进入快速。结束一个舞蹈，再表演另一个舞蹈。甘孜州各区域内的语言不尽相同，所以，各区域内关于锅庄的称谓，跳锅庄时的服饰、动作、表达的内涵也有一定的差异。

弦子在藏语中称"谐"，也是一种围着圆圈跳的舞。因为用弦胡伴奏，汉语称弦子。主要分布于金沙江流经甘孜段的南路两岸，其中以巴塘弦子最负盛名。弦子的歌词内容丰富、自然，通常表达的是对父母、朋友的美好祝愿；对家乡、大自然的赞美；颂扬佛法无边等。弦子舞的下肢动作以膝部的颤动最为特色，通常为拖步、平步、三步一抬、一步一靠，轻微的踏地和点地等动作；手臂动作以长袖善舞为特色，以肩部带动抛袖、摆袖、换袖、撩袖等动作，给人以轻盈飘逸之感。弦子的旋律流畅，节奏鲜明，动作极具韵味，而且易学易跳，所以深受群众的欢迎。

热巴是以家庭为演出单位的歌舞。热巴讲究声、色、艺，演出形式活跃，表演风趣、诙谐。表演时，女演员手持长把扁圆鼓，边舞边用如钩形的鼓槌敲击鼓面，鼓声咚咚，舞姿优美；男演员手持"盘铃"，在摇铃的节奏中，边舞边念念有词。热巴节奏明快、动作丰富、音乐优美。

踢踏舞源于西藏，最初只限僧侣表演，后来僧人大批还俗，踢踏舞也带入了民间。踢踏舞的动作流畅自如，洒脱大方，舞步明快激烈。州内最有名、最具独特风格的是甘孜踢踏。

（三）绘画

甘孜州内的绘画艺术主要有唐卡、壁画、坛城画。

唐卡藏语意思为卷轴画。唐卡按质地和制作工艺，一般分为三类，即绘制唐卡、织物唐卡、印制唐卡。一般而言，唐卡都是绘制的，所以，大多数唐卡为绘制唐卡。它的制作一般用亚麻布或粗毛布为底，较珍贵的用丝绸作底布。作画之前，先将画布四周用麻线穿起来，撑绷在特质的木框上，使布有弹性、平展而不皱。然后用骨胶和滑石粉调成糨糊状涂抹画布，将布上的小孔全部封死。涂匀后，用蚌片或光滑石子将糊状物刮平磨亮，干燥后即可作画。唐卡画的题材非常丰富，可表现天堂、人间、地界。画家往往把情节繁多、连续性强的故事巧妙地勾勒在画面上，使内容丰富多彩。

甘孜州大小寺庙、民宅、驿站、客栈、锅庄的四壁、天花板和大门上都绘有以佛、菩萨、护法、六道轮回、宗教人物、历史人物、建筑装饰、民俗风情等为题材的壁画。壁画在技法上一般采用单线平涂，在打磨光洁的白墙上先用淡墨或淡色起稿，然后给主体人物等着色，再画背景，最后统一勾勒线条。从构图上看，画面非常充实。使用的颜料大多是矿物质的，如石膏、石绿、土红、朱砂、金粉等。这些颜料不透明，遮盖力强，不易变质。

（四）雕塑

1951年以来，康定、泸定、丹巴、九龙、雅江、稻城、得荣、巴塘、炉霍、道孚、甘孜、白玉、新龙等县都发现了大小石棺群墓，遗址中出土了大量的石器、骨器、陶器、装饰品和丝织品等珍贵文物。这些文物证明了生活在新时期时代的康区人民的生活。同时，从出土的文物中还可以看到，自春秋战国以来，许多雕塑品也伴随着生产生活的需要不断发展。特别是 7 世纪以后，随着藏传佛教的普及，雕塑艺术在寺庙里逐渐占有重要的位置。各佛寺内外泥、木、石、金雕刻的作品比比皆是。这些作品造型美观、装饰别致、风格别具，尤其是佛像作品，在艺匠们穷年累月地精研制造的基础上，这些佛像造型优美，五官面目清晰，比例恰当，特别是手脚等细部刻画得非常生动。直到今天，这些木雕、石刻、泥塑艺术还在以父传子、师傅传徒弟的形式延续着，同时也因未全面开发、经济效益低等原因正濒临消失。其实，将这些艺术整合之后，可以使其成为学校的课程内容。在这里，笔者主要谈谈适合学前教育的泥塑艺术。

泥塑的原材料有黄泥、纸筋或麻筋、木条、经书、铁丝、草绳等。黄泥要求黏性强，和泥前先用筛子筛去小石等，然后调水加上纸筋，反复捶打，使泥柔软光泽。

泥塑多数以一厚木作为泥塑"脊柱"，支撑重力。有骨架后再缠绕麻绳，然后再敷泥。塑时一般从下部开始塑起，泥壳大致厚 1 厘米，有时也根据塑像尺寸大小决定泥壳厚度。

泥师使用的工具主要是木质的铅笔状木棍。这种工具一种是两端各有一个互相平行的铲面，有的铲面还刻有相互交叉的印槽。另一种则是只有一端有光滑铲面，为塑像泥壳完成后抹光用。使用颜料多选用植物和矿物，如黄连熬成黄色、雄黄制成金黄色。

寺庙塑像多是彩塑。佛像属于圆锥泥塑，以木板或石板作底，在底盘上打眼立木柱，根据人物坐式或立式，确定其中心点。按尺寸比例计算肩宽，以一种树枝条捆扎出体态轮廓，有的分开部位，最后组装合成。架子成形后从下至上用黄泥塑出泥坯。再将五官和衣纹精雕细刻，打磨后刷一道胶泥，按手、头、服饰分别着色，最后勾金线，方大功告成。

除立体泥塑外，还有许多小型浮雕佛像，藏语称"擦擦"。"擦擦"是用硬模挤压而成，或用单面凹凸版模压制而成。

（五）建筑艺术

甘孜州的建筑历史悠久，据考古发现，5000 年前已有泥土筑成墙的建筑，稍后就有了砌石建筑。目前，州内各区域因气候条件、地形、生产生活方式不同，形成了各具特色的民居、官寨、高碉、桥梁、塔等建筑艺术。

（六）服饰

甘孜州各区域内的气候特点和自然环境的不同，形成了各具特色的服饰。

不仅牧区和农区有较大的差异,而且各区域内的服饰也有较大的差异。各种服饰均体现出适应当地生产生活的实用性。

从藏装来看,不仅农区、牧区有差异,且随着季节变化也有所不同。春季藏袍以氆氇为主要原料,夏季藏袍以哗叽、藏片、青布等较薄型面料为主,冬季以棉袍和羔儿皮等为主。总的来说,左襟大,右襟小,便于穿戴和劳作。牧区服装多以羊皮袍为主,袍型肥大,便于臂膀自由伸缩。从藏帽来看,藏冒样式较多,原料差异也较大,男女帽样式和戴法各异。从藏鞋来看,不仅样式各异,而且材料也有多样性。从藏饰来看,广泛运用珠宝、金银、象牙、玉器、玛瑙、珊瑚等,而且形状各异。

综上所述,甘孜州有丰富的民间艺术资源可与学前课程相整合。

四、民间艺术中含有丰富的符合学前儿童审美特点的因素

从目前已有的相关研究和学前教育实践来看,学前儿童喜欢民间艺术,原因是民间艺术具有好看、好听、好玩和好学的特点[①]。

(一)民间艺术具有形象夸张、色彩鲜艳的特征

从甘孜州民间艺术来看,民间美术中的唐卡、壁画,雕塑中的酥油花、泥塑佛像,跳民间舞蹈所穿戴的服饰,建筑艺术中的农区民居、寺庙、官寨都具有色彩鲜艳、丰富、夸张的特征。另外,民间绘画中的唐卡和壁画直观形象地表现了很多历史故事和神话传说,具有很强的形象性和情节性。而学前儿童恰恰喜欢纯度高的、鲜艳的原色,他们喜欢用这些颜色来描绘自己喜爱的物体。此外,学前儿童还喜欢用夸张和拟人风格表现事物。因此,在学前儿童看来,这些民间艺术好看,进而也喜欢这些民间艺术。

(二)民间艺术具有节奏明快、语言生动、情节有趣的特征

从甘孜州的民间艺术来看,民间音乐中的很多民歌都具有结构简单、节奏明快、叠词叠韵的特征,唱起来朗朗上口,听起来悦耳动听。很多民歌具有很强的乡土气息,内容反映当地的生产生活,语言与方言紧密结合,还常用一些感叹词、语气词和象声词等,具有很强的生活性和趣味性。而以上这

---

① 赵玉兰,蔺江莉,张赤华,刘娟.走进民间艺术世界——幼儿民间艺术教育研究[M].南京:南京师范大学出版社,2005:20-23.

些特点恰恰贴合学前儿童的审美特征，所以，学前儿童觉得好听，进而喜爱民间艺术。

（三）民间艺术具有操作性、娱乐性的特点

甘孜州民歌中的劳动歌是劳动人民为了缓解劳动中的辛苦、劳累而表达出来的对美好生活的期盼，集艺术性和娱乐性于一体。唱这些歌谣时会给孩子们带来欢乐。而民间雕塑中的泥塑活动、陶塑活动、雕刻活动具有很强的操作性和趣味性。正因为这些民间艺术具有操作性和娱乐性的特征，在开展这类活动时，学前儿童会觉得好玩，进而也就喜欢。

（四）民间艺术具有可置换性、易迁移性的特征

甘孜州很多民歌具有很强的可置换性，主要表现在某种题材内容的曲调可以换上其他内容的唱词。学前儿童在学习这些民歌时发现很多旋律是相同的，只是唱词不同，不仅感到亲切、易学，而且还可以结合自己的生活经验创编歌词，从而提高学习的热情。从民间舞蹈来看，不仅同一类型舞蹈的基本动作具有一致性，而且锅庄、踢踏、热巴中的很多基本动作都是相同的。学前儿童在学习过程中比较容易发生迁移，因此会感到民间艺术易学。

第二节　民间艺术与学前课程整合的价值

一、民间艺术与学前课程整合的教育价值

（一）民间艺术与学前课程整合可以向学前儿童进行品德教育

民间艺术中的很多作品赞扬劳动人民的勤劳勇敢，赞美祖国大好河山，赞叹家乡自然风光，歌颂党和英雄人物等。把此类民间艺术融入学前课程中，可以使学前儿童受到情感的熏陶，使其在潜移默化中形成积极向上的道德感和美感。比如民歌《团结在祖国的大家庭里》的歌词为"东方的云，北方的云，南方的云，虽然各飘一方，但都围绕着太阳。大江的水，小河的水，山沟的水，虽然发源不在一起，终归在桥下汇合。北方的蒙古族，高原的藏族，内地的汉族，虽然各在一方，但都团结在祖国的大家庭里"。孩子们在学唱的过程中容易被歌词所感动，有利于民族团结教育。民歌《我的家乡在雅砻江畔》的歌词为"我的家乡在雅砻江畔，江畔的甘露就像雨露一般。我的家乡

在美丽的草原，看见草原心理就十分喜欢。我的家乡有成群的牛羊，牛羊是牧民的宝贵财富"。学前儿童在学唱这首歌的过程中可以感受到家乡的美，从而产生热爱家乡的情感。除了民歌的歌词以外，在开展民间艺术相关活动时，还可以挖掘相应的教育元素，对学前儿童进行道德教育。如跳藏族民间歌舞时，需要所有成员都统一动作，听领舞者的指挥。开展此类活动可以慢慢帮助学前儿童形成集体意识和合作意识等。

（二）民间艺术与学前课程整合可以启迪智慧、宽阔视野、丰富知识、增强求知欲

甘孜州民间艺术的内容非常丰富，丰富的内容对于学前儿童认识自然、认识社会、开阔眼界都有很大的辅助作用。如民歌《拉萨无城已建城》中的歌词为"拉萨无城已建城，拉萨城建在海面上。昌都无城已建城，昌都城建在两河间。察雅无城已建城，察雅城建在崖盘上。巴塘无城已建城，巴塘城建在达鹏上。理塘无城已建城，理塘城建在草坝上"。学前儿童学唱这首民歌，可以了解到拉萨、昌都、察雅、巴塘、理塘等城市建在什么地方。民歌《我虽不是拉萨人》中的歌词为"我虽不是拉萨人，拉萨装饰我知道，拉萨装饰要我讲，巴珠发冠头上罩。我虽不是后藏人，后藏装饰我知道，后藏装饰要我讲，巴戈盘发头上饶。我虽不是昌都人，昌都装饰我知道，昌都装饰要我讲，镶银皮带腰间套。我虽不是贡觉人，贡觉装饰我知道，贡觉装饰要我讲，三串项珠胸前吊。我虽不是德格人，德格装饰我知道，德格装饰要我讲头顶珊瑚闪光耀。我虽不是康定人，康定装饰我知道，康定装饰要我讲，红丝头绳头上抛。我虽不是霍柯人，霍柯装饰我知道，霍柯装饰要我讲，彩虹绸带腰际飘。我虽不是理塘人，理塘装饰我知道，理塘装饰要我讲，大小银盘发上套。我虽不是巴塘人，巴塘装饰我知道，巴塘装饰要我讲，银丝须子额上交。我虽不是盐井人，盐井装饰我知道，盐井装饰要我讲，红绸风帕头上包"。学前儿童学唱这首民歌，可以能识别拉萨、后藏、昌都、贡觉、德格、康定、霍柯、理塘、巴塘、盐井等地区独特的装饰。甘孜州各区域内的民居建筑各有特色，如丹巴以碉楼闻名，道孚以外观朴素、内设豪华的"大木屋"闻名，乡城以白色藏房闻名，色达以黑帐篷闻名。展示各区域内的民居建筑可以使学前儿童了解各种不同的民居建筑，介绍各区域内民居建筑的特点缘由可以使学前儿童初步了解因地制宜的民居建筑特点，感受藏族先民们的生活智慧。甘孜州的服饰不仅农区和牧区有别，各区域也各具特色，如丹巴以"三片"便装和长套装配百褶裙外加肩披的盛装闻名，乡城以风装闻名，巴塘以弦子服饰闻名，新龙以红丝辫子闻名。各区域的学前教育机构在"六一"儿童节

时基本都让学前儿童走时装秀。展示不同服饰可以使学前儿童了解不同区域的服饰特点,时装秀配解说可以使学前儿童初步了解各区域服饰差异的缘由。

民间艺术融入学前课程有助于学前儿童想象能力和创造能力的发展,增强学前儿童的模仿能力。藏族民歌很多曲目的突出特点之一是分段多。每一段的曲调一样,歌词相似。教这类民歌时,教师可引导学前儿童进行创编。如《文成公主》的歌词为"文成公主需要什么?需要头饰。珊瑚琥珀公主有,敬上银质的装饰。文成公主需要什么?需要耳饰。金质耳环公主有,敬上银质的装饰。文成公主需要什么?需要胸饰。拉萨呷乌公主有,敬上银质的装饰。文成公主需要什么?需要脚饰。汉地靴子公主有,敬上银质的装饰"。这四段不仅曲调一样,而且歌词也相似。学唱过程中,学前儿童很容易发现每段的区别在于头饰、耳饰、胸饰和脚饰。教师可引导学前儿童说出腰饰、手饰是什么,这样不仅能增强学前儿童的模仿能力,也有利于其创造能力的发展。

(三)民间艺术融入学前课程可以培养学前儿童感受美、体验美和创造美的能力

众所周知,艺术教育是实施美育的重要途径。民间艺术融入学前课程,更有利于美育教育的实施和美育目标的实现。因为民间艺术来自民间,与学前儿童的生活息息相关,符合学前儿童的认知经验,适合学前儿童的需要,便于学前儿童理解。从民歌的曲调来看,山歌高昂婉转,情歌委婉,酒歌悠长,劳动歌节奏明快,但表达的都是真实的情感,歌者都用自然歌喉唱歌。从民间舞蹈来看,锅庄、弦子、踢踏、热巴等的动作都自然大方、流畅自如,能表达出舞者真实的情绪体验。教师引导学前儿童学习这些民歌和舞蹈,引导孩子们用自然好听的声音唱歌、用自然的体态跳舞。潜移默化中,孩子的美感就会逐渐形成,不仅能识别什么是美,什么是丑,而且能用艺术形式表现美。据笔者调查发现,各区域 5~6 岁孩子在表演该区域独特舞蹈时所表现出的优美舞姿和自然神态令很多艺术家赞叹不已。如丹巴孩子跳嘉绒锅庄、新龙孩子跳玛尼锅庄、得荣孩子跳热巴、甘孜孩子跳踢踏、巴塘孩子跳弦子、白玉孩子表演手指锅庄等熟练的动作、自然的神情让观赏者赞不绝口,如若未能感受和体验其中的美,孩子的舞姿不会如此优美,神态不会如此自然。

(四)民间艺术融入学前课程可以促进学前儿童身心健康发展

无论是民间歌舞,还是民间美术,甘孜州民间艺术的题材、体裁、风格多样。选择适合学前儿童的活动内容,有利于其身心健康发展。

就民歌而言，可分为颂赞歌、生活歌、悲歌、情歌、劳动歌等，虽然悲歌和部分情歌的内容不适合学前儿童的身心特点，但颂赞歌、生活歌、劳动歌的内容几乎都是积极向上的。可以从这些民歌中选择歌词内容积极向上、曲调欢快活泼，优美柔情、安静柔美的作品让学前儿童学唱和欣赏，不仅可以唤起学前儿童良好的情绪，这种良好的情绪对学前儿童神经系统的发育也能起到积极的作用。而且欣赏此类音乐作品能促进学前儿童听觉器官的发展，演唱此类作品能促进呼吸器官的发育。

就民间舞蹈而言，锅庄、踢踏、弦子、热巴的旋律和动作差异较大，但总的来说，藏族民进舞蹈在动作上的主要特点在于扶胯、靠步、平步、退踏步、甩袖、掏袖、跳、弹等。因学前儿童肌肉发育和动作协调性发展所限，不可能从小班开始学习所有民间舞蹈，但在不同阶段的舞蹈表演活动、舞蹈欣赏活动、律动活动中循序渐进地融入这些民间舞蹈元素，不仅能增强学前儿童的审美情趣，而且能促进学前儿童动作协调、灵活和健美。

就民间美术而言，甘孜州的雕塑艺术、绘画艺术、建筑艺术都各具特色，让学前儿童欣赏这些美术作品，开展简单的民间美术模仿活动和创作活动，不仅能陶冶情操，而且能促进其观察能力、想象能力、创造能力和手部的协调能力和灵活性的发展。下面以泥塑活动为例谈谈民间美术融入学前课程的可行性及其教育价值。

就学前儿童的身心发展特点而言，他们具有喜欢泥塑活动和能开展泥塑活动的能力。3~4岁学前儿童的身体组织和器官功能有所加强，身体和手的基本动作已经比较自由，喜欢操作、摆弄、建构简单造型，在创作活动中表现出自豪感，对色彩、线条有浓厚的兴趣。这一时期的学前儿童能掌握各种大动作和一些精细动作，喜欢接触外界环境，联系大肌肉运动机能，能自然地走、跑、跳。这一阶段的学前儿童感知觉逐渐完善，对生动形象、色彩鲜艳、新奇的事物和现象容易认知。4~5岁的学前儿童的动作更灵敏、有条理，而且比较协调，小肌肉不断发展，会用不同材料建构简单的造型，能保护自己的健康和安全。他们能积极运用各种感官，对新事物感兴趣，对周围世界充满好奇心和求知欲，通过观察，与周围的人及事物相互作用，尝试各种解决具体问题的途径。他们喜欢探究，希望得到成人的肯定。5~6岁的学前儿童大肌肉比较发达，能灵活、协调地掌握基本动作，小肌肉发展迅速。有一定的自我保护意识、良好的生活卫生习惯和合作意识。这阶段的学前儿童具体形象思维仍占优势，抽象思维也开始萌芽，对事物有了比较稳定的态度，个性开始形成，能较好地学习社会规则。开展泥塑活动需要基本的观察能力，手部小肌肉运动相对灵活，具有一定的想象力、好奇心等。所以，从学前儿童的身心发展特点和泥塑活动对身心发展的要求来看，4～5岁（约中班）开始可以开展比较简单的泥塑活动，到了5～6岁（约大班）则开始可以开展造型相对复杂的泥塑活动。①

开展泥塑活动对学前儿童的身心发展具有以下几方面的意义：其一，人类与生俱来就有亲近自然、亲近泥沙、亲近水的天性。对学期儿童来说，玩泥巴是一项非常惬意的游戏活动。最初他们对泥塑懂得很少，但学前儿童都有很强的对原始材料处理的能力。如果在泥塑创作过程中带他们到自然界和生活中去感受和体验，就能激发他们对生产生活的兴趣和热情，这样有利于培养其生活的情趣。其二，泥塑活动中需要创作者手、眼、脑的互动，所以，泥塑活动有利于培养其协调能力。其三，泥塑活动中，创作者可以站、可以坐、可以走动，双手可以敲打、揉搓、拉、团等，所以，泥塑活动不仅有利于创作者腿部和手臂大肌肉的发展，也有利于手部小肌肉的发展。其四，泥塑活动中，创作者可以自由造型，既可以塑造自然界和生活中看得见、摸得着的花草树木、日月星辰、人物、生产生活用品、艺术作品等，也可以创作自己的想象之物。故泥塑活动有利于学前儿童创作能力的发展。其五，有时塑造大型作品时，需要几个甚至十几个孩子共同协作完成，这有利于发展其沟通能力和协作能力。其六，创作一件泥塑品，需要经过一系列的程序，从和泥到勾轮廓，再到敷泥，最后着色等都需要一步一步完成，而且不是每个作品都一次就能合自己心意，有时需要返工。这一过程有利于学前儿童意志力的培养。泥塑活动对学前儿童身心发展的这些意义能实现《3～6岁儿童学习与发展指南》中有关健康领域需要达到的多项目标，如"情绪安定与愉快、动作协调与灵活、具有一定的耐力、手的动作协调灵活"等。这说明，在学前课程中融入泥塑活动不仅可行，而且有利于学前儿童身心健康发展。

二、民间艺术与学前课程整合有利于民族文化的有效传承

民间艺术涉及吃、穿、住、行、乐等人们生产生活的方方面面，它是一代一代的民族成员传承和发展而来的，是一个民族传统文化的重要组成部分，凝聚着一个民族的灵魂，对区域内各成员之间的和谐相处和社会发展起着非常重要的作用。如果所有的民族成员失去了本民族的民间艺术，他们将失去灵魂，进而会影响区域内各成员的和谐相处和社会发展。因此，一个民族的

---

① 赵玉兰，蔺江莉，张赤华，刘娟. 走进民间艺术世界——幼儿民间艺术教育研究 [M]. 南京：南京师范大学出版社，2005：36-37.

延续、一个区域的和谐发展离不开对本区域内民间艺术的保护和传承。然而，随着经济全球化的发展和外来文化的冲击，很多民间艺术以惊人的速度消失和流失，濒临湮灭的边缘。为了保护这些民间艺术，各级政府、学校、有识之士、民间艺人都采取了各种措施。

从政府层面来说，采取了申报文化遗产、开展各种文化旅游节、民间节庆活动等方式来保护和传承民间艺术。目前甘孜州建有非物质文化遗产博物馆，馆内展示有国家级和省级非物质文化遗产，如各种藏族服饰、各种藏族民居、石雕石刻、唐卡、经版印刷、歌舞视听等。目前，甘孜州各级政府举办的节庆活动特别多，如全州范围内的藏历新年，康定市举办有"四月八"转山会暨康定情歌节与塔公赛马会，丹巴县举办有墨尔多山庙会、嘉绒藏族风情节和嘉绒藏历年，九龙县举办的伍须游海节，道孚县举办的安巴节和龙灯草原赛马会，炉霍县举办的望果节，甘孜县举办的迎秋节，色达县举办的金马艺术节和格萨尔说唱艺术节，新龙县举办的新龙锅庄节，德格县举办的格萨尔故里艺术节和央勒节，雅江县举办郭岗煨桑节，理塘县举办的"八一"国际赛马节，巴塘县举办的传统赛马节，乡城县举办的香巴拉文化艺术节等。这些节庆活动上都有本区域各种民间艺术项目的表演。

从学校层面来说，把部分民间艺术融入了学校教育中，比如甘孜县的很多中小学把甘孜踢踏融入课间操中，巴塘县的很多中小学把巴塘弦子融入了课间操中，丹巴县和色达县的中小学分别把嘉绒锅庄和玛尼锅庄融入了课间操中。再比如很多幼儿园把区域内的民间美术融入了环境创设中，如丹巴县幼儿园把丹巴的雕房建筑和刺绣艺术融入了环创活动中，炉霍县幼儿园把唐卡艺术融入了环创活动中，乡城县把乡城独特的白藏房民居艺术融入了环创活动中，色达县幼儿园把黑帐篷融入环创活动中。

从有识之士和民间艺人层面来说，他们尽自己最大的努力在保护和传承民间艺术。很多有识之士在低利润甚至无利润的状态下开民间工艺作坊，举办民间艺术教育培训活动。如唐卡艺术家土登格勒老师采用不收学费、自己租房、包学员吃住的方式招收唐卡学习者。目前州内还有一些身怀绝技的民间艺人（如说唱艺术、雕刻艺术、编制艺术、刺绣、藏戏等），还有几处为数不多的纯手工石雕、石刻、木雕、刺绣等作坊。这些作坊的利润很低，但为了让下一代继承先辈留下的艺术瑰宝，这些民间艺人仍在坚持。

通过多方的努力，甘孜州的民间艺术得到了一定程度的保护。但是笔者对以上几种保护方式调查发现它们各有利弊。通过申报文化遗产的方式虽然起到了保护作用，但并不利于传承，很多民族成员并不了解这些非物质文化遗产，除了甘孜州非物质文化遗产博物馆周边的学校和民众带孩子到此参观以外，其余地区的孩子基本没有机会到此参观，所以，传承功效不大。通过举办各种节庆活动的方式，对本区域的民间艺术而言，传播面比较广，但只是依靠此种方式，民众对民间艺术的认识并不全面，而且很多地区为了提高经济利益，只抓住民间艺术中惊奇的一面，而忽略了民间艺术所应体现的生活智慧，导致本末倒置，外来人员和年青一代对民间艺术的认识并不全面，很难实现民间艺术对个体审美能力的提升功能和启迪智慧的作用。通过师傅传徒弟、父传子、母传女的方式虽然能让学习者全面深入地了解和掌握民间艺术，但面太窄，而且因经济利益太低，很多年轻一代不愿传承衣钵。相较于前几种方式，民间艺术融入学校教育的成效最高，其一，相对于师傅传徒弟、父传子、母传女的方式，学校教育传播面广且不用担心受经济利益的影响。其二，相对于民间节庆活动而言，更全面更深入。其三，相对于申报文化遗产而言，不仅起到保护作用，更能体现传承作用。另外，相对于中小学教育，民间艺术融入学前课程的可行性更高，因为如前所述，学前阶段没学业压力，而且学前期是人生发展的奠基阶段，这一阶段的经验和体验将会影响个体一生的发展。所以说，如果能对各区域内的民间艺术进行充分的挖掘、收集、整理，选择既能体现民族文化精髓又适合学前儿童身心发展的优秀作品，科学合理地融入各个阶段的学前课程，不仅能使学前儿童在认识、欣赏、体验、创造这些艺术项目的过程中实现对民族文化的传承，也能促进其身心特征的和谐发展。

第三节　民间艺术与学前课程整合的策略

一、民间艺术与学前课程的整合要符合学前儿童的身心发展特点

人类对美的追求代表着对生活的期望与热爱，所以，帮助学前儿童建立对美的认识是学前教育的重要目标，帮助其不仅能感受美、欣赏美，而且能表现美、创造美。而在广大的艺术领域中，民间艺术具有典雅而内涵丰富、斑斓而秉承传统、含蓄而张扬个性的特征。基于此，很多教育研究者和工作者认为民间艺术在学前教育中的开发和利用能有效地实现此目标，故而出现了众多有关民间艺术的地方课程和园本课程。然而，有的研究者或学前机构在开发和利用民间艺术时，只关注了民间艺术的审美价值，忽略了教育对象，

导致成效不高。因为学前儿童的身心特点决定了不是所有具有审美价值的民间艺术都适合他们的发展。从个体一生的发展来看，学前期儿童的身心发展具有基础性与易感性、连续性与阶段性、普遍性与差异性等特点。①要使开发出的课程对学前儿童的发展有利，必须遵循这些特征。

（一）民间艺术活动的开展要整合与典型并重以便适宜于学前儿童身心发展的基础性和易感性

早期儿童发展的基础性表现在生命机能发展的可塑性随着机体的成熟而不断降低。早期儿童的这一发展特点一方面说明学前期儿童的潜能是多样化的，另一方面说明生命早期正是很多机能刚发育或正在发育的重要时期。从这一意义上来说，一方面要为早期儿童提供丰富多样的环境刺激，以便发展儿童的多种潜能；另一方面，提供的刺激要适合早期儿童发展，不能太复杂，否则适得其反。民间艺术元素在学前教育中的利用与开发也是如此，挖掘、选择的内容要具有多样性，在此基础上加工成能为学前儿童接受的内容，并以符合学前儿童天性的游戏与活动方式来开展。

拿藏族民间舞蹈的融入来说，可融入锅庄、踢踏、弦子、热巴、藏戏，等等，但是，学前阶段不可能学习这些所有的舞蹈（除非是舞蹈天赋十分明显的孩子），有些舞蹈的动作难度很大（如跳热巴舞是敲鼓旋转的动作），有些舞蹈的内涵学前儿童很难理解（如藏戏），如果不做任何加工就让所有孩子都要按照标准舞姿学习，不仅不利于调动孩子参加活动的积极性，对孩子的身体发展也是不利的。因此，要在挖掘各种舞蹈的基础上，对这些舞蹈的动作和内涵加以分析、整合，然后根据小班、中班、大班儿童的身心特点选择适宜的内容。一般来说，小班儿童可以学习藏族舞蹈律动中的扶胯、靠步和平步动作（双手扶胯，左右脚随音乐一拍一动，脚跟先着地，然后过渡到全脚掌，腰部随脚部左右晃动，身体有节奏地颤动）。②甘孜州很多学前机构在小班阶段以《康巴娃娃多幸福》《哈达献给金珠玛》这两首歌来开展藏族舞蹈学习活动。到了中班阶段，除了巩固扶胯、靠步和平步动作以外，还要学习掏袖、退踏步和甩袖等动作。甘孜州很多学前机构在中班阶段以《舞动康巴》为主旋律，让学前儿童学习弦子和踢踏的基本动作，并让孩子们欣赏舞蹈《巴塘弦子》和《甘孜踢踏》。大班儿童主要学习藏族舞蹈律动中的扶胯、靠步、平步、退踏步、甩袖、掏袖、献哈达等动作，所以，大班阶段选择的歌曲相

---

① 虞永平，王春燕．学前教育学[M]．北京：高等教育出版社，2017：34-35．
② 甘孜州教育局内部资料《甘孜州农牧区双语幼儿园教师辅助读本》中的相关章节。

对多样化。

从民间美术元素的融入来看，可融入泥塑、雕刻、唐卡、壁画、刺绣、民居建筑元素，等等，但学前阶段同样不可能也没必要学习所有的内容，而是在分析各种藏族民间美术元素的基础上选择适合学前儿童身心发展的因素，并对其进行整合，然后按照学前儿童喜欢的活动形式开展。一般来说，小班阶段可让学前儿童初步认识简单的藏族装饰纹饰，尝试用这些简单纹饰装饰生活用品，如开展艺术领域活动《装饰我们的餐具》。中班阶段让学前儿童欣赏相关藏族美术作品或工艺品，感受藏族装饰花纹对称的表现形式，尝试用对比的表现形式去装饰生活用品。如开展艺术领域活动《会飞的藏毯》，让学前儿童欣赏藏毯的图案，尝试用对比强烈的色彩，以对称的表现形式去装饰藏毯。大班阶段让学前儿童感受藏族绘画夸张的造型特点和多样的颜色特点，感知藏族民居的不同形状特点，尝试用线条和形状造型。如开展美术活动《家乡的房子》《多彩的藏戏面具》《有趣的擦擦》。

易感性说明学前期有多种敏感期，如果相应敏感期出现的时间段内能提供适宜的刺激，就能使其在此方面得到良好的发展；反之，相应的基本经验缺失容易使儿童受到不利影响，甚至可能产生永久性的机能障碍。因此，民间艺术的融入也要关注早期儿童的各种敏感期。下面以动作发展和感官发展的敏感期为例加以阐述。

4~5岁是动作发展的敏感期，可以把泥塑艺术、踢踏、锅庄融入其中。甘孜踢踏脚下动作以"踏"为主，步伐最大的特点是弱拍抬脚，强拍踏脚。跳踢踏舞不仅有利于下肢肌力的发展，而且有利于训练脚腕的灵活性和敏感性以及膝关节、踝关节松弛协调配合能力的发展。跳锅庄时手臂动作以"甩、晃、摆、撩"为主，腰部动作以"扭、转、弯"为主，腿部动作以"扭、转、屈、蹲、跨"为主，具有一定的奔跑跳跃动作，而且要求脚、腿、腰、胸、手、眼、头等的协调配合，所以，跳锅庄不仅具有增强体质，训练协调性、柔韧性和关节灵活性的作用，而且具有陶冶心情、塑造形体的美学功能。①

喜欢玩沙、玩泥、玩水是人类的天性，因此泥塑活动对学前儿童具有很强的吸引力。泥塑活动中，学前儿童可以站，可以坐，可以走动，双手可以敲打、揉搓、拉、团等，造型时需要眼、脑、手的协作，故泥塑不仅有利于学前儿童腿部和手臂大肌肉的发展，也有利于手部小肌肉的发展，还有利于协调能力的发展。泥塑活动中学前儿童可以自由造型，可以是自然界和生活中看得见、摸得着的花草树木、日月星辰、人物、生产生活用品、艺术作品

---

① 冯建，张冰松，许万林. 藏族锅庄健身研究[J]. 体育文化导刊，2012，(10): 126.

等，也可以是学前儿童的想象之物，同时自由表达自己的情感，故泥塑活动有利于学前儿童创作能力的发展。6岁前是感官敏感期，为了使学前儿童的视觉、听觉、触觉等多种感官变得敏感、活跃，可以为其提供具有多元价值的民间艺术元素。从学前机构的环创视角来说，要让学前机构的每个角落都说话，即可在墙壁、楼梯、走廊等处贴壁画、陈设孩子们自己创设的民间艺术品，满足其视觉发展需要。从开展的主题活动来说，既要给学前儿童提供用眼看、用耳听、用心体会的民间艺术作品来欣赏，同时也要提供学前儿童可以动手、动脚、动脑的操作实践机会，从而满足其视觉、听觉、触觉等的发展需要。

（二）民间艺术活动要循序渐进的开展以便适合学前儿童身心发展的连续性和阶段性

连续性和阶段性是指儿童的身心发展大致是按简单到复杂、具体到抽象这样一个顺序来进行的。这种顺序性的变化有时是累积的和连续的，但有时候发展却非常迅速，以至于在先前的水平上出现质的飞跃，从而使孩子的身心水平达到一个新的高度。在心理学上，这样的改变被称为"发展性转变"。通常这些重要时期被作为划分儿童发展的标志，早期儿童一般被分为三个阶段：0~3岁、3~5岁、5~7岁。3~5岁被称为"金色的童年"。这个年龄阶段的孩子特别享受玩耍，而且是充满想象和充满创造的玩耍。相较于5岁前儿童来说，5~7岁儿童喜欢说话，且做事有目的性，知道自己要干什么。基于学前儿童（藏区农牧区很多地方孩子7岁入小学）的这些特点，民间艺术元素的融入要注重过程，同一种民间艺术元素在小班、中班、大班的难度、形式要有差异。如从甘孜州炉霍县幼儿园的唐卡艺术融入学前教育的实践研究来看，他们从郎卡杰艺术入手，将《郎卡杰的传说》《吉祥八宝》《和气四瑞》《青蛙王子》等四种主题，在小班、中班、大班各个阶段有序地开展。在小班阶段主要开展《郎卡杰的传说》主题中的"郎卡杰之莲花师点化"和《吉祥八宝》主题中的"吉祥八宝之宝伞、宝鱼、宝瓶、海螺"。在中班阶段主要开展《郎卡杰的传说》主题中的"郎卡杰之感恩莲花师"、《吉祥八宝》主题中的"吉祥八宝之胜利幢、金法轮、吉祥结、白莲花"、《和气四瑞》主题中的"和气四瑞之四只动物"与"和气四瑞之长幼排序"。在大班阶段主要开展《郎卡杰的传说》主题中的"郎卡杰苦画唐卡"和"郎卡杰之唐卡"、《和气四瑞》主题中的"和气四瑞之相处"和"和气四瑞之五戒"、《青蛙王子》主题中的"青蛙骑手之出生""青蛙骑手之求亲""青蛙骑手之三公主""青蛙骑手之望果节"等活动。①从炉霍县幼儿园开发和利用唐卡艺术的策略来看,这既符合幼儿身心发展的顺序性,也符合阶段性,所以,这一实践研究取得了较大成效。

(三)民间艺术活动要因时因地因人进行以便适合学前儿童身心发展的普遍性和差异性

普遍性一方面是指在儿童的发展过程中,有些变化出现在每一个人身上,也就是年龄特征。另一方面是指生活于不同文化背景与不同时代下的儿童在身心发展上都有时代特征和文化特征。差异性是指虽处于同一年龄阶段、同一时代、同一文化背景下每个孩子身上体现出的天赋、兴趣、爱好、需求的差异。这一特征要求我们民间艺术的融入要做到因时、因地、因人。

因学前儿童有时代特征,故民间艺术元素的融入就要体现时代特征,即对民间艺术要加以变化,使孩子们乐于接受。拿不同时代儿童对音乐风格的不同喜好来说,20世纪八九十年代,儿童喜欢摇滚音乐,而现在的儿童更喜欢说唱(Rap)。对某些人来说,说唱乐、嘻哈一族的音乐简直就是噪音,然而现在大多数孩子都很喜欢。拿甘孜州的民间歌舞中"勒谐"(即劳动歌)②在学前教育中开发与利用来说,首先要明确选择什么主题的"勒谐",因为"勒谐"种类太多,可以说各行各业都有相应的歌曲。拿学前儿童教育生活化的原则来说,农区学前机构可选择与农业生产相关的打场歌、铲土哥、耕地歌,还可以选择与建筑业相关的采石歌、打地基歌、和泥歌以及与运输业相关的划船歌和卸货歌。牧区学前机构可以选择与牧业生产息息相关的放牧歌、拴牛歌、挤奶歌、打酥油歌等以及与牧民副业相关的织氆氇歌、捻毛绒歌等。这些歌曲内容极为丰富,反映了各行各业人们的生产生活特点,而且诙谐风味,风格独特,大多情绪欢快活跃。选择经典的劳动歌融入学前教育时,可根据不同阶段儿童的身心特点进行有针对性的加工,使其具有说唱(Rap)特点,从而提高孩子的积极性。在小班阶段融入劳动歌时,可以在每句歌词后加象声词的方式增加歌曲的感染性,如"哼哼哼""啊啊啊""咂咂咂""呀呀呀"等。在中班阶段融入劳动歌时,根据歌曲所表达的意思,把原歌曲中的部分内容变成说的方式,这样有利于调动孩子的表现欲望。在大班阶段融入劳动歌时,一方面,可根据歌曲内容适当加一些能表现劳动情节和氛围的说白,可使原来的歌曲更加有趣,更加丰富,从而激发孩子们的兴趣,还可

---

① 相关资料来自炉霍县幼儿园四川省普教科研资助金课题"唐卡艺术融入幼儿美术活动中的策略研究"的阶段性成果。
② 杨辉麟. 西藏的民俗[M]. 西宁:青海人民出版社,2007:276-279.

以让孩子们试着创编部分说白,孩子们会更加兴致盎然;另一方面,可根据歌曲的风格,把每句歌词的结束词用说的方式加以重复,这样可更加有节奏感①。

由于文化环境对个体的潜移默化,生活在不同区域中的儿童具有不同的身心特征。因此,民间艺术元素的融入要考虑孩子所处的民族文化和区域文化。近年来,由于国学热和对传统文化的关注,很多学前机构加强了国学教育和传统文化教育,也开发出了许多相关的课程。即使这些内容和开展的活动形式适合学前儿童的年龄特征,但并不是所有内容都适合所有文化区域内的学前儿童。所以,开发和利用民间艺术要适合学前儿童身上所体现出的文化特征和区域特征。甘孜州地形地貌复杂,总的来说北部高,南部低,中部突起,北部和南部的海拔差达到了3000米左右,各地气候差异较大。不同的地形地貌、不同的气候造成不同地区的生产生活方式有较大的差异,进而形成了不同的区域文化。因此,各地区学前机构对民间艺术的开发与利用应遵循就近原则,就地取材。比如,同样是民间舞蹈,对于丹巴县的孩子来说,耳熟能详的是锅庄;对甘孜县的孩子来说,耳濡目染的是踢踏;对巴塘县的孩子来说,耳濡目染的则是弦子;对得荣县的孩子来说,经常耳闻目睹的是热巴(铃鼓舞)。再比如同样都是民居建筑艺术,康定、丹巴、稻城、九龙、雅江的孩子熟悉石木结构房,道孚、炉霍等地的孩子熟知的是井干式房屋,德格、白玉等地的孩子熟识的是干栏式房屋,石渠、色达、理塘等地的牧区孩子则对帐篷了解更多。②虽然可以向孩子们介绍各种民居,但让孩子实际操作(如画民居、用积木搭建民居、用泥塑构造民居等)时,从孩子们的生活经验入手、就地取材更为合理。

如前所述,虽然处于同一时代、同一文化背景下的同龄儿童具有相同或相似的一面,但每个孩子都是带着自己的特性来到这个世界的,各自的天赋、兴趣、喜好都有差异,教育的作用在于帮助每个孩子成为他自己。因此,民间艺术的融入不仅内容要丰富、形式要多样,而且对每个孩子的要求也要有差异。

二、民间艺术与学前课程的整合要从多方面入手

就教育的基本要素而言,主要包括教育者、学习者、教育影响,而在具

---

① 付宏如.幼儿生活经验的说唱艺术——从一次小班创意音乐活动吹泡泡说起[J].教师博览(科研版),2014(5):80.
② 甘孜藏族自治州文化局内部资料中《孜藏族自治州文化艺术志》中的相关章节。

体的教育活动中则要根据教育目标、教育对象、教育情境等因素，因地制宜、因人制宜地选择教育内容和教育方式。同样，甘孜州民间艺术融入学前课程也要考虑这些因素。基于学前教育的目标、甘孜州农牧区学前儿童的特点、民间艺术的特点以及甘孜州农牧区学前机构的实际情况，笔者认为，甘孜州民间艺术融入学前课程的形式主要有以下几种。

（一）通过环创活动融入民间艺术

环境创设是学前机构重要的教育活动之一，所以，把民间艺术融入环创活动中，使学前儿童在潜移默化中感受民间艺术是一种行之有效的教育途径。学前机构中的环创活动具体可以从两个方面入手：

第一，创设具有藏族民间艺术气息的整体环境。众所周知，一所学前机构首先能吸引人的地方就是整体的公共环境，这一因素会给人留下深刻的第一印象，这也就成为各学前机构打造特色的重要途径。另外，学前机构中的公共环境是学前儿童日常接触最频繁的环境，对学前儿童的影响是潜移默化的。所以，可在保证安全、美观、适合学前儿童的身心特征的基础上，把民间艺术融入学前机构的整体环境中。一是把本区域内的民居特色融入学前机构的建筑中，比如乡城县的学前机构体现出白藏房的特色，丹巴县的学前机构体现出雕房特色，道孚县的学前机构体现出木房特色，色达县的学前机构体现出帐篷特色等。不仅建筑材料、建筑结构要体现区域特色，还可以在门窗上雕刻具有区域建筑特色的花纹、图案。这样的建筑从抗震、通风、保暖、取材来说都是最适宜的，因为各区域内的民居之所以各具特色，就是为了适应当地的自然环境和气候特征，是当地百姓生活智慧的结晶。如果已建的学前机构建筑缺乏这些特点，而且也很难改变，则可以通过在围墙和建筑物上绘制具有区域特色的民居来影响学前儿童。目前有部分地区的中心幼儿园已采用此种方式来融入民居建筑艺术。二是充分利用学前机构的每个角落，如墙面、走廊、楼梯间等地方，把学前儿童制作的有关藏族民间艺术的绘画作品、工艺作品陈设在其中，并在学前机构中设置相关的雕塑，还可以在宣传栏中展示有关民间艺术活动的照片、图像等。也可悬挂诠释民族神话、传说的壁画等。这些民间艺术元素可以激起学前儿童热爱家乡的情感，从而加强学前儿童的民族认同感。

第二，创设民间艺术区角环境。一是在学前机构中开设专用的民间艺术活动室。这一活动室内可以设几个区域，如歌舞表演区、绘画区、工艺操作区等。歌舞表演区的一角可以陈设表演民间歌舞时所需的乐器和道具，如跳弦子时拉的二胡、跳踢踏时藏靴上挂的铃铛、跳热巴时敲的鼓、跳藏戏用的面具等，还可以挂表演民间歌舞时穿的各种服装和表演时的照片等。绘画区可以展示唐卡、壁画作品以及绘制这些作品必备的工具和原料。工艺操作区内可以展示泥塑、石雕、石刻、木雕、酥油花等工艺作品以及制作这些工艺作品所需的原材料，并在旁边附上制作程序等。二是各班在活动室内构建班级民间艺术区角。因活动室的空间有限，每班选择其中一项民间艺术。民间艺术区角建成之后，可到各班参观，通过共享资源丰富民间艺术资源。

（二）民间艺术教学活动

对学校教育而言，教学活动是实现学校教育目标的主要途径，是开展德育、智育、体育、美育的主要途径。虽然学前教育有别于中小学教育，不能主要依靠教学活动来实现学前教育的目标，但是，教学活动同样是学前教育的重要组织形式。民间艺术教学活动是教师根据民间艺术教育目的，有计划、有步骤地引导学前儿童学习的活动，具体又可分为主题活动、系列活动和单个活动三种。

围绕某一种民间艺术形式或者某一种民间艺术作品，把它作为教育活动的主要内容或者把它作为切入点，循序渐进、逐步开展的教育活动形式就是民间艺术教育主题活动形式。比如在大班围绕藏族民间舞蹈这一特定的民间艺术形式，开展"欢腾的高原"主题活动，让学前儿童观看跳锅庄、踢踏、弦子、热巴等的视频，让学前儿童感知民间舞蹈，让学前儿童听锅庄、踢踏、弦子、热巴的经典曲子，并让他们说出适合跳什么舞蹈。根据学前儿童对各种民间舞蹈的兴趣，选择其中一种或几种作为学习的内容，教师在学前儿童的兴趣及其已有的经验基础上，指导学前儿童学跳相关民间舞蹈。又如在中班围绕泥塑艺术这一特定的民间艺术形式，开展"可爱的泥塑品"主题活动。教师和学前儿童共同收集各种各样藏区常见的泥塑品或泥塑品照片（因很多佛像不便也不可拿到学前机构），交流和讨论有关泥塑的知识，参观泥塑品工艺作坊和特定民族节日制造泥塑品活动，了解其制作过程，尝试动手制作等一系列活动，激发学前儿童对泥塑艺术的兴趣和热爱，使学前儿童对泥塑艺术有较为全面的感知和理解。再如在大班围绕民居艺术这一特定的民间艺术形式，开展"美丽的藏房"主题活动，教师和学前儿童共同收集甘孜州各区域内藏房的照片，交流和讨论藏房相关知识，使儿童了解其各区域内藏房的结构、样式、建筑材料以及各区域建此类藏房的缘由，让学前儿童用积木尝试动手构造自己喜欢的一类藏房，从而激发学前儿童对民居艺术的兴趣，使其对甘孜州民居建筑有较全面的感知和理解，并为我们的先民具有如此的生活智慧而感到骄傲，从而培养民族自豪感。

相较于适合开展主题活动的民间艺术，有的民间艺术更适合让学前儿童以亲手操作、创作作品的方式进行感知、认识、体验，从而丰富对这一民间艺术的相关经验。对此类民间艺术，适合开展民间艺术系列活动，同一个班级在不同年龄段、不同的时间段循序渐进地开展相关的活动。以唐卡艺术为例，不仅绘画要求高，颜料和其他材料也极具地方特色，很难用学前机构常用的彩铅、彩色笔和图画纸画出，而且唐卡所表达的内涵也很深，所以，只是在小班或中班或大班开展一段时间的活动，很难使儿童对其有较全面的认识，更不易掌握其艺术形式和内涵。基于此，应根据学前儿童的身心特点，在中班、大班和学前班开展系列活动，从感知唐卡到全面了解唐卡，再到尝试自己绘画，开展十几个或几十个系列活动。

相较于以上所谈到的适合采用主题活动和系列活动的民间艺术形式，有的民间艺术作品更适合开展独立的教学活动。但值得注意的是，这种单个的教学活动并不是只涉及艺术领域，也涉及学前教育的五大领域。比如民歌《我虽不是拉萨人》活动中，学前儿童通过学唱民歌，创编歌词、体育游戏等形式，涉及艺术、语言、社会、健康等领域。学唱民歌部分属于艺术领域，了解歌词中每个地区的首饰和服饰特点属于社会领域，创编其他地区的首饰和服饰既涉及艺术领域又涉及语言领域，学唱时所表现出的身体动作涉及健康领域。

（三）游戏活动

采用游戏形式开展民间艺术教育活动是最具特色的教育活动形式，因为游戏活动不仅具有一定的组织性，也具有自由性和开放性，是学前儿童特别喜欢的教育组织形式。民间艺术游戏活动又可采用三种具体的方式：民间艺术专用活动室内的游戏活动、同龄的民间艺术游戏活动、混龄的民间艺术游戏活动。

学前机构根据各自的实际情况开设民间艺术专用活动室，在活动室内划区域创设相应的环境，并提供各种民间艺术游戏活动所需的玩具、学具、工具、材料。如在专用活动室内设置"可爱的泥塑""多彩的藏毯""美丽的刺绣""好玩的印刷"，可以安排各班级轮流到活动室开展活动。

根据学前儿童的年龄特点，学前机构可在中班、大班、学前班开设民间舞蹈、民歌、泥塑、木雕、石雕、唐卡、民居、酥油花等民间艺术游戏活动小组，中班、大班学前儿童打破班级界限，根据自己的兴趣爱好，在本年级内自主选择参加一个游戏项目，各年级的游戏活动小组要有固定的地点、时间，指导教师由学前机构根据教师的特长，安排或邀请本区域内具有相应民间艺术专长的家长、社会人士等。

从学前儿童经验的了解和技能的掌握来看，有些项目有年龄较大的孩子"教"年龄较小的孩子效果更好，孩子之间交流和探讨相较于成人与孩子之间的交流、探讨更容易。基于此，民间艺术游戏活动可以打破年龄界限，让中班、大班儿童自主选择自己喜欢的项目，混龄、混班开展民间艺术游戏活动。

（四）节日活动

虽然节日本身不属于民间艺术范畴，但是藏区的节日与民间艺术息息相关。原因有二：第一，很多节日本身就是为了传承本区域的某种民间艺术而产生的。第二，人们在庆祝节日过程中布置的环境、活动内容体现出各种民间艺术。比如，庆祝藏历新年必然会跳锅庄、踢踏、弦子、热巴，唱民歌、表演藏戏；丹巴举办嘉绒藏族风情节时，必然会跳嘉绒锅庄，表演各区域的服饰，庆祝嘉绒藏历年时必跳嘉绒藏戏；道孚县举办安巴节和赛马会时，必然会介绍道孚的民居、开展赛马项目、跳锅庄；色达县举办金马艺术节和格萨尔说唱艺术节时，必会表演说唱艺术、条藏戏、跳锅庄；巴塘县举办安巴节和传统赛马节时，必然表演藏戏、跳弦子、展示酥油花；等等。所以，让学前儿童参加本区域内的节庆活动并开展相应的民间艺术教育活动是一种有效的教育方式。

第七章
甘孜州民间传统体育和游戏与学前课程的整合

传统体育是相对于现代体育而存在的概念，它是某个民族或者某个区域中由先民创造、后人一代一代传承下来的体育活动，具有浓厚的地方特色和民族特色。民间体育是广泛流传于民间的体育活动。所以，民间传统体育是流传于民间，且具有浓郁地方特色和民族特色的体育活动。关于民间游戏和传统游戏有诸多概念，不同学者从不同的研究视角给出不同的定义。这里所说的民间传统游戏是指流传于民间、具有浓郁地方特色和民族特色的游戏。各个民族、各个地区因所处的地理环境不同，导致生产生活方式有较大的差异，进而导致适合本区域的民间体育和民间游戏也有较大的差异。本章阐述甘孜州可供选择和整合的民间传统体育资源、民间传统游戏资源及其价值以及在学前课程中的整合策略。

第一节 甘孜州可供选择和整合的民间传统体育和游戏

藏族人民的体育和游戏源远流长，丰富多彩。据说在1500多年前，"望果节"中就有斗剑、角力、耍梭镖等体育和游戏活动。公元7世纪开始，从吐蕃政权建立到崩溃的200多年间，很多宗教活动和民间节日及庆典上都要举行各种体育和游戏活动。布达拉宫、大昭寺、桑耶寺等的壁画上都描绘了摔跤、抱石头、坐跷跷板、赛马等体育和游戏活动场面。后来的大法会上也要举行传统的赛马、马术、摔跤、抱石头等体育与游动。受地理环境、生活习惯、宗教文化等因素的影响，藏族的体育和游戏活动具有独特的高原特色，这些活动不仅具有娱乐性，而且有利于健身，更具有区域特性。

一、可供选择和整合的民间传统体育资源

早在 4000 多年前,藏族先民就发明了"乌尔朵"(一种投石器)。后来,随着社会历史的推进,又出现了拔河、举石、摔跤、掷石、射箭、射弩、打枪、骑射、跳高、跳远、长跑、短跑、赛马、马术表演、马上拾哈达等 20 多种传统体育项目。在此主要介绍有代表性的几个项目。

(一)抛石比赛

抛掷石头是一项藏族传统的体育竞技项目。它起源于藏族原始先民的劳动和生活需要,历史悠久。早在旧石器、新石器时代,藏族先民就能够打造和运用各种石器。伴随着部落间的争斗,石块又成了拒敌的武器。现在的抛石活动是由藏族先民的生产生活实践演变发展而来的,而且形成了颇具地方特色的活动形式。这里主要介绍"乌尔朵"和农区的垒石坐标靶的抛石比赛两种。

"乌尔朵"意为飞石索。最初,"乌尔朵"作为放牧和狩猎的工具,用来驱赶虎豹豺狼以及防御外敌入侵。随着历史的发展,它逐渐演变成为训练臂力和灵活性的独特的体育用具。"乌尔朵"成带形,有 2 米多长,两端细,中部粗,中间有一宽约 4 厘米的皮碗,用以包放投掷的石头。绳一端有扣,以便插入食指。比赛时选手站成一排,皮碗中夹石,把"乌尔朵"对折,扣眼套在右手食指上,并用拇指压住,无扣押的一端夹在食指和中指之间。而后在绳抛出转成弧形,发出"呼呼"声响,旋转到高速度时,对准目标,猛地将夹在食指和中指之间的一端放开,石头飞掷出去。"乌尔朵"比赛有两种:一种是以比赛准确性来定胜负。比赛时,参赛者排成一行,约在 100 米外用垒石当标靶,然后从右到左依次掷石,击中者获胜。若多人击中,再进行第二轮、第三轮,反复多次,最终产生获胜者。另一种是以比赛掷石投的距离来判胜负。比赛时,参赛者排成一行,从右到左依次掷石,待每个参赛者试抛两至三次后,评抛掷距离最远者为冠军。

农区垒石作标靶的抛石比赛的规则为:参赛者将 3~7 块石头堆成人的形状,上插一块白石或其他颜色的小石块作"帽子",从大约 15 米远处手掷石块,以是否击中判定胜负。若能直接击中或击飞石人的帽子,就被视作高手而备受称赞。

(二)摔跤

摔跤藏语称"增莫切"。藏区的摔跤通常分为固定式、自由式和背对背式

三种。固定式的规则是双方相互交叉抓住对方的腰带或搂抱对方腰部以上部位，用摔、拉、掀、提等方法将对方摔倒，并使对方背部着地，以连续三次将对方摔倒者为胜，但不得脚踢或勾绊。自由式的规则是双方抓住对方的肩膀，用脚勾、踢对方的脚，用智斗的方式将对方绊倒为胜。背对背式的规则是双方背抵背而立，双方向后与对方双手相挽，同时用力，一方将对方背起，双脚离开地面为胜。

（三）吉韧

"吉韧"意思就是手弹康乐球。他是藏族人民喜闻乐见的一种体育活动。"吉韧"在西藏已有300多年的历史，相传是由一位商人从印度引进的，也有人说是从英国或尼泊尔引进的。"吉韧"由台面和棋子组成。其台面形似台球桌面，但比台球桌面小，且呈正方形，无桌腿。玩时置于桌上用手指弹击棋子。"吉韧"台面大小约一米见方，中间为平板，四边由略高于平板的扁横木构成边框。边框一般用坚硬的桦木制作，不易变形。吉韧四角各有一小孔，其下安有网状或布袋承受棋子，棋子为扁圆形共计20枚，黑白棋各9枚，红棋1枚。大小如同大衣纽扣，厚度约0.5厘米。1枚母棋，直径约3厘米，厚度约0.6厘米。所以，有人把"吉韧"称为"藏式斯诺克"。"吉韧"比赛分两人单弹或四人双弹，比赛时，双方力争将自己的棋子弹入网内，并尽量阻止对方进攻。比赛采取三局两胜制，谁先将除母棋外所有的棋子用母棋弹入四角的洞中便胜一局。

（四）拔河

拔河是藏族的传统体育项目。在藏区已有数百年的历史，一般在节假日或农牧闲暇时举行，深受藏族群众喜爱。藏区的拔河种类很多，这里主要介绍大象拔河、腰力拔河、手力拔河、

大象拔河藏语称"浪波聂孜"，意思就是大象颈部技能。比赛器械是一根约长8米左右的绳子，将两端连接成一个绳圈。比赛时在地上画"河界"，双方各占一边，然后将绳子从腿裆中穿过，然后从胸部拉上来套到脖子上，头部向前，屁股相对。绳中央垂直河界处挂一红布条，当裁判一声令下，双方便一起向前拉，将红布条拉过河界者为赢。一般为三局两胜。也有四人赛形式，即两人一组。

腰力比赛的规则是：赛前在地上画"河界"，赛手面对面站立或背对背站立，把绳环套在双方腰部或腹部处拉直，绳中央系标志物。裁判一声令下，双方用脚部和腰部力量拉扯，将标志物拉过河界为胜。但在背对背比赛时，

可以用手抓绳环，还可以用手助拉。

手力比赛分单项和集体项两种形式。单项两人对拉，简单易行。集体项目分为男对男、女对女、男对女和男女混合赛。比赛时，指挥员的口哨声和观众的加油声混在一起，场面热烈精彩。

（五）抱石头

藏语"多交"，意为以举石头较量臂力。此活动一般在节庆日或劳动之余举行。按照比赛形式可分为四种：第一种形式为参赛者须将近 150 公斤的石头捧起，抱到胸腹部并从胸腹部抱至肩上或从腋下移到背上，然后按规定范围走圆圈，以走的圆圈数多者为胜。第二种形式为先将重约 100 公斤的石头抱至肩上，然后从肩部向后抛，以抛得远者为胜。第三种形式为先选择约重 150 公斤的椭圆形石头，在石头上抹酥油，以加大抱举难度。赛手先弓腰抓握石头，然后逐级抱到双腿、腹部、肩部，最后将石头从稳妥地放回地面即为成功，最后以抱举的高度决定胜负。第四种形式为选择一个约重 100 公斤的石头，赛手将石头抱至左（右）肩膀上，然后将石头从颈部移到右（左）肩膀上，再抱回胸部，接着转颈，以转的次数多寡决定胜负。如果难分胜负，则可选择更重的石头继续比赛，直至决出胜负。

（六）赛牦牛

参赛的牦牛被主人打扮得花枝招展：头上配头饰，脖子上挂铜铃，驮鞍图案鲜艳，长尾巴梳成很多小辫子并系上彩线或彩带。比赛时，牦牛拧头扭角，奋蹄四奔，致使腿毛和腹毛飞扬，一只只都像刚出笼的狮子，驮着赛手冲向山坡，冲向人群，既别有风光，又有一种机智幽默的情趣，充分显示出藏民族直爽的性格。

（七）马上献青稞

三人一组共同进行。第一位驱马驰向跑道，眼盯地面，物色平稳坚实的地面。一旦选好，就从怀中取出一只杯子，骑马奔向选准的地点，身子倾倒在马腹下，把杯子端端正正地立在草丛中。第二位捧着壶嘴上嵌有洁白酥油花的酒壶，驱马飞驰，直奔到草丛中的酒杯旁，倾身向酒杯里斟酒。第三位驱马飞奔到酒杯前，迅速倾倒酒杯，就像老鹰吊羊羔一样用双手捧起酒杯，缓缓地在马背上坐正，双手捧酒杯至头顶，飞马到 100 米外稳稳地落地站好，腋下加紧缰绳牵马，双手捧杯向长者献酒。整个过程难度都很大，既表现出高原男儿的雄健的身体和骑马技艺，还表现出对长者的孝敬。

（八）骑射

不同地区的骑射比赛有一定的差异，但大多数牧区的比赛规则是：骑手们排成一排，在 1 千米外悬挂着两个靶子，低靶一般是圆月，中央有红色莲花心；高靶一般为三角形的皮靶，中央嵌有红木塞。比赛时，骑手们右手执箭，左肩挂箭袋，右肩背钢枪，骑着马在跑道上猛跑，同时在头顶上飞旋着弓式钢枪，在接近靶子时，一瞬间完成多项动作：把钢枪背在背上—右手持弓—左手执箭—搭弓上弦 – 挽满拉弓射向箭靶。接着又敏捷地完成以上这些动作。整个过程表现出骑手的沉着、机智、果断、敏捷等特征。

二、可供选择和整合的民间传统游戏资源

藏族人民是一个崇尚娱乐的群体，从老到少都喜欢玩游戏。农牧民在田间地头或牧场上休息时、节假日里，用几粒石子、几颗掷子、几根木棍就可以开始玩游戏，而且藏区的游戏种类也很多。在此主要介绍藏棋、踢毽子、攀索表演、猜谜语、掷骰子等项目。

（一）藏棋

根据布局、着法、线路，藏棋大致分为"夹棋"和"密芒"，民间流传的主要为"夹棋"。最初的"夹棋"是用烧焦的木炭在石板上或用尖石子在地上画成形状特殊的各种棋盘，小石子为旗子。这种棋在藏区不同地方有不同的名称，有的地方称"杰布坚增"，意思就是王之争胜；有的地方称"达孜鲁孜"，意思就是虎羊之玩；有的地方称"杰布坚联"，意思就是王之争王。棋盘大致有三种：第一种棋盘有 4 个"杰康"（王宫）或"大仓"（虎穴），棋盘上共有 31 个点；第二种棋盘设有 2 个"杰康"或"大仓"棋盘上共有 37 个点；第三种棋盘设有 4 个"杰康"，棋盘上有 105 个点。不管称谓和棋盘形状如何，下棋的方法和形式均由"兵"或"羊"围住"王"或"虎"。

（二）踢毽子

踢毽子是藏区民间流传的一种游戏活动，特别是女孩喜欢玩的体育游戏。把染有各种颜色的羽毛插在布条扎好的铜钱或者硬胶皮（多为废弃的胶鞋底做成上），便成了毽子。

（三）攀索表演

攀索表演是独具民族特色的空中表演游戏。表演的方法是：在离地面 20 米的空中，用一根坚固的牦牛绳系于相距 15 米的所有铁柱或木桩上，攀行过程中还需急速刹住，然后做出各种惊险、滑稽的表演动作。

（四）掷骰子

掷骰子，藏语称"晓夹"，骰子一般为边长约 1 厘米左右的骨子品，六面分别刻有 1~6 个排列有序的圆点，代表不同的数字。掷骰子时需要的娱具有：一对骰子、一个木碗、一个圆形皮垫、计数物（108 枚小贝壳或小石子或豌豆或青稞粒均可，藏语称"踵布"）、区别物（9 枚颜色和形状不同的铜板或藏币或金属圈，藏语称"拉吉"）。掷骰子时，将毯子或塑料布铺在地上，人坐在上面，中间放圆形皮垫、木碗和两颗骰子。拿出计数物撒大半圈，参与者每人捡 9 个区别物。掷骰人将 2 粒骰子装入木碗，右手握住木碗底部摇动使骰子在碗里旋转。当掷骰人认为可以了，就将木碗扣在皮垫上。下一位入局者揭开木碗，依 2 颗骰子显示的点数数"踵布"，将"拉吉"放在相应处。然后第二位、第三位、第四位……循环往返，直到自己的 9 枚"拉吉"走到 108 枚"踵布"的尽头时，即获胜。

（五）猜谜语

猜谜语是一种智力游戏。藏区各地猜谜语的规矩有所不同，但比较统一的做法是不管多少人，先分成两组，即天户组和地户组。凡是有翅膀的、能够飞行的禽类归入天户组，凡是有脚能够在地上行走的都归地户组。猜谜语时一方提问，另一方猜答。比赛过程中，如果被问方如天户组未答对题，则向地户组送一种鸟，然后地户组送谜底；如果答对，则地户组向天户组送一种兽。在猜谜语时，只准猜三次，就这样看谁猜得准、猜得对、猜得快。

第二节 民间传统体育与游戏的教育价值

纵观教育史可以发现，大多数儿童教育家都非常重视游戏和体育活动在个体发展中的作用，这说明游戏对儿童的教育价值是不言而喻的。在此主要分析甘孜州民间传统游戏和体育对学前儿童具有什么样的教育价值，具体体现在哪些方面。

一、民间传统体育和游戏对学前儿童身体发展的价值

众所周知，健康的身体对个体的成长和发展都是非常重要的，处于生命初期的学前儿童而言更是如此。《幼儿园工作规程》和《幼儿教育指导纲要（试行）》中都把塑造学前儿童健康的身体放在了首位。所以，学前课程的设置要考虑是否有益于学前儿童身体健康。民间传统体育和游戏可以从不同方面促进学前儿童的身体发展。

第一，甘孜州民间传统体育和游戏大多是在自然环境中进行的，如民间传统体育中的抛石比赛、摔跤、吉韧、拔河、抱石头、赛牦牛、马上献青稞、骑射等以及民间传统游戏中的踢毽子、藏棋、攀索表演等都是在自然环境中进行的，这有利于学前儿童的新陈代谢，促进呼吸系统的发展，从而提高免疫系统。

第二，很多民间游戏和体育是由奔跑、跳跃、抓握、钻爬等动作构成。这一过程有利于训练大小肌肉群，也有利于平衡能力、协调能力、灵活性的发展，从而促进身体全面发展。在此以大象拔河、"吉韧""乌尔朵"、踢毽子为例加以分析。

大象拔河中有蹬、爬、拉、滑、压等基本技能。"蹬"要求脚前掌蹬在地面，使身体向前移动；"爬"需要手掌关节和手指作用于地面，使身体向前移动；"拉"就是肩背牵拉拔河绳；"滑"就是在相互牵拉时出现打滑，产生身体移动；"压"就是在相互牵拉时保持向前拉力而降低重心、滑间低头、弯腰屈膝。[1] 所以，大象拔河有利于增强腿部、腰部、手臂力量，增强手腕、脚腕的灵活性，还有利于手部、腰部、腿部的协调性以及身体的平衡性的培养。

"吉韧"比赛主要依靠手腕、手指、视力。弹子时，手腕和手指不仅要有力，而且要灵活。另外，除了看手指、手腕是否有力、灵活，还要看视觉的准确性，以及手指、手腕、眼睛的协调能力。因此，"吉韧"可以增强手指、手腕的力量和灵活性以及手眼的协调能力。

甩"乌尔朵"可以锻炼手臂和肩部的肌肉，并能促进手眼身的协调发展，体现了力量与平衡的完美结合。它作为一项民族体育竞技活动，正好与现代人类的生活方式相适应，体现出健身娱乐价值与浓厚的民族文化内涵。此外，甩"乌尔朵"运动在防病健身强壮筋骨丰富文化生活方面也起到了积极作用。在当今社会，"乌尔朵"不仅是传统意义上的放牧工具，也凝聚了藏族牧区的历史、宗教、经济、体育等多方面的内容。它是藏族牧区文化遗产中的宝贵

---

[1] 魏强. 漫谈藏族传统体育——大象拔河[J]. 西藏艺术研究，2010（4）：52.

财富，又是藏民族本土文化的产物，具有浓郁的民族特色。[①]所以，"乌尔朵"融入学前课程可以实现《3~6岁儿童学习与发展指南》健康领域课程中的身体状况与动作发展方面的"具有健康的体态；一定的平衡能力、动作协调、灵敏；具有一定的力量和耐力；手的动作灵活协调"等目标。

赣南师范大学体育与健康教育研究所的王兴泽教授研究发现，踢毽子动作整体发展序列特征反映了人类动作发展的规律，即幼儿、儿童、青少年个体生长发育中的动作发展特征。[②]研究还发现，踢毽子对个体的身心发展具有多重意义：其一，踢毽子让关节横向摆动，带动身体最迟钝的部位，提高各个关节的柔韧性和身体灵活性；其二，踢毽子使人身心高度集中，锻炼人的机敏，增强反应能力；其三，踢毽子调节人的眼、脑、神经系统和四肢的支配能力；其四，踢毽子以下肢盘、拐、蹦、落等动作为主，通过抬腿、跳跃、屈体、转身等，使脚、腿、腰、颈、眼等各部位都得到锻炼；其五，踢毽子能增强心肺功能，促进血液循环和新陈代谢。因此，踢毽子游戏融入学前课程可以实现《3~6岁儿童学习与发展指南》健康领域课程中的身体状况与动作发展方面的"具有健康的体态，一定的平衡能力、动作协调、灵敏；具有一定的力量和耐力"等目标。

二、民间传统体育和游戏对学前儿童认知发展的价值

认知过程就是个体获取知识和运用知识的心智活动，包括感觉、知觉、记忆、思维、想象和言语等。所以，认知能力主要包括观察能力、记忆能力、思维能力、想象能力、注意能力等。一个人的认知能力对个体的情绪体验、意志活动以及个性特征都具有重要的作用。对学前儿童而言，游戏是他们主要的活动方式和学习方式，所以，游戏成了发展其认知能力的主要途径。民间传统体育和游戏产生于民间、流传于民间，与人们的生产生活密切联系，处处体现出人们的生活智慧和对生活的热爱。开展民间传统体育和游戏活动，可以从多方面促进学前儿童认知的发展。下面以猜谜语、下藏棋、"吉韧"为例加以分析。

甘孜州流传于民间的谜语内容非常丰富，包括猜动物、植物、行为、自然、日月星辰、山川河流、寺院城堡、身体部位、神与圣贤、生产生活用品、文字等。如谜面为"上百个僧童，设有上百个修行堂"，谜底为"青稞穗"；

---

① 刘玉芳. 藏族牧区俄尔朵（抛石绳）的功能探析[J]. 柳州师专学报，2012（2）：3.
② 王兴泽. 踢毽子动作发展序列特征研究及案例教学分析[J]. 北京体育大学学报，2016（11）：94.

谜面为"长嘴姑娘，一见到人就磕头"，谜底为"茶壶"；谜面为"一百个人一个肠子"，谜底为"佛珠"；谜面为"台上一百个羊羔在蹦跳，台腰下着茫茫大雪"，谜底为"磨糌粑"；谜面为"偏头白棍蹦跳时，白雪水分离了精和渣"，谜底为"打酥油"等。总之，甘孜州民间流传的谜语内容包含了生产生活的方方面面，所以，猜谜语有利于开阔孩子们的眼界，使孩子们掌握多种知识经验。

猜谜语除了能开阔孩子们的眼界以外，最大的作用在于能促进孩子们认知能力的发展，原因如下：其一，孩子们听了谜面之后，就会在头脑里出现相应的形象。这些形象要与平时观察得到的事物相联系，然后分析、比较之后进行判断，最后得出谜底。这一过程有利于发展学前儿童注意能力、观察能力、思维能力和想象力等。如当听到谜面为"上百个僧童，设有上百个修行堂"，要求打一种农作物时，孩子们首先要想到的是一种农作物上结有很多种子且都是相对独立的，孩子们就要对头脑中已有的各种农作物荞麦、玉米、豌豆、胡豆、青稞、菜籽、土豆进行分析，看哪一种与谜面上所描述的形象一致，通过分析、比较之后得出青稞穗与谜面描述的一致性最高，最后得出谜底为青稞穗。其二，不论采用哪种修辞手法，谜面都是以精练的语言描述事物的特征，而且民间流传的谜语基本是口述的。以口述的方式引发孩子们思考，这种形式非常有利于孩子们在头脑中建立语言与事物之间的联系，从而锻炼语言能力和想象力。

以藏棋中的"夹棋"来说，对材料和场地要求非常简单，用木炭在石板上或用尖石在地面上画棋盘，用小石子作棋子，随处都可以开展下棋活动，所以，藏棋具有简易性和方便性的特征，比较适合藏区农牧区的实际情况。下棋的形式是兵围王或羊围虎的形式，根据难度可分为三种，较简单的一种有 31 个点，较难的有 37 个点，最难的有 105 个点。可根据双方的棋技选择不同难度的棋盘，所以藏棋适合各个年龄段的成员。下藏棋对孩子的认知发展具有十分重要的作用，具体表现在以下几个方面：其一，下棋可以提高孩子的逻辑思维能力。下棋可以提高孩子发现问题、分析问题和解决问题的能力，因为下藏棋时不管是"羊"，还是"虎"，在下每一步棋之前，首先得看对方走的是哪一个点，考虑对方的意图是什么，根据对方所走的点再决定自己的点，以便化被动为主动。即便不能做到"走一步看十步"，至少要做到"走一步看三步"。这一过程其实就是发现问题、分析问题、解决问题的过程。所以，经常让孩子下棋，可以发展其逻辑思维能力。其二，下棋可以提高孩子的注意能力和观察能力。"一着不慎，满盘皆输"，这就是说要想战胜对方，必须走好每一步。要想走好每一步，则必须全神贯注，在对棋盘中的每一个点仔细观察的基础上，做出客观分析和判断。如果在下棋过程中不善于观察，不能集中注意力，就很难全面客观地分析，所做的判断就会有误。所以说，下棋能培养孩子的注意能力和观察能力。其三，下棋可以提高孩子的想象力，因为在下棋过程中会出现很多的假设，头脑中就会出现"如果走这个点，对方会走哪一个点，如果走哪个点，对方又会走哪个点"之类的问题，而这一过程其实促进了孩子想象力的发展。

"吉韧"虽是一种体育项目，但这一体育项目除了具有健体功能之外，还有很强的益智功能。因为"吉韧"非常讲究技巧，盘面的局势变化万千，需要像棋类比赛一样分析和判断。比赛过程中不仅要考虑如何让自己的球进网，还要考虑如何阻止对方的球进网。每次发球前都要考虑距离、角度、运球方向，还要利用好球的反弹力等。所以，开展这一体育活动，既能发展孩子的身体素质，也非常有利于孩子认知能力的发展。

三、民间传统体育和游戏对学前儿童社会性发展的价值

社会性发展主要包括学会合作、学会分享、理解并能遵守规则、获得同情心与人相处的能力等。社会性发展是个体从生物实体变成社会实体的主要动力来源，是个体能与他人和谐相处的前提。体育活动和游戏活动是学前儿童社会性发展的重要途径，具体体现在以下几个方面。

第一，民间传统体育和游戏能促进学前儿童规则意识的形成。不论是体育项目还是游戏项目都有很强的规则性，如果违背了规则，体育活动和游戏活动就无法开展。虽然每项活动的规则都不同而且还可以商量改变规则，但开展此活动之前参与人员必须要明确规则,活动开展过程中必须要遵循规则。以抱石头为例，四种形式的比赛规则都不同：一种是以抱石头放置背上跑圈，以跑圈次数的多少决定胜负；一种是抱石头到肩膀往后抛石头，以距离决定胜负；一种是抱石头到颈部，以转颈的次数决定胜负；一种是以抱石头时抱举的高度决定胜负。再比如下藏棋时的规则之一是对弈双方要不停地说话，以便分散对方的注意力，这与下围棋、象棋、国际象棋、跳棋不同。另外，不同形式的拔河、不同形式的摔跤、不同形式的抛石、赛马都有各自的规则，参与者必须理解规则、遵守规则才能开展活动。总之，体育项目和游戏活动的规则性都较强，经常开展此类活动有利于提高儿童的规则意识。

第二，民间传统体育和游戏能促进学前儿童合作意识的形成。甘孜州大多数民间传统体育和游戏是单人赛，但也有部分项目必须是团体项目。比如马上献青稞项目必须三人才能完成，一人立酒杯，一人斟酒、一人端酒杯献

酒。三人都能圆满地完成各自的任务，才能完成整个过程。这就要求每个成员都要对另外两位成员有足够的了解，而且三者要根据各自的优势分工，这就要求具有合作意识。学前儿童由于身体特征和技能水平所限，不可能开展适合成人的体育项目，但改编之后的体育项目仍保留着原项目的基本特征，同样需要合作才能完成。另外，虽然很多项目属于个人参与的项目，但是属于分组后进行的个人项目，最后看每组总分决定胜负，这就要求有田忌赛马的智慧和合作能力。孩子经常参与此类活动，既能理解合作的重要性，也能慢慢形成合作意识。

第三，民间传统体育和游戏有利于学前儿童亲社会行为的发展。亲社会行为指的就是个体在交往活动中所表现出的有助于社会和谐的情感和行为，主要包括同情心、分享、安慰、友好、帮助等。心理学研究表明，当个体的生理需要和安全需要得到满足后，就会产生归属和爱的需要以及自尊需要。开展体育活动和游戏活动是满足儿童这些需要的重要途径，满足这些需要的过程中，儿童的亲社会行为也得到良好的发展。很多民间传统体育和游戏活动的开展，需要参与者之间相互合作、相互帮助、友好相处，失利时还需要相互安慰，体现出同情心等。所以，开展此类活动有利于学前儿童亲社会行为的发展。

四、民间传统体育和游戏有利于学前儿童积极情感的培养

心理学研究表明，情绪是动机的源泉之一。它能激励人的活动，提高人的活动效率。情绪对其他心理活动具有组织作用，一般而言，积极情绪有利于提高人的认知效率，而消极情绪则会导致认知活动效率下降。另外，当个体处于积极情绪状态时，更容易注意事物积极的一面，行为也比较开放，愿意接受外界的事物；当个体处于消极情绪状态时，则容易悲观、失望，放弃自己的愿望，甚至产生攻击行为。民间传统体育和游戏具有浓厚的趣味性和娱乐性，它们与成人的竞技体育活动和成人游戏以及以教育为目的的现代体育活动和游戏有很大的区别。首先，这些活动是孩子在轻松、愉悦、无压力的状态下进行的，这可以使孩子们抒发自己的情绪，同时又满足内在的情感需要。其次，这些活动没有明确的规定，活动形式和规则可以根据孩子们的实际情况变化，这可以使孩子们在参与活动过程中充满活力和兴趣。比如，垒石当标靶的抛石比赛中，只要距离不远靶子醒目，孩子们很容易成功，这有利于孩子自信心和良好情绪的培养。拔河比赛虽然有输赢，但孩子们都非常喜欢，一是享受比赛过程中激烈场面，二是出一身汗可以使身心都得到轻

松，从而使人充满活力。猜谜语虽然是智力活动，但孩子们也很喜欢，因为这能开阔眼界，使人变得更加智慧，能满足孩子们的求知需要……总之，参与民间传统体育和游戏活动使人处于积极的情绪状态，有利于个体积极情感的培养。

五、民间传统体育和游戏有利于学前儿童个性的发展

民间传统体育和游戏具有竞争性、合作性、娱乐性的特征，因此，开展此类活动活动的乐趣远大于失败产生的不安，而且有利于兴趣的发展、需要的满足，因此开展此类活动有利于兴趣、需要、动机等个性倾向性的发展。比如，踢毽子具有娱乐性和艺术性，学前儿童可能无法完成高难度的动作，但对学前儿童具有很强的吸引力。这一活动没有太多的规则，孩子们可以自由自在地表现，可以满足孩子多种内在需求。因为此类项目具有一定的竞争性，因此，开展此类活动有利于培养学前儿童乐观开朗、积极主动、沉着冷静、坚韧等性格特征。比如，"吉韧"和下棋活动能培养孩子忍耐、沉着冷静、乐观开朗的性格特征。因为此类活动中很多项目需要成员合作，才能有效地完成，所以这有利于培养学前儿童的合作意识、团结精神等良好的特征。比如，在拔河比赛中，在势均力敌的情况下，组内各成员要根据各自的身高和臂力优势站在不同的位置，每一个成员都要同时用力，而且按照指挥者的口号用力才有获胜的机会。这就决定了各成员要有合作意识、团结精神，不能以自我为中心。另外，这些活动中，孩子处于自由、自然状态，每个孩子的兴趣、爱好、特长都能很好地展现。这有利于因材施教，发展孩子的特殊能力，使其在全面和谐发展的基础上展现个性。

第三节 民间传统体育与游戏在学前课程中的融入策略

民间传统体育与游戏对个体的发展而言具有重要的价值，但不是所有的项目都适合学前儿童，因此，此类项目融入学前课程时要注意几个方面。

一、广泛收集民间传统体育和游戏

从目前甘孜州学前师资的调查可以发现，很多教师对本土文化了解甚少，

不具有本土文化素养。基于此，学前机构要想把民间传统体育和游戏合理地融入学前课程，首先要广泛收集民间传统体育和游戏。收集民间传统体育和游戏可通过以下几种途径：

第一，参观各种节庆活动和民运会获得信息。很多民间传统体育和游戏是在民族节日中展现出来的，而且这些节日中开展的项目具有很强的区域性、民族性和艺术性，可谓当地百姓认可、喜爱的项目，比如赛马、马上献青稞、射击、拔河、抛石等项目。另外，除了节庆活动以外，民运会也会开展很多民间传统体育和游戏项目，特别是具有一定竞技性和技巧性的项目主要是通过民运会展现。

第二，通过学前儿童的家长获得信息。向家长了解平时劳作之余、茶余饭后、亲朋团聚、节庆活动等喜欢开展哪些娱乐活动，从中选择出属于民间传统体育和游戏项目的那些。这是一种非常有效的途径，一方面，收集到的信息是区域内广泛流传、人们喜闻乐见的项目；另一方面，可以间接了解到亲子之间主要开展哪类项目，可为学前教育的内容和方式提供思路。另外，还可以利用家长资源丰富学前教育的资源。因为很多家长都有特长，掌握着某种民间传统体育和游戏方面的高超技艺，学前机构可以请这些家长到学前机构来指导学前儿童开展相关活动。

第三，通过学前儿童获得信息。一方面，可通过询问学前儿童在家或社区喜欢玩哪些游戏和体育项目；另一方面，观察学前儿童在自由活动中喜欢玩哪些项目，从此途径获得的信息也是非常有价值的。一来可了解到社区内民间流传的项目主要属于哪些项目，其中哪些属于民间传统体育项目和游戏；二来可了解到学前儿童喜欢哪些项目，哪些项目具有普遍性，哪些项目体现个体差异，喜欢通过什么形式开展这些活动，从而为选择融入哪些项目、采取什么形式开展这些项目提供一定的依据。

第四，通过访谈，从掌握民间传统体育和游戏技能的相关人士和专家那里获得信息。由于各种主、客观原因，很多民间传统体育和游戏项目濒临失传，但目前还有一些掌握有民间传统体育和游戏技能的人士和研究民间传统体育和游戏的专家。他们当中很多人非常关心这些传统文化的传承问题，还在从事这些方面的工作。他们也希望有人传承衣钵。所以，通过他们，可以全面便捷地了解相关项目的历史渊源、规则、技艺以及融入学前教育的价值。通过这一途径，可以获得此类项目是否适合融入学前课程，为如何融入学前课程提供较为客观的依据；另一方面，可以把相关人士和专家请到学前机构指导学前儿童开展相关活动，从而丰富学前机构的资源。

第五，通过查阅文献获得信息。有些民间传统体育和游戏已经失传或者在该区域并不流行，但这不等于此类项目没有价值、不适合学前儿童，因为导致传统文化消失的原因是多样的。所以，可通过查阅相关文献获取相关信息，在此基础上分析是否适合学前教育，如果对学前儿童的发展有益，则可加入学前课程资源库；如果不适合学前儿童的发展，也并无弊端，因为对于民族地区的学前师资而言，丰富其民族文化知识有利而无害。

二、加强课程审议

甘孜州民间传统体育和游戏项目容融入学前课程之前，一定要明确其对学前儿童的发展有何益处，是否适合学前儿童的身心发展，是否具有地方特色，是否便于就地取材，全部融入还是部分融入，是原样纳入还是进行加工，以什么形式开展等，即融入学前课程时一定要进行课程审议。就大多民间传统体育和游戏项目的特点而言，融入学前课程的最大原因是其具有趣味性以及具有多种教育价值。但有的项目如果原样纳入，则不适合学前儿童的身心特点。所以，一般首先要对各种项目进行分析和筛选，然后对筛选后的项目进行改编，最后采用适合学前儿童身心发展的形式加以开展。对学前机构课程审议过程的调查发现，因每个教师的关注点、特长、研究视野不同，课程审议过程中出现议而不决的现象较多，最后每个教师基本都按照自己的意愿出发。所以，为了使课程审议更加规范化，审议效率更高，对民间传统体育和游戏相关课程内容的审议主要以《3～6岁儿童学习与发展指南》中对健康领域的教育建议为主要依据来开展。因为民间传统体育和游戏虽然能实现多领域的目标，但最凸显的价值在于能实现健康领域的目标。下面以大象拔河、"吉韧""乌尔朵"、踢毽子为例，来说明如何主要以《3～6岁儿童学习与发展指南》中对健康领域的教育建议为主要依据，并以"乌尔朵""格吞"、投核桃三个项目为例展示活动方案。

大象拔河融入学前课程要注意以下几点：其一，以兴趣为主导，以体育游戏的形式开展。其二，让学前儿童掌握基本规则和在技能技巧基础上降低难度，模拟比赛，注意安全。其三，活动要在室外开展，而且地面要平摊或铺有一定摩擦力的安全橡胶板。这些注意事项与健康领域提出的"利用多种活动发展身体平衡和协调能力；发展幼儿动作的协调性和灵活性，如鼓励幼儿进行跑跳、钻爬、攀登、投掷、拍球等活动；结合活动内容对幼儿进行安全教育，注重在活动中培养幼儿的自我保护能力；开展丰富多样、适合幼儿年龄特点的各种身体活动，如走、跑、跳、攀、爬等，鼓励幼儿坚持下来，不怕累；创造条件和机会，促进幼儿手的动作灵活协调"等教育建议相一致。

"吉韧"融入学前课程时应注意以下几点：其一，抓住"吉韧"原有的趣味性，以智力游戏的形式开展。其二，最好让中班或大班的学前儿童玩此项游戏，并向学前儿童说明游戏规则及其安全事宜，特别是年龄较小的学前儿童容易将棋子放入嘴里，吸入呼吸器官。其三，根据学前儿童的特点，棋子的可以稍微变大（以免放入嘴里或吸入气管），颜色更加鲜艳（以便引起学前儿童的无意注意）。这些注意事项与健康领域提出的"结合生活实际对幼儿进行安全教育；引导幼儿注意活动安全，为幼儿提供的塑料粒、珠子等活动材料要足够大，材质要安全，以免造成异物进入气管、铅中毒等伤害；创造条件和机会，促进幼儿手的动作灵活协调"等教育建议相一致。

"乌尔朵"融入学前课程时要注意以下几点：其一，先给孩子们讲清楚玩"乌尔朵"的基本技能以及注意事项，要保证安全。其二，先用其他不易伤人的器械（如乒乓球）代替石头，当孩子们基本掌握玩"乌尔朵"的技巧之后再用石头。其三，活动要在宽阔的场地上开展（如带孩子们到宽敞的牧场上），且要一个一个轮流掷石，以免伤到人。其四，用彩色毛线编织小型的"乌尔朵"，轻巧精致，以便引起孩子的兴趣。这些注意事项与《3～6岁儿童学习与发展指南》健康领域课程中的"结合活动内容对幼儿进行安全教育，注重在活动中培养幼儿的自我保护能力；发展幼儿动作的协调性和灵活性；利用多种活动发展身体平衡和协调能力；开展丰富多样、适合幼儿年龄特点的各种身体活动；创造条件和机会，促进幼儿手的动作灵活协调；引导幼儿注意活动安全；结合生活实际对幼儿进行安全教育"等教育建议相一致。

踢毽子融入学前课程要注意以下几点：其一，以兴趣为主导，以体育游戏形式开展。其二，因学前儿童的腿部和脚踝的灵活性有限，所以初学时要降低难度，如手拿一根绳子吊着毽子踢。其三，活动场所要宽阔平坦且防滑，以防相互碰撞、滑倒等。其四，活动形式要多样化，掌握基本技巧之后，游戏规则可以由学前儿童自己商量决定。这些注意事项与《3～6岁儿童学习与发展指南》健康领域课程中的"利用多种活动发展身体平衡和协调能力；发展幼儿动作的协调性和灵活性；结合活动内容对幼儿进行安全教育，注重在活动中培养幼儿的自我保护能力；开展丰富多样、适合幼儿年龄特点的各种身体活动；引导幼儿注意活动安全；激发幼儿参加体育活动的兴趣，养成锻炼的习惯"等教育建议相一致。

案例一：创意玩"乌尔朵"[①]

活动目标：

---

① 甘孜州农牧区双语幼儿园教师辅助读本大班（下）：102-103.

（1）练习投掷动作；
（2）让学前儿童知道"乌尔朵"的来历；
（3）感受创意玩"乌尔朵"的乐趣。

活动准备：绳子若干；一端系有小球的绳子若干；团得比较紧的纸球若干；塑料瓶或易拉罐若干；器械操音乐；录音机；视频《红河谷》。

活动过程（分三个阶段）：开始部分、基本部分、结束部分。

第一阶段：开始部分。其一，队列队形练习。教师引导学前儿童排成纵队，听口令练习：立正、稍息、向前看齐、向左（右）转、原地踏步走、齐步走、跑步走、立定、听信号左（右）分队走（要求排头学前儿童左转弯走，第二个学前儿童右转弯走，分成方向相反的两个一路纵队）。其二，热身运动：绕一绕（教师引导学前儿童进行身体各部位的绕环练习。）其三，学前儿童跟随音乐做器械操。

第二阶段：基本部分。其一，观看《红河谷》里玩"乌尔朵"的片段，了解"乌尔朵"的来历。首先，教师提问：小朋友们，你们知道这是在干什么吗？你们玩过吗？（学前儿童自由发言）待小朋友们发言完毕，教师进行小结："乌尔朵"是一种投掷运动。是牧民们放牧时用来驱赶狼或其他动物。"朵"就是石头。"乌尔"是鞭子夹着石头旋转时的响声，所以"乌尔朵"就是掷石。古时候，我们的先辈就用这个打仗，打得远、打得准，非常厉害。其二，教师提供材料，鼓励学前儿童创意玩"乌尔朵"。首先，教师说明：小朋友们打"乌尔朵"有一定危险，但我们可以变着花样玩。老师这儿有一些材料，小朋友么来玩玩。（教师鼓励小朋友们想想怎么玩，并提醒他们注意安全）第一种玩法："乌尔朵"击鼓。把小球固定在绳子上，用来击打鼓面，一位小朋友击打，一位小朋友记录，击中次数多为胜。第二种玩法：套瓶。将绳子的一端做个套，小朋友站在规定线后，将绳子在头顶旋转几圈（如同掷石前的动作），然后甩出去套前面的瓶子，在规定时间内，套的次数多者为胜。第三种玩法：打靶。将易拉罐或塑料瓶立在前面，小朋友站在规定的线后，用纸球（把石子换成纸球，以保证安全）打前面的易拉罐或塑料瓶，击倒多者为胜。其三，小朋友们分组比赛。以上活动都可以分组进行，获胜者得到老师的奖励。

第三阶段，结束部分。帮助教师整理活动器材。要求小朋友回家后和父母或邻里小朋友一起玩这些游戏。

案例二：**格吞**[①]
活动目标：

[①] 甘孜州农牧区双语幼儿园教师辅助读本中班（下）：78-79.

（1）训练学前儿童的平衡能力和腰部、手部力量；

（2）让学前儿童了解藏族的传统游戏。

活动准备：用一根彩色宽带，首尾打接连城一根圈带。

活动案过程：

第一个阶段：开始部分。其一，队列队形练习。教师引导学前儿童排成纵队，听口令练习：立正、稍息、向前看齐、原地踏步走、齐步走、跑步走、立定。其二，热身运动：动一动。（引导小朋友动脖子、动腰、动膝盖、动脚。）其三，做小动物韵律操。

第二个阶段：基本部分。其一，出示彩色圈带，小朋友们尝试玩法。首先，教师提问：小朋友们，你们见过这种带子吗？它可以用来做什么游戏呢？你们平时是怎么玩的？教师提问后，小朋友们自由讨论，并尝试着各种玩法。教师观察小朋友们的行为，如果有安全隐患，应及时制止。其二，教师介绍"格吞"的几种玩法。"格吞"是藏区比较流行的一种体育运动，格吞就是把带子套在身上拔河。比赛方式有面对面的、背对背的、跪着拉等多种方式。其三，在教师的指导下，小朋友们玩"格吞"。第一种玩法：面对面"格吞"。教师示范，让两个小朋友们为一组，把彩色圈带套在腰上，然后面对面拉，只要把对方拉过标记线就算获胜，然后改变方位，三局两胜。第二种玩法：背对背"格吞"。教师示范，让两个小朋友们为一组，把彩色圈带套在腰上，然后背对背拉，只要把对方拉过标记线就算获胜，然后改变方位，三局两胜。其四，找几位玩"格吞"玩得好的小朋友，然后他们进行比赛，其他小朋友当啦啦队队员。

第三阶段：结束部分。首先做放松运动。然后老师给小朋友说："格吞"还有其他玩法，比如四个人一组的玩法在一个正方形场地中，四个人各占一角来拉，在四个角摆礼物，谁先取到礼物谁就获胜。小朋友们如有兴趣，可以回去和邻里的小朋友们一起玩。

案例三：投核桃[①]

活动目标：

（1）练习有目标地准确投掷；

（2）练习学前儿童手臂和手部的肌肉；

（3）激发学前儿童对藏族民间游戏的兴趣。

活动准备：每人核桃一包（10~20枚）、韵律操音乐、录音机、宽阔的草地或平地上挖几个小洞。

[①] 甘孜州农牧区双语幼儿园教师辅助读本大班（上）。

活动过程：

第一部分：开始部分。其一，队列队形练习。教师引导学前儿童排成纵队，听口令练习：立正、稍息、向前看齐、原地踏步走、齐步走、跑步走、立定。其二，热身运动。头发肩膀膝盖脚。（小朋友和教师一起随着音乐一起运动。）其三，做韵律操1~4节。

第二部分：基本部分。其一，教师和小朋友谈话，了解小朋友玩核桃的经验。教师问：小朋友们你们玩过投核桃的游戏吗？你们是怎么玩的？其二，根据小朋友玩核桃的经验，找几个玩过玩法与投核桃游戏相似游戏的小朋友来做游戏，其余小朋友观察。其三，教师给小朋友讲投核桃的玩法和规则。首先，将小朋友以5人为一组进行分组，每人出1枚核桃。然后，确定投掷的先后顺序。每个小朋友都站在离洞一定距离的位置上，然后每个小朋友把自己手中的核桃投向小洞。按核桃离洞的距离排出投掷的先后顺序。接着排在第一位的小朋友拿5个核桃先投。投掷核桃之后，听排在第二位小朋友的口令，按照口令行事（如用石头击中××位置的核桃）。如果按要求击中，就赢走洞内的核桃和击中的核桃；如果没有击中，就排到最后一位；如果错误击中其他核桃，则被淘汰。然后第二位小朋友继续游戏（如果第一位小朋友赢走了2个核桃，他就用剩下的3个核桃投，按照第三位小朋友的口令行事。以此类推，第三、第四、第五位小朋友游戏）如果核桃都被赢走，则每人又出1个核桃开始玩下一轮游戏。最后，找出胜出者（比一比，数一数谁赢的核桃多，谁就为胜利者）。其三，小朋友分组游戏。其四，选出每组最优秀的小朋友重新组队进行比赛。

第三部分：延伸部分。比一比谁赢的核桃多，并给获胜者颁发花环。收拾整理器材。让小朋友思考讨论还可以怎么玩核桃，第二天同老师和其他小朋友分享。回去后和父母或爷爷、奶奶、外公、外婆或其他小朋友玩投核桃的游戏。

第八章
使儿童具有幸福感的学前教育

第一节 培养农牧区学前儿童幸福感的价值

"幸福"一词人们并不陌生，亲友送别、长者祝寿、年轻人结婚说得最多的就是"幸福"一词。描述幸福的词语也很多，如快乐、高兴、幸福都表达幸福的含义。而且，很多学者从不同的视角研究幸福，有学者从心理学视角研究幸福并提出相应标准，有学者从伦理学视角研究幸福并对其作出相应的解释，有学者从哲学视角研究幸福并提出相应的理论，有学者从社会学角度研究幸福并提出自己相应的观点，等等。总之，幸福的涵盖面非常广，但也导致了人们对幸福的理解有些混乱。如有些以"价值""成功"等外界标准来界定幸不幸福，当某人具有丰富的物质条件或者某人在某个领域获得一定成绩时，有人就会说他是个幸福的人。有些以自我的情绪体验来界定幸不幸福，他们认为幸福与物质和成绩没多大的相关，而是与自己高兴与否、愉快与否有关，高兴、愉快就是幸福；不高兴、不愉快，有再好的物质条件、再好的成绩也不幸福。有些以自我评价来界定幸不幸福，即个体对其生活质量的整体评价，也就是主观幸福感。本章所说的幸福感就是指主观幸福感。它有三大特征：其一，主观性。就是说幸不幸福不是看别人的标准，而是看评价者自己的标准。其二，整体性。是对自己的积极情感、消极情感、对生活的满意度三个维度进行整体评价。其三，稳定性。虽然人的情绪和生活的情境随着时空的变化而变化，但幸福感具有相对的稳定性，不是昙花一现、稍纵即逝的现象。

目前，大多数人所说的幸福感就是主观幸福感，而且研究幸福感的人越来越多，在中国知网中篇名以"幸福感"搜索，可查找到 16 126 篇文章，其中 1991 年到 2001 年只有 36 篇，而 2008 年到 2018 年十年间的文章有 15 760 篇。从这一数据中可以发现，近年来人们越来越关注幸福感问题。对这些文章粗略阅读发现，这些文章的主要区别在于研究对象上的差异。从研究对象的年龄来看，有的以大学生为研究对象，有的以中学生为研究对象，有的以学前儿童为研究对象，有的以老年人为研究对象等；从研究对象的职业和身份来看，有的以教师为研究对象，有的以护士为研究对象，有的以失地农民为研究对象，有的以企业员工为研究对象，有的以城乡居民为研究对象，有的以孕妇为研究对象等等；从研究内容来看，有的主要研究影响幸福感的因素，有的主要研究幸福感的价值，有的主要研究提高幸福感的措施等。

一、学前儿童幸福感对个体发展及其社会发展价值

为什么如此多的学者研究幸福感呢？主要原因之一是幸福感对个体的成长和社会的和谐发展都具有重要的作用。

从幸福感对个体成长的意义而言，幸福感既有利于个体身体健康，也有利于心理健康。虽然幸福感是一种情感体验、感受，但是，这种情感体验和感受是可以转化为行动的动力的。心理学研究表明：当个体处于积极的情感状态时，其观察能力、注意能力、记忆能力、思维能力、想象能力都会提高，从而促进个体的学习、工作能力，而且这种积极的情感会使人积极向上，朝气蓬勃。反之，当个体处于消极情感状态时，其观察能力、注意能力、记忆能力、思维能力、想象能力都会下降，从而阻碍个体的工作效率和学习效率，而且这种消极情感会使人消极、被动、自卑、萎靡不振，甚至抑郁。靳宇倡、何明成、李俊一等对国外有关生命意义与主观幸福感的研究论文采用Pearson积差相关系数 r 的元分析方法分析得出，存在意义与生活满意度和积极情感之间呈显著正相关，即存在意义与主管幸福感呈显著正相关；寻求意义与主观幸福感也呈显著正相关。存在意义和寻求意义是生命意义的两个维度。生命意义感高的个体感受到的快乐多、烦恼少，相对于生命意义感低的人而言，他们更加健康，更加长寿。[①]

学前期个体处于生命的初期阶段，这一时期的幸福感对个体的发展更是重中之重，早期的情绪体验和对生活的满意程度构建起个体的潜意识和人格特征。学前儿童基本的认知活动主要属于无意识活动，如无意注意、无意记忆、无意想象等。这一时期的孩子对生活状态无法全面客观的分析和评价。他们的大脑就像一个留声机，对听到的、看到的、感受到的、体验到的都不

---

① 靳宇倡，何明成，李俊一. 生命意义与主观幸福感的关系：基于中国样本的元分析[J]. 心理科学进展，2016（6）：1854.

加选择地记录下来，而且这些信息大多进入无意识。如果孩子经常听到好的评价，感受到好的态度，体验到积极的情绪，这就为孩子植入了一种积极的潜意识。积极的潜意识会促进个体的人格不断完善。反之，如果孩子经常听到负面的评价，感受到不友好的态度，体验到消极的情绪，这就为孩子植入了一种消极的潜意识。消极的潜意识容易导致人格缺陷。

就主观幸福观对社会发展的意义而言，个体的主观幸福观对和谐社会的构成具有重要的作用。[①]不论是一个时代、一个国家，还是一个民族、一个社区，和谐与否对其发展具有重要的价值。而这个时代下的国家、民族、社区民众，其主观幸福感对国家、民族、社区的和谐与否起着重要作用。因为社会是由个体构成的，当个体的主观幸福感强时，个体的心理就处于和谐状态。只有当大多数个体的内心处于安宁、和谐状态时，整个社会才会和谐。个体的主观幸福感对和谐社会的作用主要通过以下两个方面来实现。

其一，个体的主观幸福感强有利于社会制度和政权的稳定发展。一种社会制度或一种政权要想维持和发展，需要广大人民群众的支持和拥护，因为水能载舟，亦能覆舟。当人民群众对当前的生活状态满意时，就会支持和拥护当前的社会制度或政权，这就有利于这种制度或政权的维持和发展。

其二，个体的主观幸福感强有利于社会各项事业的发展。一个时代、一个国家、一个民族不仅要追求稳定的社会秩序，还要不断加强经济建设、民主法治建设、思想文化建设、生态文明建设等，从而促进其不断发展。但一个时代、一个国家、一个民族的发展不能只依靠极少数人，而要依靠广大人民群众的共同努力。历史告诉我们，当人民群众对当前生活状态满意时，内心处于和谐状态，对国家、民族的认同感强，自豪感、归属感也较强，此时的民众具有很强的凝聚力和向心力，可谓心向一处想，力往一处使，对社会各项事业的发展都具有很强的推动力。反之，当人民群众对当前的生活状态不满意时，情绪处于消极状态，内心处于不安宁的状态，对国家、民族的认同感低，自豪感、归属感弱，不利于凝聚广大人民群众的力量来推进社会各项事业的发展。

加强生态建设、维护生态安全，是当前全人类面临的共同主题。甘孜州地处四川省西部，地域辽阔、高山纵横、生态环境十分复杂，为各类生物的生存、生长和繁育发展提供了有利的条件，形成了生物多样化的特点，是中国物种分化最活跃的地区之一，也是青藏高原重要的生物资源库，有着巨大

---

① 李艳艳."主观幸福感"在构建和谐社会中的意义[J]. 高教学刊，2015（17）：228.

的资源开发和保护的潜力①。如甘孜州位于素有"江河源""亚洲水塔""全球气候调节器"之称的青藏高原东南缘，水力资源非常丰富，长江上游的主干支流金沙江、雅砻江、大渡河纵贯甘孜州全境，可谓长江、黄河源头的重要水源涵养地。甘孜州森林资源丰富，是我国四大重点林区之一的西南林区的重要组成部分。甘孜州草地资源优势明显，具有面积大、分布广、种类多的特点。甘孜州湿地资源分布广阔，具有绝对数量大、分布范围大、区域差异显著、生物多样性的特点。甘孜州的野生动植物资源多种多样，形成了一座天然的动植物园，是我国的"生物宝库"之一……总之，甘孜州的地理位置决定了其具有非常重要的生态地位。

甘孜州位于川、藏、滇、青的接合部，成为链接川、藏、滇、青的交通枢纽，是藏、汉经济文化交融的纽带和桥梁，素有"汉藏走廊"之称，对促进内地与边疆少数民族地区经济文化的交流和发展起着重要的作用。历史上的甘孜州是兵家必争之地，它在政治和军事上发挥着东屏四川、南控云南、西摄西藏、北啸青海的战略作用。当前，甘孜州是反分裂、防渗透的重点地区之一，具有"稳藏必先安康"的特殊政治地位。

综上所述，甘孜州特殊的地理位置和历史原因，使其在生态、经济、政治、军事上具有极其重要的战略地位。而居住在这里的民众的幸福感不仅对其区域内各民族互相信任、互相尊重、互相帮助，生态环境得以保护，民族经济和社会事业长足发展，民族文化得以发展等具有重要的意义，而且对整个国家、民族乃至全人类的生态环境、政治经济发展、民族团结、社会稳定都具有极其重要的意义。

二、家庭生活和学前机构生活对学前儿童幸福感的影响

基于主观幸福观对个体的发展和社会发展的意义以及学前期在个体终身发展中的重要性，关注、提高学前儿童的主观幸福感是一项利国利民的事项。从学前儿童的活动场所来看，学前儿童主要在家庭和学前机构中活动。所以，学前儿童对家庭生活的满意度和对学前机构的满意度以及其所体验到的情绪是影响学前儿童主观幸福感的主要因素。目前，有关学前儿童主观幸福感的研究也证实了这点。如王素霞和杨丽珠对 3~5 岁儿童主观幸福感的研究发现：3~5 岁儿童主观幸福观包括家庭生活满意度、学前机构生活满意度、情感体验三个因素。其中，情感体验包括了积极与消极两个方面。认为自己幸

---

① 甘孜藏族自治州地方志编纂委员会. 甘孜州志[M]. 成都：四川人民出版社，2010：2.

福的学前儿童的积极情感体验较多，消极情感体验较少；认为自己不幸福的学前儿童的消极情感体验较多，积极情感体验较少。前者用"高兴""爱""喜欢"这类词的频率多于用"生气""害怕""讨厌"这类词，后者则相反。家庭生活满意度主要指的是学前儿童与家庭成员相处时所获得的满意度，主要表现在父母的陪伴时间和与父母一起出门的次数等。学前机构生活满意度主要指学前儿童对学前机构生活的满意程度，主要包括学前机构中开展的各种活动、对与老师和同伴之间交往的满意程度。对学前儿童来说，主要的生活场所就是家庭和学前机构。这两个场所的满意度对其主观幸福感具有重要的影响，而学前儿童的认知特点又决定了他们不可能像成人一样全面客观地评价自己的生活状况。所以，短期内情感体验对满意度的影响是非常明显的。这三个因素相互联系，相互影响。要想提高学前儿童的主观幸福感，必须关注三个因素，缺一不可。

　　古今中外，研究家庭的学者非常多，而且很多学者从各自的研究视角对家庭的内涵进行了界定。如费孝通先生认为："家庭就是父母子女形成的团体。"[1]王兆先认为："家庭即以婚姻关系为基础，以及由血缘或收养关系组成共同生活的社会细胞。"[2]赵忠心认为："家庭是以婚姻为基础，以血缘为纽带而形成的社会生活的基本单位，是社会最微小的细胞。"[3]黄河清认为："家庭是以夫妻关系为基础，以亲子关系为纽带的社会组织，它是个体与社会联系的中介，也是家庭成员，特别是未成年人精神和物质生活的寄托所在。"[4]……

　　虽然学者们对"家庭"下的定义各有差异，但无可否认的是，家庭对一个人一生的成长具有非常重要的意义。家庭不仅是个体接触和生活的第一个环境，也是最直接、最深刻、最持久的环境。父母的遗传素质为个体的身心发展奠定了物质基础，父母和其他长辈是个体的首任教师。一个人最初的信息刺激、影响来源于家庭。即使是个体进入专门的教育机构后，家庭的作用仍起着重要的作用。很多教育家和研究者都强调家庭在个体发展中的作用。如英国著名教育家洛克曾说："我们年幼时，最初的意识就像江河水的源泉，活泼而无拘束，只要一点点力量就能转变它的流向。人和人之所以不同，就是因为后天所受的教育方式不同。在年幼的意识中留下的印象，哪怕是微不足道，都会在其漫长的一生中发挥重要的影响。这正如河流一旦在源头上被导向某一方向，整条河流的流向就受到决定性的影

---

[1] 费孝通．生育制度[M]．天津：天津人民出版社，1981：70．
[2] 王兆先．家庭教育词典[M]．南京：南京大学出版社，1992：2．
[3] 赵忠心．家庭教育学[M]．北京：人民教育出版社，2001：2．
[4] 黄河清．家庭教育学[M]．上海：华东师范大学出版社，2016：4．

响,不管这条河流将来流得有多长。"①苏霍姆林斯基曾说过:"家庭教育好比树木的根须,供养着教育的树干、枝叶和花果。学校教育的成果是建立在家庭道德基础上的。"②多萝茜·洛·诺尔特曾说过:"如果一个孩子生活在批评中,他就学会了谴责;如果一个孩子生活在敌意中,他就学会了争斗;如果一个孩子生活在恐惧中,他就学会了忧虑;如果一个孩子生活在怜悯中,他就学会了自责;如果一个孩子生活在讽刺中,他就学会了害羞;如果一个孩子生活在妒忌中,他就学会了嫉妒;如果一个孩子生活在耻辱中,他就学会了负罪感;如果一个孩子生活在鼓励中,他就学会了自信;如果一个孩子生活在忍耐中,他就学会了耐心;如果一个孩子生活在赞美中,他就学会了感激;如果一个孩子生活在接纳中,他就学会了爱;如果一个孩子生活在认可中,他就学会了自爱;如果一个孩子生活在承认中,他就学会了要有一个目标;如果一个孩子生活在分享中,他就学会了慷慨;如果一个孩子生活在诚实和正直中,他就学会了什么是真理和公正;如果一个孩子生活在安全中,他就学会了相信自己和周围的人;如果一个孩子生活在友爱中,他就学会了这世界是生活的好地方;如果一个孩子生活在真诚之中,他就会头脑平静地生活。"③总之,就家庭对个体的影响而言,不仅父母的遗传素质影响其身心发展,而且家庭的氛围、家庭教育方式、长辈对晚辈的期望都对其身心发展有重要影响。

随着社会的发展,家庭结构也逐渐复杂化,目前出现了核心家庭、祖辈家庭、单亲家庭、重组家庭等多种形式。不同家庭在家庭氛围、家庭教育方式,对子女的期望上都有所不同。核心家庭就是家庭内部仅保持着夫妻、亲子、兄弟姐妹三种基本的家庭关系的家庭。从理论上来说,核心家庭对其子女的发展有诸多优势:其一,由于核心家庭中父母和子女互动频率高,彼此了解更深,更容易建立亲密的亲子关系,有利于创造和谐的家庭氛围;其二,由于核心家庭的经济相对独立,有利于保障对子女的物质投入;其三,由于核心家庭的教育者主要是父母二人,他们在年龄、受教育程度对其事物的理解和分析能力方面相差不大,容易在孩子的教养态度上达成一致;其四,如果夫妻双方都要工作,可让孩子承担一些简单的家务劳动,有利于培养孩子的生活能力,增强其家庭责任感。

---

① [英]约翰·洛克. 家庭学校[M]. 张小矛,译. 北京:京华出版社,2001:1.
② [苏]瓦·阿·苏霍姆林斯基. 睿智的父母之爱[M]. 罗亦超,译. 石家庄:河北人民出版社,1999:2-3.
③ [美]珍妮特·沃斯,[新]戈登·德莱顿. 学习的革命[M]. 顾瑞荣,陈标,许静,译. 上海:上海三联书店,1998:76.

但实际生活中核心家庭也出现了一些不利于子女发展的因素：其一，很多年轻父母缺乏养育经验；其二，工作原因导致很多核心家庭母亲成为"孤独"的教育者，父爱的缺失导致孩子缺乏安全感，易出现攻击行为，形成性格缺陷，不利于性别角色社会化等。

祖辈家庭又称为隔代家庭，这种家庭大致可以分为两种类型：一种为父母很少或根本不履行亲职的，由祖父母担负孙子女照顾及教养责任；另一种为三代同堂，父母多少履行若干亲职，但孩子大多时间与祖父母在一起生活。

从我国目前的状况来说，城市祖辈家庭具有以下的特点：其一，祖辈对孙辈寄托的感情和期望比当初对子女辈的感情和期望更高。他们有足够的时间和丰富的经验，所以，对孩子的照顾更周全，但更多是满足孩子在物质上的满足。其二，祖辈更有爱心，更喜欢和孩子在一起，对孩子非常疼爱，孩子也非常依赖祖父母，更愿意向祖父母倾诉心里话，使其产生安全感，但也容易导致溺爱，致使孩子以自我为中心、合作精神不足、自理能力差、进取心不足、意志薄弱等。其三，一方面，祖父母可以为年轻父母减轻负担，但因年轻父母对其孩子的要求严格，祖父母却袒护和迁就，容易形成亲子间感情隔阂和情绪抵触。其四，祖辈们因身体原因喜欢安静，带孩子的活动范围小，容易使孩子封闭在家庭的小范围内。

农村祖辈家庭具有以下的特点：其一，由于很多农村祖辈的文化水平不高，使得他们既没有能力培养孙辈的兴趣爱好，也没有能力辅导孙辈的学习。其二，因父母在外打工，对孩子采用物质补偿的方式，而祖父母很少关注孙辈们的心理需求。其三，虽然很多祖辈都接受传统美德，但对孙辈的教育方式并不科学，导致孙辈容易出行不良行为。其四，农村祖辈与城市祖辈的不同之处在于，农村祖辈除了照看孙辈，还要做农活和家务事，因精力不足，难以监控幼小孙辈的安全。

单亲家庭是父亲或母亲单独承担抚养未成年孩子责任的家庭，具体可分为离婚式单亲家庭、丧偶式单亲家庭、分居式单亲家庭、未婚式单亲家庭。相对于核心家庭和祖辈家庭，单亲家庭对其孩子的成长有诸多不利因素，具体表现在以下几个方面：其一，由于家长长时间难以从离异或丧偶的阴影中走出，容易给子女心理发展带来消极影响。其二，很多单亲家长身兼数职，他们既要工作又要做家务事、照顾孩子，往往疲于奔命，时间、精力都不足，致使对孩子的教育投入减少。其三，有些单亲家长由于没时间、精力和心情去关心和学习科学育子的知识、经验、方法等，导致单亲家长在教育孩子方面多多少少存在一些观念上的偏差、方法上的不足。其四，单亲家庭中由于缺少父母的角色示范，致使孩子学习社交技能的机会减少，导致孩子缺乏社交能力。

随着单亲家庭的增加，重组家庭也不断增加。由于家庭结构、家庭教育功能、家庭环境等的重大变化，原来熟悉的一切变得陌生，陌生的环境使重组家庭的孩子产生一些突出的消极情绪，具体表现在以下几个方面：其一，被冷落感，因为父母一方不属于亲爸或亲妈，孩子特别在意父母对其的亲近度，久而久之容易产生被冷落感。其二，对重组家庭孩子的调查发现，很多孩子经常沉湎于自我冥想中，回想以前的幸福家庭，思考为什么会是这样，久而久之形成沉默寡言、唯我独尊的个性。其三，相较于核心家庭和祖辈家庭的孩子，重组家庭的孩子埋怨、忧伤、失望等消极情绪体验更多，致使这些孩子容易产生报复心理。①从以上几种家庭结构对其孩子的成长的影响可以看出，不同家庭中，孩子对其家庭生活的满意感是不同的，孩子在家庭中经常体验到的情绪也是不同的，即孩子在家庭中所体验到的主观幸福感是不同的。

对于学前儿童来说，除了家庭，学前机构又是一个重要的活动场所。对学前机构生活的满意度与在学前机构中所处的主要情绪状态，也是影响其主观幸福感的主要因素。学前机构中的师幼关系、同伴关系、学前机构的环境、学前机构开展的活动是影响其主观幸福感的重要因素。

教师与学前儿童之间发生关系的方式是多种多样的，从大的方面来说，可以通过两种方式，即教师与学前儿童之间直接发生关系和教师与学前儿童之间间接发生关系。但不管是直接发生关系还是间接发生关系，教师与学前儿童之间的关系和谐与否直接影响到学前儿童在学前机构中的主观幸福感。如果教师尊重学前儿童的需要、兴趣，尊重学前儿童的个体权利与自由，倾听学前儿童的"声音"，重视学前儿童的话语权，将学前儿童的观点视为有价值和值得讨论的，学前儿童对学前机构的生活则是满意的，在学前机构中大多时间所处的情绪状态是积极的。反之，如果教师因自己在知识、经验、能力等方面优于学前儿童，以权威者自居，不从学前儿童的兴趣、需要出发，把自己的价值观、兴趣强加于学前儿童，不尊重学前儿童的观点，不给学前儿童"话语权"时，学前儿童在学前机构中所体验的情绪则主要为消极情绪，对学前机构的生活是不满意的。

学前机构中，教师和学前儿童之间发生关系需要依据一定的教育目标，选择一定的活动内容和活动形式。当确定的教育目标、选择的活动内容和活

---

① 黄河清. 家庭教育学[M]. 上海：华东师范大学出版社，2016：155-157.

动形式适合学前儿童的身心特点，即把源于学前儿童生活的内容有机整合，借助具体的情境、具体的事物，在参与、探讨、交往过程中学习，使其在享受快乐的同时，身心得到与其发展水平相对应的提高时，学前儿童对学前机构开展的活动是满意的，开展活动过程中所体验的情绪以积极情绪为主。反之，当确定的目标、选择的活动内容、活动形式不适合学前儿童的身心特点，即从成人的视角确定其活动目标、选择活动内容、活动形式，一切都为成人生活准备，只开展教师认为有利于成人生活的活动，孩子在学前机构的主要活动内容为识字、数数、珠算、背诗、画画、弹（拉）琴等，主要采用教学形式开展活动，致使学前教育小学化或特色化，大多数学前儿童在开展此类活动时所体验到的情绪则主要为消极情绪，对学前机构开展的活动满意度就比较低甚至极其反感。

学前机构中，教师和学前儿童必须在一定的环境中开展活动。所以，环境对活动目标能否顺利实现以及对学前儿童的成长都具有重要的影响。如果创设环境时以学前儿童为中心，以学前儿童的视角、逻辑、感觉出发，想学前儿童所想，急学前儿童所急，这样的环境就能引起学前儿童的兴趣，学前儿童就能与环境积极互动，这样的环境会使学前儿童轻松、愉快、自由，自然主观幸福感也就随之增强。反之，如果创设环境时以成人为中心，从成人的视角、成人的逻辑、成人的感觉出发，那么面对教师辛辛苦苦创设的环境，孩子就会无视它的存在，甚至可能因反感而破坏。在这样的环境中，孩子不仅感受不到轻松、愉快、自由，反而会感到紧张、压抑等，自然主观幸福感也会随之下降。

众所周知，人是具有主观能动性的动物。因为人具有主观能动性，故人与人的关系远比人与物的关系复杂。学前机构中，人与人的关系，除了教师与学前儿童之间的关系以外，还有学前儿童与学前儿童之间的关系，即同伴关系。心理学研究表明，个体的心理障碍，85%是人际障碍导致的。所以，学前儿童在学前机构中的同伴关系是影响其主观幸福感的一项重要因素。当学前儿童在学前机构中能自主选择、自由结伴开展活动，小朋友们都一起分享各自喜欢的东西，一起协商来解决问题，即能与同伴积极沟通、交流、分享、合作时，学前儿童感受到的快乐就多，喜欢学前机构中的伙伴，自然对学前机构的满意度就高。反之，当学前儿童在学前机构中不受其他小朋友欢迎，不愿与其他小朋友一起玩耍或开展活动，不愿与其分享自己喜欢的东西，甚至受到欺负时，学前儿童体验到的消极情绪远多于积极情绪，自然对学前机构的满意度低，甚至不愿意到学前机构上学。

第二节　甘孜州农牧区学前儿童的幸福感现状

如前所述，对学前儿童而言，活动场所主要是家庭和学前机构，对学前儿童发展有重要影响的因素就是家庭和学前机构，儿童所受的教育主要也是家庭教育和学前机构教育。

一、甘孜州农牧区学前儿童在家庭中的幸福感现状

十年前，甘孜州农牧区学前教育主要属于家庭教育，家庭教育基本代替所有的学前教育。近年来，随着学前机构教育的普及，很多学前儿童进入学前机构接受教育。因此，当前的学前教育既包含家庭教育，也包括机构教育。但是，从甘孜州目前的学前机构教育发展现状来看，近期不可能达到所有农牧区3~6岁儿童都能进机构接受教育，更不可能实现农牧区0~6岁儿童都能进入机构接受教育。另外，即使学前儿童都能进入学前机构，但家庭对学前儿童的影响还是非常重要的，所以，对农牧区学前儿童来说，家庭是影响其发展的重要因素。

不论是遗传素质，还是家庭环境，不同家庭对个体的影响是非常明显的。本节主要探讨不同家庭对学前儿童幸福感的影响。家庭中影响学前儿童幸福感的因素很多，本文从家庭结构这一视角入手分析。就甘孜州农牧区的家庭结构而言，主要有三种类型：祖辈家庭、核心家庭、离异家庭。

祖辈家庭是甘孜州农牧区最普遍的家庭结构。因农牧区的生产生活特点，成年人大多时间都要外出劳作或打工，农区祖辈家庭的现状为父亲常年在外打工，母亲务农。除了农忙时节（大约半个月）和过年期间，很多孩子与父亲相处的时间甚少。白天，母亲忙于农活，大多数时间在田间地头或野外，年幼孩子基本由祖父母照看。牧民定居区祖辈家庭的基本现状为父母外出放牧，年幼孩子由祖父母照看。如果放牧点离家较近孩子晚上可以见到父母；如果放牧点离家较远，则可能三四天乃至十天半月都见不着父母。由祖父母照看孩子既有利也有弊。虽然祖辈们没有科学的育儿理念和育儿经验，但有丰富的人生经验。而且农牧区很多老者持有朴素的价值观、世界观和人生观，他们会通过各种民间故事、自己的人生经历和身边的故事，教育孩子要与人为善，要与自然、他人、自身和谐相处。这些理念对于孩子幸福感的形成具有重要的价值。但是，因老年人的生理特征，行动不便，因此他们经常采用讲恐怖故事来达到限制儿童活动范围和活动内容的目的，致使孩子自由空间

小、胆小怕事，而且这对孩子幸福感的形成是不利的。另外，也有部分老年人持有"棍棒之下出孝子""三天不打，上房揭瓦"等思想，以成人的标准要求学前儿童，当孩子"不听话"时，就采用打骂的方式处理，导致儿童经常处于消极恐惧、忧虑状态，这对幸福感的形成是非常不利的。还有，儿童长期与父母分离，特别是与父亲长时间分离，会导致年幼孩子缺乏安全感。这不仅不利于孩子当前幸福感的提高，更不利于孩子的终身发展。

甘孜州农牧区第二种家庭结构类型属于核心家庭。理论上来说，核心家庭对孩子的发展有诸多优势，是各种家庭结构类型中最有利于孩子发展的一种类型。因为除了第一节所阐述的核心家庭的优势以外，就个体的心理发展而言，年幼时长期与父母相处有利于儿童形成对父母的依恋和安全感，应该具有较高的幸福感。但农牧区的生产生活方式决定了这种家庭结构中的孩子的幸福感并不强。就甘孜州农区核心家庭的现状而言，为了生计，大多男性常年在外务工。母亲不仅要务农，还要承担所有的家务事。年幼的孩子要么由年长的孩子辍学在家照顾，要么由母亲带到田间地头。笔者对甘孜州部分农区的调查发现，随着义务教育的实施，学龄期孩子基本已入学，很多核心家庭的母亲因无人看管年幼的孩子，就将其带至田间地头。因自己无暇照看，又害怕孩子爬到田边滑落，吃泥巴或其他脏东西，就经常在阴凉处铺一块地毯或衣服，然后用带子把孩子拴在背篼或木桩或年幼孩子无法拔出的植物上。即使孩子不停哭闹也无暇顾及，这不仅不利于孩子的身体发展，而且容易使孩子缺乏安全感，非常不利于年幼孩子主观幸福感的形成。就牧区核心家庭的现状而言，因无人看管年幼的孩子，父母经常把年幼孩子"揣"在怀里，然后骑上马到牧场放牧。这些年幼孩子虽有足够的安全感，但这对其生理发展却是不利的，特别是到了寒冬季节更是如此。

甘孜州农牧区第三种家庭结构类型属于单亲家庭，这种家庭类型在牧区特别多。牧区单亲家庭的形成缘由与农区和内地单亲家庭的形成缘由有较大的差异。牧区单亲家庭大多因未婚先育导致，孩子出生后基本由母亲抚养，很多孩子从出生到成人从未见过父亲。另外还有部分单亲家庭是离异家庭，孩子也基本由母亲抚养。因未婚先育导致的单亲母亲由于忙于生计，对孩子的感情投入和教育投入很少。这些孩子不仅缺乏父爱，而且还经常受到同伴甚至是周围成人的歧视，甚至是欺辱，导致其从小缺乏安全感、害怕、孤独、寂寞、怨恨常伴左右，这些孩子的主观幸福感自然很低。因离婚导致的单亲母亲一方面由于忙于生计，对孩子的情感和教育投入少，另一方面因短期内无法走出离婚导致的心理阴影致使家庭氛围非常糟糕，致使这些孩子对家庭的满意感低，而且可能形成对父亲的怨恨。

二、甘孜州农牧区学前儿童在机构教育中的幸福感现状

随着生产力的发展，出现了剩余产品。剩余产品的出现促进了社会的分工，从而出现了专门从事教育工作的人，也出现了专门从事教育工作的场所以及文字。至此，有目的、有计划地自为教育登上历史的舞台。最初，自为教育的对象很少，特别是奴隶社会和封建社会时期，大多数人处于自在教育状态。到了工业革命开始，由于机器化大生产，进入工厂的工人必须具备一定的科学文化知识，从此自为教育开始普及。

甘孜州农牧区由于经济发展水平滞后以及历史原因，最初的自为教育主要属于传统的寺院教育，而且自为教育的对象也很少。但从19世纪末20世纪初开始，政府主导的机构教育开始在农牧区出现。特别是近几十年，农牧区的学龄期机构教育发展取得了巨大的成绩，目前基本普及九年义务教育。从2010年《国家中长期教育改革和发展规划纲要（2010—2010年）》出台后，农牧区的学前教育发展也取得了较大的成绩。相对于该纲要出台前，在园所数量和在园幼儿数急剧增长，入园率大幅度提高。然而，在肯定成绩的同时也不能忽略不足，农牧区学前自为教育在关注数量的过程中凸显出了一系列与教育初衷不相符的现象。具体表现如下：

（一）教育目的功利化

从学理上来说，生命是教育的起点，但现实教育偏偏远离了生命的基点，为功利主义所主宰。农牧区的自为教育与艾略特描述的现实教育如出一辙，儿童接受教育的目的不是为了智慧，而是为了获得更多的金钱或更大的支配权力或更高的社会地位或至少获得一份相当体面的工作。

1. 强调社会需求，忽视儿童的内在需求

笔者对甘孜州23所农牧区学前机构的实地调查、与105位学前机构负责人和教师的面谈和电话访谈、与67位学前儿童家长的访谈、对多项活动中儿童与教师行为的观察发现，学前教育并未从学前儿童的需要和兴趣出发，而是指向社会需求。社会的需求成了学前教育的唯一追求。具体体现在以下两个方面：

其一，迎合上级部门的需要。随着生产力的发展，物质生活条件得到了极大改善，世界大多数国家和民族都越来越重视学前教育的发展，众多的学者和一线的教育工作者们也注重起学前教育相关研究，研究摸索出了一系列新型的学前教育模式、手段，提出了新的学前教育理念。我国的很多学者和

一线教育工作者也积极地投入到学前教育研究工作中，在借鉴的基础上摸索出了一系列具有区域适应性的学前教育模式和方法。在这样的大背景之下，甘孜州各级教育管理机构在重视学前普及工作的同时，也加强了学前教育的区域适应性研究工作。然而，在推动此工作时，因缺乏科学的评估体系和方案，致使各区域、各幼儿园基本通过打造特色幼儿园和特色课程来实现学前教育区域适应性研究工作。从理论上来说，创办特色幼儿园和创建特色课程可谓实现学前教育区域适应性的有效手段之一。然而，因农牧区学前教育管理者和老师们自身的专业水平有限，只有邀请内地师范大学（学院）的专家、教授或内地知名幼儿园的老师来打造特色。这些专家和老师中的很多人对甘孜州农牧区的实际状况并不熟悉，甚至有专家和教师从未实地调查过，只是通过书本和别人的介绍获得相关信息。这样打造出来的特色、开发出来的课程无法满足学前儿童的实际需要和兴趣，只能应付上级部门的检查。为提高学前教育区域适应性的研究成果，结果却水土不和。比如有的牧区学前机构开发的课程是"为了让孩子体验母亲怀孕时的辛苦，就让每位孩子腰间绑沙袋、挺着肚子学孕妇走路"。孩子们在开展此活动时只是觉得好玩，并未体验到辛苦。因为牧民主要生活在马背上，即使有几个月的身孕，他们照样骑着马放牧或挤奶、打奶、剪羊毛等。生活在高原上的妇女和生活在内地的妇女在身体素质和体格上都有较大的差异，孩子们在现实生活中并未见到过孕妇如此走路。所以，针对高原上的学前儿童开展此类活动只能说增强了孩子们的好奇心而已，并不能实现预期的教育目标。再比如，为了实现学前双语教育，有的地方教育行政部门硬性要求所有的学前机构在开展活动时都要用普通话，有的地方教育行政部门要求学前机构除了藏语文课的教学活动以外，其他活动均用普通话来开展。然而，很多学前机构根本就不适合用这样的双语教育模式。甘孜州很多区域采用的地方语言与标准藏语有很大的差异，学前儿童入学前机构之前，不论是在家里还是在社区内，主要用的都是地方语言。一进入学前机构，教师完全用普通话开展活动，教师与学前儿童之间根本无法沟通。从理论上讲，加拿大的研究证明早期完全浸入式双语教育是可行的。但是笔者从对农牧区学前教师的访谈得出结论，农区和离城市较近的牧区采用此种双语教育模式可行，远离城市的牧区采用此种双语教育模式不可行。主要原因是孩子离开学前机构后缺少语言环境。甘孜州大多农区父母和离县城近的牧区父母都可以用汉语交流。在教师的引导下，很多父母在家用汉语和孩子交流。当教师完全用汉语开展活动时，孩子们不会感到无助和恐慌。然而，远离县城的牧区父母大多不会用汉语交流，孩子离开学前机构后，不论是在家里还是在社区，孩子都用地方语言交流。当老师完全用汉语开展活动时,孩子们就像是听"天书"。因无法理解教师所说意思,很多孩子感到非常无助乃至恐慌,久而久之不愿进学前机构。本来学前机构应该是儿童生活的乐园,孩子可以在此无忧无虑、自由自在地生活、嬉戏,然而现在却成了让人无法忍受的场所。这不仅不利于孩子当前幸福感的获得,也不利于孩子以后的成长。

其二,迎合家长的需要。随着经济的发展,全球化和信息化的加快,甘孜州农牧区与内地乃至世界的交流越来越频繁,很多农牧民都感受到了大城市物质条件的优越性以及内地生活环境的优势。所以,越来越多的农牧民都希望子女在大城市或内地就业。然而,要想在大城市或内地就业,具备高学历或出自名校是重要条件之一。要想获得较高的学历或进名校,必须通过高考。所以,为了提高高考成绩,部分农牧民想尽一切办法让孩子到县城接受教育,各县城的家长又想尽一切办法,让孩子到州市或内地重点中小学接受教育。还有很多农牧民因无法让孩子到县城或州市或内地接受教育而为孩子的未来担忧。农牧区的很多学前教育工作者为了迎合家长的想法,违背教育者的本心,孩子从入园开始就对其进行知识教育,甚至有的学前班直接用小学一年级的课本教学,美其名曰"不能让孩子输在起跑线上"。很多农牧区家长对此方式非常赞同。笔者在调查中发现,很多家长认为"我们的孩子没有县城、内地的孩子们那么好的教育条件,只有让他们先学一些,这样不至于落下太多"。还有家长认为"学总比不学好吧"。他们所谓的学就是识字、背诗、计算。这样的学前教育满足了家长短期的需求,然而无法满足孩子们的需要。而且这样的教育既不利于孩子的和谐发展,也不利于地方经济的可持续发展和社会的安定和谐。这种教育既不利于个体发展,也不利于社会发展的原因有二:首先,不可能牧民都不放牧,农民都不务农。从目前的状况来看,通过中考和高考的筛选,很大一部分孩子都要回到农区务农、牧区放牧。因为这些孩子在学校所受的教育内容与农牧民的生产生活相差甚远,因此,离开学校后很难适应农民和牧民的生活,致使很多孩子选择外出打工。然而,这些孩子因没有技能,很难被招工,很多孩子成了无业游民,导致孩子的心理落差大。其次,即使牧民都不放牧、农民都不务农,但不可能让15.3万平方公里的土地变成无人生存的荒野,总要在这广袤的土地上做些什么。就甘孜州的自然资源而言,除了农业、牧业,要么开发旅游业,要么开发水利资源,要么开发矿产。然而,开发旅游业、水利资源和矿产资源需要大量的劳动力,这些劳动力又主要来自本区域内,最终的结果就是农民、牧民变成旅游业服务员、水电厂工人、矿工。在高原上过度开发旅游资源、水利资源和矿产资源,将严重破坏生态环境,导致自然灾害频繁。人们的生存环境越来越恶劣，在这样的环境中生活的人们就会越缺乏安全感。缺乏安全感的人基本没有幸福可言。从目前的状况来看，通过中考考入职业学校的孩子和通过高考进入大学的孩子毕业后因知识技能水平有限或文化差异，很难适应大城市或内地的生产生活，虽未回去务农和放牧，但基本都回到原来生活的区域从事其他工作。然而，很多孩子因接受职业教育阶段所学的内容无法较好地与本区域的自然环境和人文环境相适应，致使他们的幸福感直线下降，有的便开始通过满足物欲来提高自己的价值。长辈所倡导的珍惜生命、尊重生命、欣赏生命、实现生命价值、人与自然和谐相处等观点已跑到九霄云外。所以，从这一视角来说，这种教育既不利于个体发展，也不利于社会发展。

2. 强调知识技能，忽视情感体验

人作为生命体，既是物质的存在物，又是精神的存在物。因此人生活在物质家园和精神家园中。人既需要物质条件的满足，又需要内在精神的满足。而且，对于有意识的人而言，精神需要的满足更为根本，因为人的生命本质是精神性的。物质需要的满足为精神需要服务时，才算真正意义上的满足。教育作为提升人的智慧，丰富人的生命过程，要关心整体的人，既要让儿童掌握用来认识世界、改造世界的知识技能，更要关注人的精神，让每个儿童体验精神的发展历程。然而，现实的教育状态却令人惊诧、错愕不已。

笔者对四川省 2018 年度深度贫困县"一村一幼"辅导员能力提升培训项目四川民族学院培训班的 410 位培训学员（这些学员来自甘孜州丹巴县、色达县、白玉县、道孚县、巴塘县、新龙县、乡城县、海螺沟区，除了极个别学员以外，大多学员有一两年的教龄，甚至有的学员有 10 年的教龄）的调查发现，三分之二的培训学员不会设计学前教育活动方案，不知道学前教育主要开展什么活动。在这些学员的心目中，学前儿童就是年龄小一点儿的小学生，开展的教育活动就是学拼音、识汉字、读简单的古诗、算 20 或 100 以内的加减法、看动画片等，目的在于入小学时有一定的知识准备和语言准备。

因本次参训学员无法完全代表甘孜州农牧区教师的整体水平，所以，笔者对农牧区 23 所学前机构 25 位已经在学前机构从教多年的教师所编写的活动方案进行了阅读。对这些教师编写的活动方案阅读发现：大多数教师在开展各项活动时，关注点几乎都在学前儿童对知识技能的掌握情况上，学前儿童的情感体验基本被忽略。语言领域的活动大多以学前儿童能认识多少拼音和汉字、能背诵多少故事、复述什么结构的语句、对故事内容能掌握多少等作为评价标准，阅读过程中的情感体验和阅读兴趣的培养基本被忽略；科学领域的活动大多以学前儿童能数多少个数字，能认识那些数字，能做几位数的加减,能分辨出哪些动物、水果、蔬菜、交通工具、图形等作为评价标准,而如何激发学前儿童的好奇心、探究欲望以及在活动过程中情感体验却基本被忽略;艺术领域的活动大多以学前儿童能唱什么样的儿歌、能跳什么样的舞蹈、舞蹈动作达到什么程度、能画出什么样的图案、图案与实物的相似度有多高、能剪出什么样的图形等作为评价标准,学前儿童在艺术活动中的情感体验以及艺术兴趣的培养则基本被忽略;健康领域的活动大多以孩子的身体发育是否达到相关文件要求、活动对学前儿童身体素质有什么帮助、是否形成良好的卫生习惯作为评价标准,学前儿童在活动中是否有安全感、信赖感、情绪是否愉悦则很少考虑;社会领域的活动大多以学前儿童能否和同伴一起玩耍、是否形成了基本的礼仪礼节、是否掌握了基本的交往规则等作为评价标准,而交往过程中的情感体验、学前儿童的自尊心、自信心是否得到保护等很少关注。[①]即使有部分教师在编写活动方案时写到了相应的情感体验,但是他们在实际开展活动过程中并未关注孩子的情感体验和心理需求。

一个健康的人绝对是以积极情感为主导的人,一个内心平和的人也一定是以积极情感为主导人,一个幸福感强的人更是一个以积极情感为主导的人。学前期是积极情感形成的关键时期,这一时期的情感体验不仅影响个体后期的情感发展,也会影响个体的人格发展和社会化进程。如果这个时期体验到的情感以积极情感为主,则有利于其身体健康,也有利于其形成健全的人格特征。反之,如果这个时期体验到的情感以消极情感为主,则不仅影响其身体健康,也容易导致其人格缺陷。

(二)学前教育同质化

1. 学前教育小学化,抹去儿童的年龄差异

学前教育小学化现象可谓我国学前教育的通病,虽然有关部门三令五申去小学化,但到目前为止,各个地方都有不同程度的小学化现象,甘孜州农牧区学前教育也是如此,而且近年来愈加凸显。目前,甘孜州农牧区大多数学前机构为"6+1"模式和"3+1"模式的学前班。笔者对这类学前机构实地调查发现,很多学前机构没有符合国家标准的活动室,更不具备其他的功能室。有的学前机构连基本的玩具和教具都无法保障。教师也基本由小教教师转型而来的。因不具备基本的硬件条件和软件条件,因此无法保障适合学前儿童年龄特征的教育。这些学前班的教育活动基本由语文教学活动、数学教

---

① 捌马阿末. 农牧区学前教育中生命观的偏差及其应对策略[J]. 教育与教学研究, 2018(7):68.

学活动、观看动画片和自由活动组成。语文教学活动的主要任务在认读拼音、认识汉字、朗读古诗、讲故事活动。教师以学前儿童掌握知识技能的多少作为活动目标；数学教学活动的主要任务是读写数字、100以内的加减法，教师同样以学前儿童掌握知识技能的多寡作为活动目标；看动画片是孩子最喜欢的活动。据部分教师介绍，让学前儿童看动画片的主要目的在于学普通话，而且看动画片时很多孩子都能安静地坐下来，教师也可以稍作休息。自由活动时间内，孩子们拿出自己的玩具玩耍，但自由活动的时间不多，因为自由活动时孩子们经常因争抢玩具而发生争执，很多教师觉得还不如"上课"轻松一些。虽然有的学前机构有相应的活动室，也有一些简单的教玩具，然而，教师在开展活动时以知识教学为主，不仅未创设相应的环境，而且学前儿童参与的机会也非常少，基本属于教师"教"、学前儿童"学"的现状。总之，农牧区学前教育的小学化现象非常严重，学前教育小学化的最大特点在于抹去了小学生和学前儿童的年龄差异，不论是教育内容还是教育方式方法都按照小学教育的标准进行，而揠苗助长的结果就是不仅教育成效低，而且有害于孩子的身心健康发展，因为这样的教育环境中孩子很难感到快乐，也无幸福可言，所以很多孩子未进小学就开始厌学。

2. 学前课程城市化，抹去儿童的文化差异

任何一种课程没有绝对的好，也没有绝对的不好，任何一种课程都有自己的优势和自己的不足，可以说各有千秋，好与不好是相对的。选择课程的原则不是"新的就好"或"国外的就好"或"知名幼儿园开发的就好"，而是"适宜的就是好"[①]。所以，课程的选择和开发要因地制宜、因园制宜、因班制宜。因为农牧区的"学前儿童"与教科书中的"学前儿童"既有相同之处，又有不同之处。相同之处在于他们都处于学前期，具有学前期的共同特征。不同之处在于教科书中的"学前儿童"更多指的是某一实验样本中的"学前儿童"，而这些样本基本不包括甘孜州农牧区的学前儿童。农牧区的学前儿童所处的自然环境、社会环境与教科书中的学前儿童有很大的差异，而不同自然环境和社会环境导致儿童身心特点具有较大的差异。所以，适合教科书中提到的学前儿童不一定适合农牧区的学前儿童。因此，作为农牧区学前教育工作者应在工作中努力去把握自己所面对的学前儿童的特点，了解他们的兴趣和需要，关注他们的发展差异。然而，农牧区学前机构的现状并非如此，有的地区的教育行政部门变相统一了采用什么课程或什么教材，有的地区虽然教育行政部门并未规定使用什么教材，是学前机构自行规定使用什么教材，

---

① 虞永平. 学前课程与幸福童年[M]. 北京：教育科学出版社，2013：57.

但是并未对这些教材进行深入的探讨和分析,更未提出哪些内容可以直接植入,哪些内容需要改编,哪些内容需删除等,即没有任何的课程审议过程,很多教师特别是很多新教师可谓"照本宣科"。有的学前机构要求教师自己选择和开发课程,但教师自己因无法开发课程,就选择其他知名幼儿园的课程,甚至有的教师随意在网上选择课件或视频。总之,基本没有课程审议和课程开发的过程,甚至有的教师根本不知道课程审议和课程开发是什么,课程几乎处于统一化、内地化、城市化的状态。笔者对部分教师开展的活动观察发现,因活动内容远离学前儿童的真实生活,学前儿童对此没有任何的兴趣,无法满足学前儿童的需要,整个活动过程基本属于形式化。从学前儿童在活动过程中的表情和反应可以发现他们的学习处于表面化的状态,学前儿童在活动中既不快乐也无收获。胡德海先生曾说过:"教育起源于人类社会生活的需要。"[1]只有关注生活世界的教育才是完整的、真实的人的教育,离开生活世界的教育便成了无源之水、无本之木,这样的教育培养不出完整而真实的人。

3. 活动形式集体化,抹去儿童的个体差异

以儿童为中心的学前教育应该关注每个儿童的需要和兴趣。大城市很多示范幼儿园的确从此理念出发来开展教育活动,如在幼儿园或活动室内创设各种区域,孩子入园后老师以模仿打电话或直接谈话的形式了解孩子想干什么,然后根据孩子的意愿让孩子到不同的区域玩耍。即使要开展某一主题的活动,教师也会提前创设对孩子有吸引力的环境,然后引导孩子进入这一环境,而且孩子们可以选择这一主题中的不同活动形式,开展活动以学前儿童自觉、自愿为原则。

然而,笔者对农牧区多所学前机构十几位教师所开展的活动观察发现,不论是游戏活动、还是教学活动、还是其他活动基本都采用集体化方式,甚至很多学前机构孩子上卫生间都要集体行动。教师在开展集体活动之前,对学前儿童的了解甚少,活动内容具有很大的随意性,开展活动前或活动过程中基本没有环境创设。活动过程中很大一部分学前儿童自始至终未进入状态,他们对教师开展的活动没有任何兴趣,致使出现有的孩子悄悄说话,有的孩子悄悄玩自己从家里带来的玩具,有的孩子悄悄做自己感兴趣的活动,还有的孩子争吵甚至打闹。活动现场出现这些现象时,教师并未反思活动内容、活动形式为什么引不起孩子们的注意,而是为了维持纪律,采用批评、罚站,甚至打骂的手段。这种集体化的模式一方面抹去了学前儿童的个体差异,使

---

[1] 胡德海. 教育学原理[M]. 北京:人民教育出版社,2013:149.

学前儿童在学前机构中基本没有自由、自主活动时间，而且容易导致学前儿童对学前机构生活的不满，甚至很多学前儿童不愿来学前机构。

总之，从学理角度来说，学前机构应该是"儿童乐园"，学前儿童在这个"乐园"中无忧无虑、自由自在、幸福地生活。然而，甘孜州农牧区学前机构教育因确定的教育目标功利化，致使活动内容、活动形式都缺乏适宜性。很多学前儿童在学前机构中并未感受到幸福，甚至对学前机构的满意度很低。

第三节 基于理解儿童的农牧区学前教育

教育可谓古老而永恒的话题，它是具有时空性的，不同的时期、不同的区域内教育的目的、内容、方法、手段具有差异性。从人类当下的境遇而言，教育的使命在于如何使个体与他人、自我、自然，乃至整个宇宙和谐相处。就甘孜州农牧区学前儿童所处的自然环境、社会环境与幸福感对个体发展和社会发展的价值而言，要想培养和谐之人，首先要培养其幸福感。然而农牧区学前儿童在家庭和学前机构中的幸福感并不令人满意。

如何提高农牧区学前儿童的幸福感呢？要想提高农牧区学前儿童的幸福感，首先要明确影响其学前儿童幸福感的关键因素。本章第一节谈到了不同家庭对孩子幸福感的影响和学前机构中的师幼关系、同伴关系、活动目标、活动内容、活动形式、教育环境等多个因素对学前儿童幸福感的影响。其实，一个成人如何对待儿女，其主要原因与他的儿童观有关。在学前机构中，师幼之间、同伴之间是否和谐，确定的活动目标是否适合，选择的课程内容和活动形式是否适宜，创设的环境是否恰当，关键因素在于教师。因为教师在学前机构中扮演着生活照顾者、行为观察者、课程建构者、活动指导者、资源整合者等多种角色。教师确定什么样的活动目标、创设什么样的环境、选择什么样的课程内容、开展什么样的活动形式，如何与学前儿童相处、如何引导学前儿童之间和睦相处、如何开展家园合作、如何指导家长的教育理念和教育方法等与他的儿童观密切相关。如果一个教师认为儿童是个小大人，儿童与成人的区别只是体重和身高不同，那么教师就会以成人的认知高度要求儿童，让学前儿童以学习知识技能为主，致使孩子失去童年的快乐，孩子的幸福感大打折扣。如果一个教师认为人来到世上背负着很多罪恶，所以儿童是顽劣的，要使儿童成为符合社会需要的人，就必须要对其加以管束和制约，那么教师在教育过程中就会过多地限制儿童的言行，并通过严厉的惩罚手段来对待儿童，使孩子处于恐惧、忧虑当中。如果一个教师认为个体出生时就像一张白纸，处于生命初期的儿童可以随意塑造，成人可以在这张白纸上随意塑造，那么教师就会把儿童当成空"容器"，随意往"容器"内灌东西，根本不考虑儿童的需要和兴趣，致使学前儿童既不喜欢老师，也不喜欢学前机构，对学前机构的满意度低……

总而言之，教育目标、教育环境、课程内容、师幼关系等是影响学前儿童幸福感的重要因素，而教师对儿童的认识和理解不同，即教师的儿童观不同，确定的教育目标、创设的教育环境、选择的课程内容以及对待儿童的态度就不同。所以说，学前教师的儿童观是影响学前儿童在学前机构中的幸福感的关键因素。另外，幼儿园会通过家园联系的方式影响着家长的教育观和儿童观。在学前机构中，与家长联系最密切的成员就是教师，特别是农牧区家长非常信任教师，所以，农牧区教师的儿童观对家长的教育观和儿童观起着重要的影响。因此，可以得出，教师的儿童观是影响学前儿童幸福感的重要因素。

既然教师的儿童观对学前儿童的幸福感起着如此重要的作用，那么，农牧区学前教师应该持什么样的儿童观？怎么开展教育活动呢？接下来谈谈农牧区学前教师应持的儿童观以及相应的教育活动。

一、学前儿童是能动体

作为农牧区学前教师，首先要明确自己所面对的是"人"，而不是"物"。学前儿童是能动体，他有发展自身的动力机能。教育是教育者与学习者之间的双边活动，要想提高教育成效，不仅要加强教育者的主导作用，更要强调学习者的主体地位。所以说，要想提高学前教育的成效，就必须调动学前儿童的学习积极性和主动性。调动学习积极性和主动性的因素既有外在的诱因，又有内在的动因，但内在的动因更稳定更持久。所以，要想调动学前儿童的学习主动性和积极性，就要调动学前儿童内在的动力机能。从心理学视角来说，一个人内在动力系统主要包括需要、兴趣、动机、价值观、世界观、人生观、信仰、理想等，对于学前儿童来说，内在动力系统主要体现在需要、兴趣、动机等方面。基于此，当开展的教育活动与学前儿童的需要、兴趣相符合时，学前儿童的学习主动性和积极性则高，学习成效则高，从而使学前儿童的自我效能感提高，进而增强其幸福感。反之，当开展的教育活动与学前儿童的需要、兴趣不相符时，则很难调动学前儿童的主动性和积极性，教育成效低，从而使学前儿童的自我效能感低，进而降低其幸福感。

当教师把学前儿童当成人时，自然会明白学前儿童是个能动体，自然也会关注学前儿童的主观能动性，开展教育活动前和开展教育活动中都会关注学期儿童的需要和兴趣。当学前儿童的积极性和主动性不高时，就会反思活动内容、活动目标、活动方式恰当与否，并调整其活动内容、活动目标、活动方式，使其与学前儿童的内在动力相一致。另外，因为学前儿童是人，所以他具有思想情感。作为教师，首先要与学前儿童建立情感联系，使其喜欢你、信任你。

二、学前儿童是处于发展初期的人

就人一生的发展而言，0~6岁儿童处于人生发展的初始阶段。处于初始阶段的个体相对成人有其特殊性。首先，相对于成人，学前儿童的身体发育尚不完善，知识经验少、认知发展水平低。所以，学前儿童眼中的世界和成人眼中的世界是不一样的。要想了解儿童，就要蹲下来，并用学前儿童的语言与其沟通。当蹲下来和学前儿童处于相同高度时，才会看到儿童的世界，也才能体验儿童的感受。用儿童的语言与其沟通才有成效。反之，以成人的高度看世界，就无法了解儿童世界，也无法体验儿童的感受。以成人的语言与儿童沟通，相互缺乏理解，沟通成效就低。当教师明确学前儿童处于人生发展的初始阶段时，就自然会明确儿童世界和成人世界是不同的，自然也会蹲下来和儿童一起看世界。和儿童一起感悟世界，自然会用儿童的语言与其沟通。这样的教师会使学前儿童充满安全感，对教师充满信任，愿意和老师分享自己的所感所想。当学前儿童把自己的所感所想与教师分享时，教师就能全面地了解学前儿童。教师对学前儿童的了解越全面，设计的教育活动就越具适宜性，教育成效也就越高，学前儿童在活动中体验到的快乐就越多，学前儿童的幸福感也随之增强。反之，当教师以成人的经验和思维方式要求学前儿童时，师幼之间难以沟通。这样的教师会使学前儿童缺乏安全感，学前儿童对教师的信任度低，便不愿意分享自己的所感所想。当学前儿童不愿与教师分享自己的内心世界时，教师就很难全面客观地了解学前儿童。对学前儿童的了解不全，设计出的教育活动缺乏适宜性，教育成效也就低，自然，学前儿童在活动中体验到的快乐就少，学前儿童的幸福感也难以增强。

另外，因为学前儿童处于人生发展的初始阶段，所以学前儿童身上的很多能力还未表现出来。其实，每一个学前儿童都有发展的潜在可能。当教师明确这一点时，就会以发现美的眼光去对待每一位孩子，不仅能接受学前儿童表现出的不足，而且能发现每个学前儿童的闪光点。这样的教师会使学前儿童的成就感和价值感增强。当个体的成功感和价值感增强时，个体的幸福感也随之增强。反之，当教师以成人的标准要求学前儿童时，就很难看到学前儿童的闪光点，学前儿童的成就感和价值感就会下降，幸福感也会随之下降。

三、学前儿童是有差异性的人

农牧区学前儿童同城市学前儿童及内地农村学前儿童的差异体现为：城市学前儿童和内地农村学前儿童的基本特征与教科书上所描述的学前儿童的一般特征一致，但甘孜州农牧区学前儿童虽然在智力发展上与教科书上所描述学前儿童的一般特质一致以外，其他方面与教科书上所描述的学前儿童有较大的差异。如前所述，教科书上所描述的学前儿童的特征是针对一定样本的研究得出的，但这些样本中基本不包括甘孜州农牧区学前儿童。一方山水养育一方人，人是环境的产物。甘孜州农牧区学前儿童所处的自然环境和社会环境与城市学前儿童和内地农村学前儿童所处的自然环境和社会环境有较大的差异，所以，甘孜州农牧区学前儿童所表现出的很多特征与城市学前儿童和内地农村学前儿童有较大的差异，如语言、身体素质、生活经验等。这种差异性要求农牧区学前教师在选择活动内容、活动场所、活动方式、活动语言等时不能尽信书，也不能完全照搬城市幼儿园或内地农村幼儿园的经验，而要因地制宜地开展活动。

当农牧区学前教师明确了农牧区学前儿童的这一特点时，教师就会依据学前儿童已有的生活经验、身体发育状态、语言习惯来选择活动内容、活动方式、活动场所、活动语言。这样的教育活动使学前儿童对学前机构中的活动内容不会感到太过生疏，对老师有亲切感，进而使学前儿童在学前机构中有安全感。教育活动中有价值感，对教师更加信任，学前儿童对学前机构的生活满意度提高，乐意进学前机构，学前儿童的幸福感就会不断增强。反之，当农牧区学前教师不明确学前儿童的这一特点时，基本按照教科书所描述的学前儿童来设计教育活动，甚至是"直播"城市幼儿园或内地农村幼儿园的活动。这样的教育活动中很多学前儿童无法理解教师的语言，更无法理解活动内容，教育成效低。教育成效低，教师对学前儿童的评价就低，使很多学前儿童在活动中的成就感、价值感下降，对教师的信任感降低，久而久之形成恶性循环。这样的教育状态会使学前儿童在学前机构的生活满意度下降，甚至有些学前儿童因缺乏安全感不愿进学前机构，幸福感也不断下降。下面这则真实的案例足以说明教师不明确学前儿童的这一特点导致的尴尬。

有一位内地的年轻教师到农牧区支教，要面对一年级的儿童上一堂 10 以内的加法。为了上好这堂课，这位教师认真钻研了教材，根据课程标准的要求设计教案，确定目标、表明重难点，并根据教育建议准备了多种教具。上课过程中，教师精神饱满。根据教案内容，下课前为孩子们在黑板上写了几道课后练习题。教师边板书边念："1+1=（一加一等于几）、1+2=（一加二等于几）、2+2=（二加二等于几）、2+3=（二加三等于几）……。"然而，孩子们交上来的作业让老师哭笑不得，因为所有的答案都是1，即1+1=1、1+2=1、2+2=1、2+3=1……。老师对孩子们的这一反应特别失望，就急匆匆跑到校长办公室去诉苦，对校长说："校长，我实在无法教这些孩子，花了一节课的时间教 10 以内的加法，结果全班无一人听懂，这些孩子也太笨了一点儿。"这时校长用藏语向教师问了一句："一加一等于几？"这位教师非常茫然地看着校长，不知道校长在说什么。校长接着用汉语对这位老师说："老师都不知道一加一等于几，孩子们怎么知道呢？"后来，这位老师得知，这个班上所有的孩子都听不懂汉语，他们根本不知道老师在说什么，之所以所有的答案都是"1"，是因为藏语中"1"的发音与四川话中"几"的发音相似，所以得出了 1+1=1，1+2=1，2+2=1，2+3=1……

农牧区学前儿童不仅与内地学前儿童和城市学前儿童有较大的差异，而且他们还有个体差异。这些个体差异对教师提出了较高的素质要求。从众多已有的研究可以得知，内地同一区域内学前儿童的个体差异主要体现在身体素质、智力发展水平、兴趣爱好和生活经验等方面，但甘孜州农牧区同一区域内学前儿童的个体差异不仅体现在以上几个方面，还体现在使用语言、对教育的需求和最初的价值观、世界观、人生观等方面。如果教师不了解学前儿童的这些差异，就会导致部分孩子无法理解教师所表达的含义、不接受教师所表达的观点，致使这些学前儿童对学前机构的教育活动产生反感，久而久之不愿意进学前机构，自然也就无从谈及培养学前儿童的幸福感。

众所周知，不同民族都有其自身的文化特色，即使是同一民族，处在不同区域内也有独特的区域特色。然而，随着信息社会的到来和交通的发展，甘孜州各民族之间的通婚现象越来越多，跨区域联姻现象也越来越多，致使很多地区处于多元文化区。笔者对 2018 年深入贫困县"一村一幼"四川民族学院培训班 420 名培训学员的访谈发现，甘孜州农牧区学前儿童的差异性特别明显。很多学员表示他们所带班级的学前儿童不仅具有地方特色，而且班级内学前儿童的个体差异也特别明显。从学前儿童刚入学前机构时所使用的语言来说，父母都是本地藏族的学前儿童使用的是本地藏语（方言）；父母从其他地区迁移至此的学前儿童使用的是父母原籍的方言（主要是从牧区迁到农区的);父母都是汉族或者是回族的学前儿童使用的是汉语;父母一方是本地藏族、一方是汉族的学前儿童大多使用的是本地藏语,这些学前儿童也懂一些汉语。在这样的班级中开展活动时,如果教师完全用本地藏语,则使用汉语和其他区域藏语的学前儿童基本听不懂;如果教师完全用普通话开展活动,则完全使用藏语的(不论是使用本地藏语还是使用其他区域藏语)学前儿童基本无法理解教师表达的意思。所以,大多数教师采用的方法是:先按照大多数学前儿童能理解的语言开展活动,然后用汉语或用藏语解释,还请既懂藏语又懂汉语的学前儿童当"小翻译官"。但也有教师很苦恼,因为有的教师只懂汉语不懂藏语,很难与刚入学前机构的学前儿童沟通,有的教师虽然懂藏语,但不懂孩子们使用的方言,也很难与其沟通。

从饮食上来说,不同民族、不同地域的孩子饮食习惯不一,这就要求每天的午餐做到多样化。

从对待事物的方式来看也有很大的差异。有教师带学前儿童到田间捉蝴蝶做标本,结果很多孩子不但积极性差,而且很多孩子自此不喜欢教师。了解原因后才发现,孩子们觉得老师在杀生,这是一件非常残忍的活动。因为这些孩子进学前机构前大多时间与祖辈相处,而祖辈们不仅不会让孩子杀生,连不小心踩死一只虫子都觉得是一种罪过。祖辈们的行为和观念潜移默化地影响了学前儿童。

总之,在学前机构中开展的各项活动与学前儿童的年龄特征、已有经验相一致时,学前儿童就会产生安全感,在学前机构中体验的情绪以积极情绪为主,对学前机构的生活满意度较高,学前儿童的幸福感也会随之增强;反之亦然。

参考文献

[1] 虞永平，王春燕. 学前教育学[M]. 北京：高等教育出版社，2014.

[2] 胡德海. 教育学原理[M]. 北京：人民教育出版社，2013.

[3] 金生鈜. 理解与教育[M]. 北京：教育科学出版社，1997.

[4] [意]玛利亚·蒙台梭利. 蒙台梭利教育法[M]. 丽红，译. 北京：京华出版社，2007.

[5] 虞永平. 学前课程与幸福童年[M]. 北京：教育科学出版社，2014.

[6] 朱志贤. 儿童心理学[M]. 北京：人民教育出版社，2009.

[7] 赵玉兰，蔺江莉，张赤华，刘娟. 走进民间艺术世界——幼儿园艺术教育研究[M]. 南京：南京师范大学出版社，2005.

[8] 费孝通. 生育制度[M]. 天津：天津人民出版社，1981.

[9] 王兆先. 家庭教育词典[M]. 南京：南京大学出版社，1992.

[10] 赵中心. 家庭教育学[M]. 北京：人民教育出版社，2001.

[11] 黄河清. 家庭教育学[M]. 上海：华东师范大学出版社，2011.

[12] [英]约翰·洛克. 家庭学校[M]. 张小矛，译. 北京：京华出版社，2001.

[13] [苏]瓦·阿·苏霍姆林斯基. 睿智的父母之爱[M]. 罗亦超，译. 石家庄：河北人民出版社，1999.

[14] [美]珍妮特·沃斯，[新]戈登·德莱顿. 学习的革命[M]. 顾瑞荣，陈标，许静，译. 上海：上海三联书店，1998.

[15] 甘孜藏族自治州地方志编纂委员会. 甘孜州志[M]. 成都：四川人民出版社，2010.

[16] 甘孜藏族自治州文化艺术志编委会. 甘孜藏族自治州文化艺术志[N]. 康定：甘孜藏族自治州文化局，2007.

[17] 杨辉麟. 西藏的民俗[M]. 西宁：青海人民出版社，2008.

[18] 四川省康定县志编纂委员会. 康定县志[M]. 成都：四川辞书出版社，1995.

[19] 四川省丹巴县志编纂委员会. 丹巴县志[M]. 成都：四川民族出版社，1996.

[20] 四川省九龙县志编纂委员会. 九龙县志[M]. 成都：四川人民出版社，1997.

[21] 泸定县志编纂委员会. 泸定县志[M]. 北京：中国文史出版社，2010.

[22] 石渠县志编纂委员会. 石渠县志[M]. 成都：四川人民出版社，2000.

[23] 四川省色达县志编纂委员会. 色达县志[M]. 成都：四川科学技术出版社，2009.

[24] 四川省巴塘县志编纂委员会. 巴塘县志[M]. 成都：四川民族出版社，1993.

[25] 宋兴富. 藏族民间故事：下[M]. 成都：巴蜀书社，2004.

[26] 宋兴富. 藏族民间歌谣[M]. 成都：巴蜀书社，2004.

[27] 宋兴富. 康巴民间文学集成丛书——藏族民间谚语[M]. 成都：巴蜀书社，2004.

[28] 甘孜州农牧区双语幼儿园教师辅助读本编委会. 甘孜州农牧区双语幼儿园教师辅助读本[N]. 甘孜州教育局，2013.

[29] 李红婷. 理想与现实的断裂——浅议民族教育的应然功能与实然功能[J]. 当代教育论坛，2008（11）.

[30] 周兢，张利，闵兰斌，陈思. 新疆学前双语中两种语义习得研究[J]. 新疆师范大学学报：哲学社会科学版，2014（6）.

[31] 捌马阿末. 甘孜州农牧区学前民汉双语师资队伍现状及建设探析[J]. 四川民族学院学报，2018（3）.

[32] 吴小玲. 论民间故事价值取向对儿童的教育作用[J]. 大众文艺，2013（6）.

[33] 吴志勤. 绘本对幼儿教育价值的实践探索[J]. 文学教育：中，2014（4）.

[34] 杨雅雪. 浅析儿童立体书的市场及其教育价值[J]. 大众文艺，2017（23）.

[35] 黄路明. 论童谣的幼儿语言教育功能[J]. 广西大学学报：哲学社会科学版，2008（5）.

[36] 蒋惠娟. 多元创编彰显手指游戏的价值[J]. 早期教育：教师版，2014（6）.

[37] 冯建，张冰松，许万林. 藏族锅庄健身研究[J]. 体育文化导刊，2012（1）.

[38] 付宏如. 幼儿生活经验的说唱艺术——从一次小班创意音乐活动吹泡泡说起[J]. 教师博览：科研版，2015（5）.

[39] 魏强. 漫谈藏族传统体育——大象拔河[J]. 西藏艺术研究，2014（4）.

[40] 刘玉芳. 藏族牧区俄尔朵（抛石绳）的功能分析[J]. 柳州师专学报，2012（2）.

[41] 王兴泽. 踢毽子动作发展序列特征研究及案例教学分析[J]. 北京体育大学学报，2016（11）.

[42] 靳宇倡，何明成，李俊一. 生命意义与主观幸福感的关系 ——基于中国样本的元分析[J]. 心理科学进展，2016（6）.

[43] 李艳艳."主观幸福感"在构建和谐社会中的意义[J]. 高教学刊，2015（17）.

[44] 捌马阿末. 农牧区学前教育中生命观的偏差及其应对策略[J]. 教育与教学研究，2018（7）.